NTC's
Beginner's French and English Dictionary

Jacqueline Winders, M.A.
Lorrie Etheredge
Dennis Conrad

NTC Publishing Group

Library of Congress Cataloging-in-Publication Data

Winders, Jacqueline.
  NTC's beginner's French and English dictionary / Jacqueline Winders,
Lorrie Etheredge, Dennis Conrad.
    p.   cm.
  ISBN 0-8442-1475-2
    1. French language—Dictionaries—English.   2. English language—
Dictionaries—French.   I. Etheredge, Lorrie.   II. Conrad, Dennis.
III. NTC Publishing Group.   IV. Title.
  PC2640.W56   1998
  443'.21—dc21   98-16229
                                                                        CIP

First published in 1992 by NTC Publishing Group
A division of NTC/Contemporary Publishing Group, Inc.
4255 West Touhy Avenue, Lincolnwood (Chicago), Illinois 60712-1975 U.S.A.
Copyright © 1992 by NTC/Contemporary Publishing Group, Inc.
Printed in the United States of America
International Standard Book Number: 0-8442-1475-2 (hardcover)
                                                  0-8442-1476-0 (paperback)
         05   27 26 25 24 23 22 21 20 19 18 17

Contents

Introduction

This French-English bilingual dictionary is especially designed to help the English-speaking student learn basic French and may also be used to help the French-speaking student learn basic English. Approximately 3,500 main vocabulary entries have been compiled in this useful reference. To highlight idiomatic expressions and shades of meaning, the dictionary also contains hundreds of subentries.

Because beginning language students often need more than a simple translation, this dictionary also presents information on the correct usage of entry words. At least one example sentence (followed by a translation) demonstrates the use of each entry word in context. Verbs are listed in their infinitive form and are conjugated in the present tense within each verb entry. Because the conjugated forms of irregular verbs can differ greatly from their infinitives, each form has its own individual entry. For example, you might look up *vais* (I go). The entry reads:

vais [VAY] je vais (see *aller*)

You can then look up *aller* (to go) to find the meaning and complete conjugation of the verb.

The typography of this dictionary, also designed with beginning learners in mind, allows students to clearly distinguish the various parts of the entries. Entry words are in boldface type, while parts of speech and translated sentences are in italics.

Between the French-English and English-French portions of the dictionary, an 18-page section contains drawings illustrating 174 common words in 21 categories that include sports, birds, insects, food, transportation, and animals. Each drawing is labeled both in French and English. At the back of the book, a series of appendices provide metric conversions and a quick reference to useful words like months, days of the week, parts of the body, and more.

How to Use This Dictionary

This dictionary provides more information than just the simple translation of a word. Entries will also tell you how to pronounce words, what parts of speech they are, and how to use them in a sentence. When a word has more than one possible translation, all the translations are given. When looking up a word, the entire entry should be read in order to determine the most appropriate translation.

The Entries

In the French-English section of the dictionary, entries follow this format:

1. *French word.* This is in boldface type, making it easy to spot. Whenever a masculine noun also has a feminine form, the feminine ending follows directly in parentheses.
2. *Pronunciation.* To help say the entry word correctly, a simple pronunciation guide follows each entry. The "Pronunciation" section below explains the use of these guides.
3. *Part of Speech.* This label indicates whether the entry is a noun, verb, adjective, etc. Abbreviations used for parts of speech are: *n.*, noun; *v.*, verb; *adj.*, adjective; *adv.*, adverb, *prep.*, preposition; *m.*, masculine; *f.*, feminine; *pl.*, plural; *s.*, singular.
4. *Definition.* English definition(s) explain the meaning of the entry word.
5. *Conjugation.* If the entry word is a verb, it will be conjugated in the present tense.
6. *Subentries.* Sometimes there are subentries, to explain the meaning of words or expressions derived

from the entry word. As in main entries, these feature a label identifying the part of speech and an English definition.

7. *French sentence(s).* This shows the correct use of the entry or subentry word. Where a word has various uses, more than one sentence is provided.

8. *English translation.* Every example sentence in French is then translated into English.

The following is an example of an entry in the French-English section:

nager [nah JAY] *v.* • to swim

je nage	nous nageons
tu nages	vous nagez
il, elle nage	ils, elles nagent

Où nagez-vous en été?
Where do you swim in the summer?

The English-French section follows the same format, except that verbs are not conjugated in the entries. Here is an example of an English-French entry:

to swim [tou SWIM] *v.* • nager
swimming pool *n.* • la piscine (f.)
swimsuit *n.* • le maillot de bain (m.)
Where do you swim in the summer?
Où nagez-vous en été?

PRONUNCIATION

Pronunciation can sometimes be difficult for beginning language learners. For this reason, a pronunciation guide is included in each entry. They follow a phonetic system that imitates the way an English speaker would try to sound out French words or the way a French speaker would try to pronounce English words.

PRONUNCIATION GUIDE: FRENCH-ENGLISH

Below is a description of the symbols used to represent French sounds in the pronunciation guides, along with an explanation of how to pronounce the sounds.

Vowels

Symbol	Pronunciation
ee	like the *ee* in *feet*
ay	like the *ay* in *play*
e	like the *e* in *let*
eh	hold the sound longer than the *e* in *let*
ah	like the *a* in *father*
ò	shorter than the *o* in *go*; also a little like the *u* in *gum*
o	like the *o* in *go*
oo	like the *oo* in *hoot*
ü	no English equivalent. Hold your mouth as if to make an *ee* sound and shape your lips as if to make an *oo* sound.
euh	like the u in *fur*
uh	like the *u* in *plum*
i̶n̶	like the *an* in *rang* without the *g* at the end
u̶n̶	like the *u* in *sun* without the *n*
a̶n̶, o̶n̶	With slight differences, both sound like the *on* sound in *long* without the *ng*

Consonants

g	like the *g* in *girl*
j	like the second *g* in *garage*
r	The French *r* is pronounced in the back of the throat, a little like gargling.
ñ	like the *ny* in *canyon*

Consonant symbols whose sounds are the same as in English are not listed here.

Pronunciation Guide English-French

Below is a description of symbols used to represent English sounds in the pronunciation guides, along with an example word for each sound.

Vowels

Symbol	Pronunciation
i	like the *ee* in *feet*
ï	like the *i* in *lift*
eh	like the *e* in *bed*
aa	like the *a* in *hat*
a	like the *a* in *father*
\<o\>	like the *o* in *hot*
o	like the *o* in *go*
euh	something like the *oo* in *good*
ou	like the *oo* in *moon*
uh	like the *u* in *but*
e	like the *ay* in *play*
ow	like the *ow* in *crowd*
ay	like the *y* in *sky*
oy	like the *oy* in *boy*
eur	like the *er* in *paper*
ãã	like the *a* in *bank*

Consonants

Symbol	Pronunciation
ch	like the *sh* in *blush*
g	like the *g* in *girl*
h	like the *h* in *hard*
j	like the *j* in *job*
r	like the *r* in *ride*
w	like the *w* in *word*
tsh	like the *ch* in *chop*
\<ng\>	like the *ng* in *bring*
th	like the *th* in *thing*
th	like the *th* in *this*
3	like the *s* in *pleasure*

Consonant symbols that sound the same in French and in English are not listed here.

STRESS

In French, the last syllable of a word is usually stressed. In English, stress varies. In the pronunciation guides, the stressed syllable of each word is always in capital letters.

ACCENT MARKS

One of the first things English speakers notice about French is that accent marks are used when writing. There are five accent marks that appear with French letters. They are part of a word's correct spelling and are important for pronunciation.

1. The acute accent (´)/*l'accent aigu* only occurs over the letter *e*. It is pronounced like the *ei* in *eight*.
   Examples: *bébé, été*
2. The grave accent (`) /*l'accent grave* occurs over the letters *e, a,* and *u*. The letter *è* sounds like the *e* in *exact*.
   Example: *lève*
   A grave accent over the letters *a* and *u* does not change their pronunciation.
3. The circumflex accent (^)/*l'accent circonflexe* can appear over any letter. Over *a, e, o,* and *u*, it gives a broader pronunciation to the vowel.
   Examples: *fenêtre, théâtre, hôtel*
   Over the letter *i*, the circumflex does not affect pronunciation.
   Example: *île*
4. The dieresis (¨)/*l'accent tréma* appears over the second of a series of two vowels and indicates that the vowels should be pronounced separately.
   Examples: *Noël, naïf*
5. The cedilla (ç)/*la cédille* appears only under the letter *c* when it stands before the vowels *a, o,* and *u* and gives the *c* an *s* sound.
   Examples: *leçon, ça*

Sometimes an accent will not affect pronunciation but will help differentiate two words with different meanings but the same spelling. For example, *la* means "the," but *là* means "there." And the word *ou* means "or," but *où* means "where."

CAPITALIZATION

Capital letters are not used as often in French as they are in English. The following types of words are *not* capitalized in French except at the beginning of a sentence: days of the week, months of the year, nouns and adjectives of nationality, names of languages, and titles of address (*monsieur, madame, mademoiselle, docteur, etc.*) except when they are abbreviated (M., Mme, Mlle, Dr). So, for example, the words *mardi, janvier*, and *anglais* are *not* capitalized in French, while in English, "Tuesday," "January," and "English" are capitalized.

FRENCH GRAMMAR

Gender

All French nouns (words for people, places, things, or ideas) have a gender. That is, they are considered either masculine or feminine. Most of the time, gender has to be memorized. Nevertheless, there are some helpful patterns: Nouns ending in *-tion, -te, -ette, -eure*, and *-rice* are usually feminine, while those ending in consonants, *-eur* and *-age* are usually masculine. Of course, words such as "boy" or "man" will be masculine, while words such as "mother" or "woman" will be feminine. In this dictionary, the genders are given with the parts of speech. Generally, the definite article (described below) also indicates whether a noun is masculine or feminine.

Definite Articles

Definite articles come before nouns and indicate a definite person, place, or thing. Generally, they can be translated by the word "the." In French, definite articles can be masculine or feminine, singular or plural, depending on the gender and number of the noun. In many cases, the gender of a noun can be determined by looking at the definite article. The following are the definite articles:

1. *Le* is used with masculine singular nouns.
   Examples: *le livre, le chat, le garçon*
2. *La* is used with feminine singular nouns.
   Examples: *la fille, la table, la classe*
3. *L'* is used with masculine or feminine singular nouns that begin with a vowel or a mute h.
   Examples: *l'homme, l'église, l'enfant, l'herbe*
4. *Les* is used with *all* plural nouns.
   Examples: *les livres, les filles, les hommes*

The entries in this dictionary include the definite article with each noun. If a noun can be both masculine and feminine, the entry will be preceded by *le*, but the part of speech label will indicate that it takes both genders. If a noun begins with a vowel or a mute *h*, and therefore takes *l'* as the definite article, the part of speech label will indicate the gender.

Adjectives

Adjectives are words that describe people, places, things, or ideas (nouns). Adjectives in French differ from adjectives in English in several ways.

First of all, French adjectives sometimes come before and sometimes follow the noun they describe.

Examples: *le livre bleu, la grande maison*

As you study French, you will learn the rules that determine whether an adjective goes before or after a noun.

Second, adjectives "agree" in gender and number with the nouns they describe. This means that the adjective will change form depending on whether the noun is masculine or feminine, singular or plural. If a noun is feminine, you generally add an *e* to the adjective. For plural nouns, add an *s* to the adjective (masculine or feminine).

Examples:	masculine singular	le livre bleu
	feminine singular	la robe bleue
	masculine plural	les livres bleus
	feminine plural	les robes bleues

There are some exceptions to this rule. Adjectives that end in *s* or *x* do not change in the masculine plural form. To change an adjective ending in *x* to the feminine form, you replace the *x* with *se*.

Adjectives with irregular plural or feminine forms have those forms listed in the entries. They are listed as follows:

blanc (blanche)   [BLAN (BLANSH)]   *adj. m. f.*   •
white

sérieux(-euse)   [say RYEUH (-RYEUHZ)]   *adj. m. f.*   •   serious

Note that in the entry, the part of speech indicates the gender of each form of the adjective.

Prepositions

Prepositions are words that indicate purpose, destination, direction, location, or time. They usually come before a noun or pronoun. Some English prepositions are: *to* (à), *for* (pour), *at* (à), *with* (avec), *from* (de), *in* (dans), *on* (sur), *of* (de), and *until* (jusqu'à). Since there are many ways to use prepositions, this dictionary provides numerous examples to show you how to use them correctly, as well as examples of French expressions in which prepositions appear.

Adverbs

An adverb is a word that describes a verb, an adjective, or another adverb. Unlike adjectives, adverbs do not change form to reflect gender and number. In most cases, the adverb follows the verb and precedes the adjective in a sentence.

Example: Marie est *très* intelligente.

Verbs

A verb is an action word. The basic form of a verb is called an *infinitive*. In this dictionary, verbs are listed by their infinitives. French, like English, has both *regular* and *irregular* verbs.

The regular verbs are divided into three groups, according to the endings of their infinitives. These groups are called the *-er*, *-ir*, and, *-re* verbs. Here are infinitives belonging to each group: *parler* (to talk), *finir* (to finish), and *vendre* (to sell).

Verbs change forms to tell you *who* is performing an action. The forms of regular verbs follow consistent patterns, so that if you know how to conjugate one regular *-er*, *-ir* or *-re* verb, you can *conjugate* (know the forms of) the others. When you look up a verb in its infinitive form in this dictionary, you will find it conjugated in the entry.

To conjugate a regular verb, begin by removing the *-er*, *-ir*, or *-re* ending. So, *parler* (to speak) becomes *parl-*, *finir* (to finish) becomes *fin-*, and *vendre* (to sell) becomes *vend-*. Next, add the correct ending to the verb. Notice the endings (shown here in italics) on conjugated French verbs.

The conjugated forms of *parler* are:

je parl*e* (I speak)	nous parl*ons* (we speak)
tu parl*es* (you speak)	vous parl*ez* (you speak)
il/elle parl*e* (he, she speaks)	ils/elles parl*ent* (they speak)

The conjugated forms of *finir* are:

je fin*is* (I finish)	nous fin*issons* (we finish)
tu fin*is* (you finish)	vous fin*issez* (you finish)
il/elle fin*it* (he, she finishes)	ils/elles fin*issent* (they finish)

And the conjugated forms of *vendre* are:

je vend*s* (I sell)	nous vend*ons* (we sell)
tu vend*s* (you sell)	vous vend*ez* (you sell)
il/elle vend (he, she sells)	ils/elles vend*ent* (they sell)

Some verbs are called *reflexive verbs*, because they describe an action that a subject does to himself or herself. These are conjugated with an object pronoun. For example, *se laver* (to wash oneself) is conjugated

> je me lave (I wash myself)
> tu te laves (you wash yourself)
> il, elle se lave (he, she washes himself, herself)
> nous nous lavons (we wash ourselves)
> vous vous lavez (you wash yourself)
> ils, elles se lavent (they wash themselves)

Some verbs can be used either in their simple form or in the reflexive form. In those cases, the entries in the dictionary include both conjugations.

Irregular verbs do not follow the consistent patterns that regular verbs do. Each irregular verb must be learned individually. Like regular verbs, irregular verbs are conjugated in their entries. As mentioned earlier, the conjugated forms of irregular verbs each have their own entries. This has been done because the conjugated forms of irregular verbs often differ greatly from their infinitives. For example, if you do not recognize the word *ai* (I have) as a form of the verb *avoir* (to have), you can look up *ai* and find an entry that gives the infinitive *avoir*. You can then look up *avoir* to find the meaning and complete conjugation of the verb.

French—English/*Français—Anglais*

A

a [AH] il, elle a (see *avoir*) *v.*

à [AH] *prep.* • to; at, in
  au *prep.* • to the; at the (à + le)
  à la *f.*
  aux *pl.* (à+les)
Elles vont à Paris.
They are going to Paris.

Vas-tu au cinéma ce soir?
Are you going to the movies tonight?

l'abeille [ah BAY] *n. f.* • bee
Elle a peur des abeilles.
She is afraid of bees.

d'abord [dah BOR] *adv.* • first of all
D'abord, on va à la banque.
First of all, we're going to the bank.

l'abricot [ah bree KO] *n. m.* • apricot
L'abricot est un fruit.
The apricot is a fruit.

absent(e) [ahb SAN (T)] *adj. m. f.* • absent
Jean est absent parce qu'il est malade.
John is absent because he is sick.

l'accent [ahk SAN] *n. m.* • accent
Combien d'accents y a-t-il en français?
How many accents are there in French?

1

accompagner [ah kon pah ÑAY] *v.* • to accompany

j'accompagne	nous accompagnons
tu accompagnes	vous accompagnez
il, elle accompagne	ils, elles accompagnent

La mère accompagne son fils à l'école.
The mother accompanies her son to school.

d'accord [dah KÒR] *adv.* • okay, all right, agreed
Nous allons à la plage. D'accord?
We're going to the beach. Okay?

l'accueil [ah KEUHY] *n. m.* • reception, welcome
Pierre nous fait toujours bon accueil.
Pierre always makes us feel welcome at his house.

l'achat [ah SHAH] *n. m.* • purchase
faire des achats • to go shopping
Je vais faire des achats en ville.
I'm going shopping downtown.

acheter [ah SHTAY] *v.* • to buy

j'achète	nous achetons
tu achètes	vous achetez
il, elle achète	ils, elles achètent

Ma petite sœur achète une poupée.
My little sister is buying a doll.

l'acteur [ahk TEUHR] *n. m.* • actor
actrice *n. f.* • actress
Quel acteur aimes-tu?
Which actor do you like?

l'addition [ah dee SYON] *n. f.* • addition; check (in a restaurant)
La serveuse apporte l'addition après le repas.
The waitress brings the check after the meal.

Adieu! [ah DYEUH] *interj.* • farewell
Adieu! J'espère revenir un jour.
Farewell! I hope to be back some day.

admettre [ahd METR] *v.* • to admit; allow
  j'admets   nous admettons
  tu admets   vous admettez
  il, elle admet   ils, elles admettent
Philippe n'admet pas qu'il a tort.
Philip doesn't admit that he is wrong.

Ce professeur est sévère, il n'admet jamais aucune erreur.
This professeur is strict, he never allows any error.

l'adolescence [ah do le SANS] *n. f.* • adolescence
  adolescent(e) *n. m. f.* • teenager
Son fils est un adolescent.
His son is a teenager.

adopter [ah dòp TAY] *v.* • to adopt
  j'adopte   nous adoptons
  tu adoptes   vous adoptez
  il, elle adopte   ils, elles adoptent
Le jeune couple adopte un bébé.
The young couple is adopting a baby.

l'adresse [ah DRES] *n. f.* • address
L'adresse est sur l'enveloppe.
The address is on the envelope.

l'aéroport [ah ay ro PÒR] *n. m.* • airport
Je vais chercher Paul à l'aéroport.
I'm going to pick Paul up at the airport.

les affaires [ah FER] *n. f. pl.* • business
  homme d'affaires • businessman
  femme d'affaires • businesswoman
C'est un homme d'affaires très occupé.
He is a very busy businessman.

l'affiche [ah FEESH] *n. f.* • poster
Combien d'affiches avez-vous dans votre chambre?
How many posters do you have in your room?

affreux(-euse) [ah FREUH (-FREUHZ)]
adj. m. f. • horrible, awful, dreadful
Cette machine fait un bruit affreux.
This machine makes an awful noise.

l'âge [AHJ] *n. m.* • age
Quel âge as-tu? J'ai quinze ans.
What is your age? I'm fifteen.

l'agent (de police) [ah J̶A̶N̶ duh po LEES]
n. m. • policeman
L'agent (de police) dirige la circulation.
The policeman directs traffic.

l'agneau [ah ÑO] *n. m.* • lamb
les agneaux *pl.*
L'agneau est dans le champ.
The lamb is in the field.

agréable [ah gray AHBL] *adj. m. f.* • pleasant
Cette pièce est si agréable!
This room is so pleasant!

l'agriculteur [ah gree cül TEUHR] *n. m.* • farmer
Mon père est agriculteur.
My father is a farmer.

ai [AY] j'ai (see *avoir*) *v.*

l'aide [EHD] *n. f.* • help, assistance
Je vous remercie de votre aide.
Thank you for your help.

aider [eh DAY] *v.* • to help

j'aide	nous aidons
tu aides	vous aidez
il, elle aide	ils, elles aident

Marie aide sa mère à la maison.
Mary helps her mother at home.

l'aigle [EHGL] *n. m.* • eagle
L'aigle est le symbole des Etats-Unis.
The eagle is the symbol of the United States.

aigu (ë) [ay GÜ] *adj. m.f.* • sharp; pointed; shrill
J'ai une douleur aiguë à l'estomac.
I have a sharp pain in my stomach.

l'aiguille [ay GWEEY] *n. f.* • needle
La couturière coud avec une aiguille.
The seamstress is sewing with a needle.

l'aile [EL] *n. f.* • wing
En cas de danger, les poussins se réfugient sous l'aile de leur mère.
In case of danger, the chicks take refuge under their mother's wing.

aimable [e MAHBL] *adj.* • nice, likable, friendly
Son frère est très aimable.
Her brother is very likable.

aimer [e MAY] *v.* • to like; to love

j'aime	nous aimons
tu aimes	vous aimez
il, elle aime	ils, elles aiment

J'aime la glace.
I like ice cream.

l'aîné(e) [ay NAY] *n. m. f.* • elder; eldest
Ma sœur est l'aînée de la famille.
My sister is the eldest in the family.

ainsi [in SEE] *adv.* • in this way
   ainsi que • as well as
On prépare ce plat ainsi.
You prepare this dish this way.

l'air [EHR] *n. m.* • air; appearance
J'ai besoin d'air; je vais ouvrir la fenêtre.
I need air; I'm going to open the window.

Il a l'air fatigué.
He looks tired.

ajouter [ah joo TAY] *v.* • to add; to add on
   j'ajoute   nous ajoutons
   tu ajoutes   vous ajoutez
   il, elle ajoute   ils, elles ajoutent
Pour la deuxième édition de son livre, l'auteur va ajouter deux
   chapitres.
For the second edition of his book, the author is going to add
   two chapters.

l'Allemagne [ahl MAHÑ] *n. f.* • Germany
   allemand(e) *adj. m. f.* • German
   l'Allemand(e) *n. m. f.* • a German
L'Allemagne est en Europe.
Germany is in Europe.

aller [ah LAY] *v.* • to go
   je vais   nous allons
   tu vas   vous allez
   il, elle va   ils, elles vont
Marie va au supermarché chaque semaine.
Marie goes to the supermarket each week.

Allons! Allons-y!
Let's go!

allez [ah LAY] vous allez (see *aller*)

l'alligator [ah lee gah TÒR] *n. m.* • alligator
Les alligators sont dangereux.
Alligators are dangerous.

allô [ah LO] *interj.* • hello (on telephone)
"Allô, Maman? Tu viens me chercher?"
"Hello, Mom? Can you come get me?"

allons [ah LON] nous allons (see *aller*)

allumer [ah lü MAY] *v.* • to light; to light up
    j'allume   nous allumons
    tu allumes   vous allumez
    il, elle allume   ils, elles allument
Il fait sombre, allumons la lampe!
It is dark, let's light the lamp!

l'allumette [ah lü MET] *n. f.* • match
Les allumettes sont dans le placard.
The matches are in the cupboard.

alors [ah LÒR] *adv.* • then, so, in that case
Il n'est pas encore là, alors, je pars!
He has not yet arrived; so, I'm leaving!

l'alphabet [ahl fah BE] *n. m.* • alphabet
Il y a vingt-six lettres dans l'alphabet.
There are twenty-six letters in the alphabet.

l'ambassade [an bah SAHD] *n. f.* • embassy
Il y a une soirée à l'ambassade des Etats-Unis.
There is a party at the American embassy.

ambitieux(-euse) [an bee SYEUH (-SYEUHZ)]
    adj. m. f. • ambitious
Pour avoir du succès, il faut être ambitieux.
To be successful, you must be ambitious.

l'ambulance [an bü LANS] *n. f.* • ambulance
Mon père conduit une ambulance.
My father is an ambulance driver.

l'amende [ah MAND] *n. f.* • fine, penalty
Il faut payer l'amende avant le 7 août.
You must pay the fine before August 7.

amener [ahm NAY] *v.* • to bring (people); to lead
(people)

j'amène	nous amenons
tu amènes	vous amenez
il, elle amène	ils, elles amènent

Est-ce que je peux amener ma sœur à la boum?
Can I bring my sister to the party?

l'Amérique [ah may REEK] *n. f.* • America
américain(e) *adj. m. f.* • American
l'Américain(e) *n. m. f.* • an American
l'Amérique centrale • Central America
l'Amérique du Nord • North America
l'Amérique du Sud • South America
Les Etats-Unis sont en Amérique du Nord.
The United States is in North America.

l'ami(e) [ah MEE] *n. m. f.* • friend
le petit ami • boyfriend
la petite amie • girlfriend
Tu es mon meilleur ami.
You are my best friend.

amical(e) [ah mee KAHL] *adj. m. f.* • friendly
Cette jeune fille est très amicale.
This young lady is very friendly.

l'amiral [ah mee RAHL] *n. m.* • admiral
L'amiral commande la flotte.
The admiral directs the fleet.

l'amitié [ah mee TYAY] *n. f.* • friendship
Notre amitié va durer pour toujours.
Our friendship will last forever.

l'amour [ah MOOR] *n. m.* • love
L'amour d'une mère pour son enfant est très fort.
A mother's love for her child is very strong.

amusant(e) [ah mü ZAN (T)] *adj. m.f.* • amusing, fun
Cette émission est très amusante.
This program is very amusing.

s'amuser [sah mü ZAY] *v.* • to have fun
    je m'amuse   nous nous amusons
    tu t'amuses   vous vous amusez
    il, elle s'amuse   ils, elles s'amusent
Nous nous amusons avec nos copains.
We have fun with our friends.

l'an [AN] *n. m.* • year
Dans un an, nous allons en France.
In one year, we're going to France.

l'ananas [ah nah NAH] *n. m.* • pineapple
Les ananas viennent d'Hawaï.
Pineapples come from Hawaii.

l'ancêtre [an SEHTR] *n. m.* • ancestor
Je retourne au pays de mes ancêtres.
I'm returning to the country of my ancestors.

ancien(-ienne) [an SYIN (-SYEN)] *adj. m.f.* • ancient
Ces ruines sont très anciennes.
These ruins are very ancient.

l'âne [AN] *n. m.* • donkey
L'âne est un animal domestique.
The donkey is a domestic animal.

l'ange [ANJ] *n. m.* • angel
Elle chante comme un ange.
She sings like an angel.

l'Angleterre [an gluh TEHR] *n. f.* • England
  anglais(e) *adj. m. f.* • English
  l'Anglais(e) *n. m. f.* • a person from England
Londres est la capitale de l'Angleterre.
London is the capital of England.

l'animal [ah nee MAHL] *n. m.* • animal
Mon animal favori est le lion.
My favorite animal is the lion.

l'année [ah NAY] *n. f.* • year
Quels sont les mois de l'année?
What are the months of the year?

l'anniversaire [ah nee ver SEHR] *n. m.* • birthday; anniversary
  Bon anniversaire! • Happy birthday!
Mon anniversaire est le six août.
My birthday is August 6.

annoncer [ah non SAY] *v.* • to announce
  j'annonce   nous annonçons
  tu annonces   vous annoncez
  il, elle annonce   ils, elles annoncent
Le président annonce ses projets.
The president is announcing his plans.

l'annonce [ah NONS] *n. f.* • the announcement, the ad
Elle met une annonce dans le journal.
She puts an ad in the paper.

l'annonce publicitaire   [ah nons pü blee see TEHR]
   n. f.   •   advertisement, commercial
Je regarde une annonce publicitaire à la télé.
I'm watching a commercial on T.V.

l'antenne de télévision   [an tehn duh tay lay vee ZYON]
   n. f.   •   television antenna
Il y a une antenne de télévision sur le toit.
There is a television antenna on the roof.

l'anorak   [ah nò RAHK]   *n. m.*   •   ski jacket
Je porte un anorak quand il fait froid.
I wear a ski jacket when it is cold.

août   [OO, *or* OOT]   *n. m.*   •   August
Il fait très chaud au mois d'août.
It is very hot in August.

à peu près   [ah peuh PRAY]   *adv.*   •   approximately
Nous sommes à peu près à trois kilomètres de la ville.
We are approximately three kilometers from town.

l'appareil(-photo)   [ah pah REHY (fo TO)]   *n. m.*   •
   camera
Elle prend de bonnes photos avec son appareil.
She takes good pictures with her camera.

l'appareil ménager   [ah pah REHY may nah JAY]
   n. m.   •   home appliance
Les appareils ménagers facilitent les travaux domestiques.
Household appliances make domestic chores easier.

l'appartement   [ah pahr teuh MAN]   *n. m.*   •   apartment
Elle habite dans un appartement en ville.
She lives in an apartment in town.

appeler [ah PLAY] *v.* • to call
Appelez-moi si vous avez besoin de moi.
Call me if you need me.

s'appeler [sah PLAY] *v.* • to be called; to be named
je m'appelle nous nous appelons
tu t'appelles vous vous appelez
il, elle s'appelle ils, elles s'appellent
Comment vous appelez-vous? Je m'appelle Jean.
What is your name? My name is John.

l'appétit [ah pay TEE] *n. m.* • appetite
Bon appétit! • Enjoy your meal!
Quand je suis malade, je n'ai pas d'appétit.
When I am sick, I don't have an appetite.

apporter [ah pòr TAY] *v.* • to bring (a thing)
j'apporte nous apportons
tu apportes vous apportez
il, elle apporte ils, elles apportent
Paul apporte ses diapositives de France ce soir.
Paul is bringing his slides of France tonight.

apprendre [ah PRAN dr] *v.* • to learn; to teach
apprendre à + verb • to learn how
j'apprends nous apprenons
tu apprends vous apprenez
il, elle apprend ils, elles apprennent
J'apprends à nager.
I'm learning how to swim.

approcher de [ah pro SHAY] *v.* • to approach
s'approcher de • to draw near to
j'approche nous approchons
tu approches vous approchez
il, elle approche ils, elles approchent
Approchez-vous, s'il vous plaît!
Come closer, please!

après [ah PRAY] *prep., adv.* • after; afterwards, later
Nous allons au restaurant après le film.
We're going to the restaurant after the movie.

l'aptitude [ahp tee TÜD] *n. f.* • aptitude; talent
Tu as de l'aptitude pour les mathématiques.
You have a talent for mathematics.

l'aquarium [ah kwah RYÒM] *n. m.* • aquarium
J'ai beaucoup de poissons dans mon aquarium.
I have many fish in my aquarium.

l'araignée [ah re ÑAY] *n. f.* • spider
As-tu peur des araignées?
Are you afraid of spiders?

l'arbre [AHR br] *n. m.* • tree
Allons à l'ombre de cet arbre.
Let's go in the shade of this tree.

l'arc-en-ciel [ahrk an SYEL] *n. m.* • rainbow
Combien de couleurs y a-t-il dans un arc-en-ciel?
How many colors are there in a rainbow?

l'argent [ahr JAN] *n. m.* • money; silver
On entend souvent dire que le temps, c'est de l'argent.
You often hear people say that time is money.

l'argenterie [ahr jan TREE] *n. m.* • silverware
Le couteau et la fourchette sont des pièces d'argenterie.
Knives and forks are silverware.

l'argot [ahr GO] *n. m.* • slang
L'argot militaire est difficile à comprendre.
Military slang is hard to understand.

l'arithmétique [ah reet may TEEK]   *n. f.*   •   arithmetic
Il est meilleur en arithmétique qu'en algèbre.
He's better in arithmetic than algebra.

l'armée [ahr MAY]   *n. f.*   •   army
Notre armée est très puissante.
Our army is very powerful.

l'armoire [ahr MWAHR]   *n. f.*   •   wardrobe (furniture); cupboard
En France, on garde les vêtements dans une armoire.
In France, they keep clothes in a wardrobe.

arranger [ah ran JAY]   *v.*   •   to arrange
j'arrange	nous arrangeons
tu arranges	vous arrangez
il, elle arrange	ils, elles arrangent

Marie arrange les fleurs dans un vase.
Marie arranges the flowers in a vase.

arrêter [ah re TAY]   *v.*   •   to stop; to arrest
j'arrête	nous arrêtons
tu arrêtes	vous arrêtez
il, elle arrête	ils, elles arrêtent

L'agent arrête le trafic.
The policeman stops the traffic.

s'arrêter [sah re TAY]   *v.*   •   to stop
je m'arrête	nous nous arrêtons
tu t'arrêtes	vous vous arrêtez
il, elle s'arrête	ils, elles s'arrêtent

Je m'arrête de parler.
I stop speaking.

arrière [ah RYEHR]   *n. m.*   •   rear
  en arrière de   •   in back of
    arrière grand-mère   *n. f.*   •   great-grandmother
Allez à l'arrière du bus.
Go to the rear of the bus.

l'arrivée [ah ree VAY] *n. f.* • the arrival; the finish line
Il est le premier à l'arrivée.
He is the first one at the finish line.

arriver [ah ree VAY] *v.* • to arrive
j'arrive   nous arrivons
tu arrives   vous arrivez
il, elle arrive   ils, elles arrivent
L'avion arrive à l'heure.
The plane arrives on time.

l'art [AHR] *n. m.* • art; skill
Elle étudie l'art de la danse.
She is studying the art of dance.

l'artichaut [ahr tee SHO] *n. m.* • artichoke
On cultive les artichauts en France.
They raise artichokes in France.

l'artisan [ahr tee ZAN] *n. m.* • craftsman
Cet artisan fait de très beaux meubles.
This craftsman makes very beautiful furniture.

l'artiste [ahr TEEST] *n. m.* • artist
A Montmartre il y a beaucoup d'artistes.
At Montmartre there are many artists.

as [ah] tu as • you have (see *avoir*)

l'ascenseur [ah san SEUHR] *n. m.* • elevator
L'ascenseur va jusqu'au septième étage.
The elevator goes up to the eighth floor.

l'Asie [ah ZEE] *n. f.* • Asia
La Chine fait partie de l'Asie.
China is a part of Asia.

l'asperge [ah SPERJ] *n. f.* • asparagus
Ces asperges sont bonnes.
This asparagus is good.

l'aspirateur [ah spee rah TEUHR] *n. m.* •
vacuum cleaner
Aujourd'hui je passe l'aspirateur au salon.
Today I vacuum the living room.

s'asseoir [sah SWAHR] *v.* • to sit down
je m'assieds   nous nous asseyons
tu t'assieds   vous vous asseyez
il, elle s'assied   ils, elles s'asseyent
Je m'assieds près de la porte.
I sit down near the door.

assez [ah SAY] *adv.* • enough; rather
Il est maigre parce qu'il ne mange pas assez.
He's skinny because he doesn't eat enough.

l'assiette [ah SYET] *n. f.* • plate (dishes)
Combien d'assiettes faut-il mettre sur la table?
How many plates do we need to put on the table?

assis(e) [ah SEE(Z)] *adj. m. f.* • seated, sitting
Tout le monde est assis.
Everyone is seated.

l'assistant [ah see STAN] *n. m.* • aid, assistant
Le savant travaille avec son assistant.
The scientist is working with his assistant.

assister [ah see STAY] *v.* • to aid, to assist
assister à • to attend
j'assiste   nous assistons
tu assistes   vous assistez
il, elle assiste   ils, elles assistent
Guy et Marc assistent au match de football.
Guy and Mark attend the soccer game.

l'astronaute [ah stro NÒT] *n. m.* • astronaut
Les enfants admirent les astronautes.
Children admire astronauts.

l'athlète [ah TLET] *n. m.* • athlete
Peux-tu nommer un athlète célèbre?
Can you name a famous athlete?

l'Atlantique [ah tlan TEEK] *n. m.* • Atlantic
Ocean
Notre maison d'été n'est pas loin de l'Atlantique.
Our summer home isn't far from the Atlantic.

attacher [ah tah SHAY] *v.* • to attach; to fasten
j'attache ... nous attachons
tu attaches ... vous attachez
il, elle attache ... ils, elles attachent
Attachez vos ceintures (de sécurité).
Fasten your seatbelts.

attendre [ah TANDR] *v.* • to wait for
j'attends ... nous attendons
tu attends ... vous attendez
il, elle attend ... ils, elles attendent
s'attendre à • to expect; to be anxious for
Les passagers attendent le train sur le quai.
The passengers wait for the train on the platform.

l'attention [ah tan SYON] *n. f.* • attention
faire attention (à) • to watch out (for), pay attention
Est-ce que vous faites attention en classe?
Do you pay attention in class?

atterrir [ah te REER] *v.* • to land, to touch down
j'atterris ... nous atterrissons
tu atterris ... vous atterrissez
il, elle atterrit ... ils, elles atterrissent
L'avion atterrit sur la piste d'atterrissage.
The airplane lands on the runway.

l'atterrissage [ah te ree SAHJ] *n. m.* • landing, touch-down
L'atterissage (de notre avion) va être difficile.
The landing (of our plane) is going to be difficult.

l'attitude [ah tee TÜD] *n. f.* • attitude
Ce travail est plus facile si on a une bonne attitude.
This work is easier if you have a good attitude.

l'attraction [ah trahk SYON] *n. f.* • attraction
Il y a une attraction entre la terre et la lune.
There is an attraction between the earth and the moon.

attraper [ah trah PAY] *v.* • to trap; to catch
    j'attrape   nous attrapons
    tu attrapes   vous attrapez
    il, elle attrape   ils, elles attrapent
Jean aime attraper les grenouilles.
John likes to catch frogs.

aucun(e) [o KUN (-KÜN)] *pron., adj. m. f.* • not any, none
Je ne connais aucun de ses amis.
I don't know any of his friends.

au-dessous de [od SOO] *prep.* • below
Tes notes sont au-dessous de la moyenne.
Your grades are below average.

au-dessus de [od SÜ] *prep.* • above, over
La température est de 6 degrés au-dessus de zéro.
The temperature is 6 degrees above zero.

aujourd'hui [ò joor DWEE] *adv.* • today
Ils vont au parc aujourd'hui, pas demain.
They are going to the park today, not tomorrow.

auprès de [o PRAY] *prep.* • near, close to, close by
Le bébé reste auprès de sa mère.
The baby stays near its mother.

au revoir [o ruh VWAHR] *n. m.* • goodbye
Je vais dire "au revoir" à mon amie à la gare.
I'm going to say "goodbye" to my friend at the train station.

au secours! [o suh KOOR] *interj.* • help!
Au secours! Je suis blessé!
Help! I am hurt!

aussi [o SEE] *adv.* • also, too; as (in comparisons)
Ma sœur veut venir aussi.
My sister wants to come too.

Ma voiture va aussi vite que la tienne.
My car goes as fast as yours.

l'Australie [o strah LEE] *n. f.* • Australia
 australien(ne) *adj. m. f.* • Australian
 Australien(ne) *n. m. f.* • an Australian
Beaucoup d'animaux différents vivent en Australie.
Many different animals live in Australia.

autant (de) [o TAN] *adv.* • as much, as many; so
 much, so many
Il veut autant de glace que moi.
He wants as much ice cream as I do.

l'auteur [o TEUHR] *n. m.* • author
Qui est l'auteur de ce livre?
Who is the author of this book?

l'auto [o TO] *n. f.* • car
La Renault est une auto française.
The Renault is a French car.

l'autobus [o to BÜS] *n. m.* • bus (city bus, school bus)
Je prends l'autobus numéro 7 pour aller au centre-ville.
I take bus no. 7 to go downtown.

l'autocar [o to KAHR] *n. m.* • bus (travel, excursion)
Je vais voyager en autocar.
I'm going to travel by bus.

l'automne [o TÒN] *n. m.* • autumn, fall
En automne les feuilles tombent des arbres.
In autumn leaves fall from the trees.

l'autoroute [o to ROOT] *n. f.* • expressway
En France, on va très vite sur les autoroutes.
In France, they go very fast on the expressway.

l'auto-stop [o to STÒP] *n. m.* • hitchhike
Beaucoup de jeunes gens font de l'auto-stop.
Many young people hitchhike.

autour de [o TOOR] *prep.* • around
Les enfants courent autour de leur père.
The children are running around their father.

autre [OTR] *adj., pron.* • other; another
Je veux porter mon autre manteau.
I want to wear my other coat.

autrefois [o truh FWAH] *adv.* • in the past, of old
Autrefois, nous habitions à la campagne.
In the past, we lived in the country.

autrement [o truh MAN] *adv.* • otherwise
Si je peux y aller en voiture, j'irai chez elle; autrement, je
   resterai chez moi.
If I can go by car, I'll go to her house; otherwise, I'll stay home.

l'Autriche [o TREESH] *n. f.* • Austria
  autrichien(ne) *adj. m. f.* • Austrian
  Autrichien(ne) *n. m. f.* • an Austrian
Il y a beaucoup de compétitions de ski en Autriche.
There are many ski competitions in Austria.

aux [O] (see *à*)

avant [ah VAN] *prep., adv.* • before, beforehand;
  previously
Philippe se peigne avant de sortir.
Philip combs his hair before going out.

avec [ah VEK] *prep., adv.* • with
Qui vient avec moi à la patinoire?
Who is coming with me to the skating rink?

l'avenir [ahv NEER] *n. m.* • future
Ce garçon a un bel avenir devant lui.
That boy has a fine future before him.

l'aventure [ah van TÜR] *n. f.* • adventure
En ce moment, je lis *Les Aventures de Tom Sawyer*.
At this moment, I'm reading The Adventures of Tom Sawyer.

l'avenue [ahv NÜ] *n. f.* • avenue
Mes amis habitent avenue Pierre Corneille.
My friends live on Pierre Corneille Avenue.

avertir [ah ver TEER] *v.* • to warn
  j'avertis   nous avertissons
  tu avertis   vous avertissez
  il, elle avertit   ils, elles avertissent
Le panneau avertit les gens des dangers de la route.
The sign warns people of the dangers of the road.

l'avertissement [ah ver tees MAN] *n. m.* •
  warning
C'est votre premier avertissement. Attention!
This is your first warning. Watch out!

l'aveugle [ah VEUHGL] *n. m., adj.* • blind
  person; blind
Beaucoup d'aveugles apprennent l'alphabet Braille.
Many blind people learn the Braille alphabet.

avez [ah VAY] vous avez (see *avoir*)

l'avion [ah VYON] *n. m.* • airplane
  l'avion à réaction • jet
Le Concorde est un avion à réaction.
The Concorde is a jet.

l'avis [ah VEE] *n. m.* • opinion; advice
C'est seulement mon avis.
That's only my opinion.

l'avocat [ah vo KAH] *n. m. f.* • lawyer
L'avocat va au palais de justice.
The lawyer is going to the courthouse.

avoir [ah VWAHR] *v.* • to have
  avoir faim • to be hungry
  avoir soif • to be thirsty
  avoir chaud • to be warm
  avoir froid • to be cold
  avoir peur • to be afraid
  avoir raison • to be right
  avoir tort • to be wrong
  avoir besoin de • to need
  avoir de la chance • to be lucky
    j'ai   nous avons
    tu as   vous avez
    il, elle a   ils, elles ont

J'ai deux frères et une sœur.
I have two brothers and one sister.

Quel âge avez-vous? J'ai quinze ans.
How old are you? I am fifteen.

J'ai mal à la tête.
I have a headache.

Nous avons peur.
We are afraid.

Vous avez raison. J'ai tort.
You are right. I am wrong.

J'ai besoin de vous.
I need you.

Il a de la chance.
He is lucky.

avons [ah V~~ON~~] nous avons (see *avoir*)

avril [ah VREEL] *n. m.* • April
Mon anniversaire est en avril.
My birthday is in April.

B

les bagages [bah GAHJ] *n. m. pl.* • baggage; luggage
On met les bagages dans l'avion.
They put the baggage in the plane.

la bague [BAHG] *n. f.* • ring (jewelry)
Elle a une bague en or.
She has a gold ring.

la baguette [bah GET] *n. f.* • loaf of French bread
Hélène achète trois baguettes à la boulangerie.
Helen is buying three loaves of French bread at the bakery.

la baignoire [bay ÑWAHR] *n. f.* • bathtub
Joëlle fait couler de l'eau dans la baignoire.
Joelle is running water in the bathtub.

le bain [BIN] *n. m.* • bath
  la salle de bains *n. f.* • bathroom
Aimes-tu des bulles dans ton bain?
Do you like bubbles in your bath?

le baiser [be ZAY] *n. m.* • kiss
L'enfant donne un baiser à sa grand-mère.
The child gives a kiss to her grandmother.

baisser [be SAY] *v.* • to lower
      je baisse   nous baissons
      tu baisses   vous baissez
      il, elle baisse   ils, elles, baissent
Les magasins baissent leurs prix de temps en temps.
The stores lower their prices from time to time.

le bal [BAHL] *n. m.* • dance
Il y a un bal en ville tous les samedis soirs.
There is a dance in town every Saturday night.

le balai [bah LAY] *n. m.* • broom
Le balai est là, dans le coin.
The broom is there, in the corner.

la balançoire [bah lan SWAHR] *n. f.* • swing;
  seesaw
Luc pousse sa petite nièce sur la balançoire.
Luke pushes his little niece on the swing.

la balle [BAHL] *n. f.* • ball
Le petit garçon joue avec la balle.
The little boy is playing with the ball.

le ballon [bah LON] *n. m.* • balloon; ball (football)
As-tu vu le film *Le Ballon rouge*?
Have you seen the film The Red Balloon?

la banane [bah NAHN] *n. f.* • banana
Cette banane n'est pas mûre.
This banana isn't ripe.

le banc [BAN] *n. m.* • bench
Il est agréable de s'asseoir sur un banc dans le parc.
It's nice to sit on a bench in the park.

la bande [BAND] *n. f.* • group, gang
En France les jeunes sortent souvent en bande.
In France young people often go out in groups.

la banlieue [ban LYEUH] *n. f.* • suburb; outskirt
Mon cousin habite dans une banlieue de Paris.
My cousin lives in a suburb of Paris.

la banque [BANK] *n. f.* • bank
  le banquier *n. m.* • banker
Mon père va à la banque le vendredi.
My father goes to the bank every Friday.

le baptême [bah TEHM] *n. m.* • baptism, christening
Le baptême de mon neveu est dimanche matin.
My nephew's baptism is Sunday morning.

la barbe [BAHRB] *n. f.* • beard
"Barbe bleue" est un conte de fée.
"Blue Beard" is a fairy tale.

les bas [BAH] *n. m. pl.* • stockings, hose
Quelle couleur de bas préférez-vous?
What color of stockings do you prefer?

bas (basse) [BAH (BAHS)] *adj. m. f., adv.* • low
  en bas • below
Attention! Le plafond est très bas.
Careful! The ceiling is very low.

le base-ball [bays BÒL] *n. m.* • baseball
Le base-ball est un sport américain.
Baseball is an American sport.

le basket(-ball) [bah SKET] *n. m.* • basketball
Il y a deux matchs de basket par semaine à notre école.
There are two basketball games a week at our school.

basse [BAHS] (see *bas*)

le bateau [bah TO] *n. m.* • boat
  les bateaux *pl.*
  en bateau • by boat
  le bateau à voiles • sailboat
Nous allons à la pêche en bateau.
We're going fishing in a boat.

le bâtiment [bah tee M~~AN~~] *n. m.* • building
Dans quel bâtiment travaille votre père?
In which building does your father work?

battre [BAHTR] *v.* • to beat; to hit
  se battre *v.* • to fight

je bats	nous battons
tu bats	vous battez
il, elle bat	ils, elles battent

L'autre équipe nous bat par dix points.
The other team is beating us by ten points.

beau [BO] *adj. m.* • handsome, beautiful, good-looking
bel *m.* before a vowel sound
beaux *m. pl.*
belle *f.*
belles *f. pl.*
Cet acteur est beau et cette actrice est belle.
This actor is handsome and this actress is beautiful.

beaucoup [bo KOO] *adv.* • very much, a lot; many
Cette classe fait beaucoup de bruit.
This class is making a lot of noise.

beaux [BO] (see *beau*)

le bébé [bay BAY] *n. m.* • baby
Le bébé pleure; il a faim.
The baby is crying; he is hungry.

le bec [BEK] *n. m.* • beak
Le corbeau tient un morceau de fromage dans son bec.
The crow has a piece of cheese in his beak.

bel (belle) [BEL] (see *beau*)

la Belgique [bel JEEK] *n. f.* • Belgium
belge *adj. m. f.* • Belge, Belgian
le, la Belge *n. m. f.* • a Belgian
La Belgique est au nord de la France.
Belgium is north of France.

le berceau [ber SO] *n. m.* • cradle
Le bébé dort dans son berceau.
The baby sleeps in his cradle.

le béret [bay RE] *n. m.* • beret
Ce vieux monsieur porte un béret.
That elderly gentleman is wearing a beret.

le berger [ber JAY] *n. m.* • shepherd
  la bergère *n. f.* • shepherdess
Le berger garde ses moutons.
The shepherd keeps his sheep.

besoin [buh ZW~~IN~~] *n. m.* • need
  avoir besoin de *v.* • to need
J'ai besoin d'un stylo.
I need a pen.

la bête [BET] *n. f.; adj* • beast, animal; stupid,
  silly
Il y a des bêtes sauvages dans la jungle.
There are wild animals in the jungle.

le beurre [BEUHR] *n. m.* • butter
Le beurre fond dans la casserole.
The butter is melting in the pan.

la bibliothèque [bee blee Ò TEK] *n. f.* • library
A quelle heure ferme la bibliothèque?
What time does the library close?

la bicyclette [bee see KLET] *n. f.* • bicycle
  le vélo *n. m.* • bike
Nous pouvons stationner nos bicyclettes là-bas.
We can park our bicycles over there.

bien [BY~~IN~~] *adv.* • well
  Je vais bien. • I'm fine.
  bien sûr • of course
Ce travail est bien fait!
This work is well done!

bienvenu(e) [byiav NÜ] *adj. m. f.* • welcome
Bienvenu(e) chez nous!
Welcome to our home!

le bifteck [beef TEK] *n. m.* • beefsteak
Je voudrais mon bifteck bien cuit.
I would like my steak well done.

le bijou [bee JOO] *n. m.* • jewel; jewelry
La reine a beaucoup de beaux bijoux.
The queen has many beautiful jewels.

le billet [bee YAY] *n. m.* • ticket; note; bill (money)
Ces billets de concert coûtent cher!
These concert tickets are expensive!

la biologie [bee o lo JEE] *n. f.* • biology
Nous étudions les plantes en biologie.
We are studying plants in biology.

le biscuit [bees KWEE] *n. m.* • cookie
La petite Marie aime beaucoup les biscuits.
Little Marie is very fond of cookies.

bizarre [bee ZAHR] *adj. m. f.* • strange, odd
Il porte des vêtements bizarres!
He wears strange clothes!

blanc (blanche) [BLAN (BLANSH)] *adj. m. f.* •
    white
Nous avons un chat blanc.
We have a white cat.

le blé [BLAY] *n. m.* • wheat
On moissonne le blé en été.
They harvest wheat in the summer.

bleu(e) [BLEUH] *adj. m. f.* • blue
L'océan est si bleu aujourd'hui.
The ocean is so blue today.

blond(e)   [BLⱰN (D)]   *n., adj. m. f.*   • blond
Ma sœur est blonde.
My sister is blond.

le blouson   [bloo ZⱰN]   *n. m.*   • windbreaker; jacket
Je vais porter mon blouson aujourd'hui parce qu'il fait du vent.
I'm going to wear my windbreaker today because it is windy.

le bœuf   [BEUHF]   *n. m.*   • ox; beef
  les bœufs   [BEUH]   *pl.*
Les bœufs sont dans les champs.
The oxen are in the fields.

boire   [BWAHR]   *v.*   • to drink
        je bois   nous buvons
        tu bois   vous buvez
        il, elle boit   ils, elles boivent
En été je bois beaucoup d'eau.
In summer I drink a lot of water.

bois   [BWAH]   je, tu bois   (see *boire*)

le bois   [BWAH]   *n. m.*   • wood
  en bois   • made of wood, wooden
On brûle du bois dans la cheminée.
You burn wood in the fireplace.

la boisson   [bwah SⱰN]   *n. f.*   • drink, beverage
Que désirez-vous comme boisson?
What would you like as a beverage?

boit   [BWAH]   il, elle boit   (see *boire*)

la boîte   [BWAHT]   *n. f.*   • box; tin can
  en boîte   • canned
Il y a un cadeau dans cette boîte.
There is a present in this box.

boivent [BWAHV] ils, elles boivent (see *boire*)

bon (bonne) [B~~ON~~ (BÒN)] *adj. m. f.* • good
  bonne chance • good luck
On dit que l'alcool n'est pas bon pour la santé.
They say that alcohol isn't good for your health.

le bonbon [b~~on~~ B~~ON~~] *n. m.* • candy
On achète des bonbons à la confiserie.
You buy candy at the candy shop.

le bonheur [bò NEUHR] *n. m.* • happiness
Où est-ce qu'on trouve le bonheur?
Where do you find happiness?

le bonhomme de neige [bò NÒM duh NEJ]
  n. m. • snowman
Le bonhomme de neige fond au soleil.
The snowman melts in the sun.

bonjour [b~~on~~ JOOR] *interj.* • hello; good morn-
  ing; good afternoon
"Bonjour, comment ça va?"
"Hello, how are you?"

bonne [BÒN] (see *bon*)

la bonne [BÒN] *n. f.* • maid, household help
La bonne fait tout le travail à la maison.
The maid does all the work in the house.

bonsoir [b~~on~~ SWAHR] *interj.* • good evening;
  good night
Pierre dit "bonsoir" à ses amis.
Pierre says "good evening" to his friends.

le bord [BÒR] *n. m.* • edge, side, border
Il pêche au bord de la rivière.
He fishes on the riverside.

la botte [BÒT] *n. f.* • boot
J'ai de grandes bottes pour marcher dans la neige.
I have big boots for walking in the snow.

la bouche [BOOSH] *n. f.* • mouth
Le bébé met tout à la bouche.
The baby puts everything in his mouth.

le boucher [boo SHAY] *n. m.* • butcher
   la bouchère *n. f.*
Le boucher vend des rôtis de bœuf.
The butcher sells beef roasts.

la boucherie [boo SHREE] *n. f.* • butcher shop
On vend du bœuf à la boucherie.
They sell beef at the butcher shop.

la boue [BOO] *n. f.* • mud
Les cochons aiment la boue.
Pigs love mud.

bouger [boo JAY] *v.* • to move
   je bouge   nous bougeons
   tu bouges   vous bougez
   il, elle bouge   ils, elles bougent
Tiens-toi tranquille! Tu bouges tout le temps!
Be still! You are always moving!

la bougie [boo JEE] *n. f.* • candle
Les bougies ne donnent pas beaucoup de lumière.
Candles don't give much light.

la bouillabaisse   [boo yah BES]   *n. f.*   •
Provençal fish soup, bouillabaisse (a French soup)
Il y a toutes sortes de poissons dans la bouillabaisse!
There are all sorts of fish in bouillabaisse!

le boulanger   [boo lan JAY]   *n. m.*   •   baker
   la boulangère   *f.*
Le boulanger vend du pain.
The baker sells bread.

la boulangerie   [boo lan JREE]   *n. f.*   •   bakery
Nous achetons du pain à la boulangerie.
We buy bread at the bakery.

le boulevard   [bool VAHR]   *n. m.*   •   boulevard
A Paris le boulevard St-Michel est très connu.
In Paris the Boulevard St. Michel is very well known.

le bouquet   [boo KAY]   *n. m.*   •   bouquet, bunch;
   aroma (wine)
En France, on offre souvent des bouquets de fleurs.
In France, they often give bouquets of flowers.

le bout   [BOO]   *n. m.*   •   end, tip; bit
J'ai besoin d'un petit bout de pain pour finir mon fromage.
I need a little bit of bread to finish my cheese.

la bouteille   [boo TAY]   *n. f.*   •   bottle
Nous lavons toutes les bouteilles.
We wash all the bottles.

la boutique   [boo TEEK]   *n. f.*   •   small store, boutique
Elle achète toutes ses robes dans cette boutique.
She buys all her dresses in this boutique.

le bouton [boo TON] *n. m.* • button; knob
Il manque un bouton à ma veste.
There is a button missing on my jacket.

Je presse le bouton pour allumer la lampe.
I press the button to turn on the light.

le bracelet [brah SLAY] *n. m.* • bracelet
Cette jeune fille porte plusieurs bracelets.
This girl is wearing several bracelets.

la branche [BRANSH] *n. f.* • branch, bough
Il y a un nid sur cette branche.
There is a nest on this branch.

brancher [bran SHAY] *v.* • to plug in
je branche   nous branchons
tu branches   vous branchez
il, elle branche   ils, elles branchent
Voulez-vous brancher la télévision s'il vous plaît?
Would you please plug in the television?

le bras [BRAH] *n. m.* • arm
  bras dessus, bras dessous • arm in arm
Il a des bras très musclés.
He has very muscular arms.

bravo [brah VO] *interj.* • well done!, bravo!
A la fin de l'opéra, les spectateurs crient, "Bravo!"
The audience yells, "Bravo!" at the end of the opera.

la brioche [bree ÒSH] *n. f.* • roll, bun
Nous mangeons des brioches pour le petit déjeuner.
We eat rolls for breakfast.

britannique [bree tah NEEK] *adj.* • British
J'aime passer mes vacances dans les îles britanniques.
I like to spend ma vacations in the British Isles.

bronzé(e) [bron ZAY] *adj. m. f.* • suntanned
Elle est très bronzée.
She is very suntanned.

la brosse [BRÒS] *n. f.* • brush
　la brosse à dents • toothbrush
J'ai mon peigne, mais pas ma brosse.
I have my comb, but not my brush.

se brosser [suh brò SAY] *v.* • to brush (oneself)
　je me brosse　　　　　　nous nous brossons
　tu te brosses　　　　　　vous vous brossez
　il, elle se brosse　　　　ils, elles, se brossent
Ma sœur se brosse les cheveux chaque matin.
My sister brushes her hair every morning.

le brouillard [broo YAHR] *n. m.* • fog; mist
Les conducteurs allument leurs phares dans le brouillard.
The drivers turn on their headlights in the fog.

le bruit [BRWEE] *n. m.* • noise
Ces enfants font beaucoup de bruit.
These children make lots of noise.

brûler [brü LAY] *v.* • to burn
　je brûle　　　　　　　nous brûlons
　tu brûles　　　　　　　vous brûlez
　il, elle brûle　　　　　ils, elles brûlent
Ne te brûle pas sur la cuisinière!
Don't burn yourself on the stove!

brun(e) [BRUN (BRÜN)] *n., adj., m.f.* • brown;
　brunette
Ma mère est brune.
My mother is a brunette.

le buffet   [bü FAY]   *n. m.*   •   sideboard, buffet, cupboard
La vaisselle est dans le buffet.
The dishes are in the buffet.

le bureau   [bü RO]   *n. m.*   •   desk; office
  le bureau de poste   •   post office
Combien d'employés y a-t-il dans le bureau?
How many employees are there in the office?

buvez   [bü VAY]   vous buvez   (see *boire*)

buvons   [bü VON]   nous buvons   (see *boire*)

C

ça   [SAH]   *demonstr. pron.*   that   (see *cela*)
  Ça va?   •   How are things?
Tu peux faire mieux que ça.
You can do better than that.

la cacahuète   [kah kah WET]   *n. f.*   •   peanut
Au Canada on appelle la cacahuète "la pinotte."
In Canada the peanut is called "la pinotte".

cacher   [kah SHAY]   *v.*   •   to hide
  je cache   nous cachons
  tu caches   vous cachez
  il, elle cache   ils, elles cachent
Les pirates cachent leur trésor.
The pirates hide their treasure.

le cadeau   [kah DO]   *n. m.*   •   present, gift
  les cadeaux   *pl.*
Les enfants veulent beaucoup de cadeaux pour Noël.
Children want lots of presents for Christmas.

cadet(-ette) [kah DAY (DET)] *adj. m. f.* •
  younger; youngest
Mon frère cadet a trois ans.
My youngest brother is three years old.

le cafard; avoir le cafard
  [ah VWAHR luh kah FAHR] *n. m.* • to have the
  blues; to be in the dumps
Quand le ciel est couvert, j'ai le cafard.
When it is cloudy, I have the blues.

le café [kah FAY] *n. m.* • coffee; cafe
Nous prenons du café après le repas.
We have coffee after the meal.

le cahier [kah YAY] *n. m.* • notebook
J'ai trois cahiers pour l'école.
I have three notebooks for school.

le caissier(-ière) [ke SYAY (-SYER)] *n. m. f.* •
  cashier; teller
Au supermarché, on paye la caissière.
At the supermarket, you pay the cashier.

le calendrier [kah lan dree AY] *n. m.* • calendar
Ce calendrier a de belles photos.
This calender has beautiful photographs.

le, la camarade [kah mah RAHD] *n. m. f.* •
  comrade; friend, pal
Je vais au bal avec mes camarades.
I'm going to the dance with my friends.

le camion [kah MYON] *n. m.* • truck
Son père est chauffeur de camion.
His father is a truck driver.

la campagne [kan PAHÑ] *n. f.* • country; countryside
Nous n'habitons pas en ville. Nous habitons à la campagne.
We don't live in town. We live in the country.

le camping; faire du camping [fer dü kan PEEÑ] *v.* • to go camping
Ils font du camping dans les Alpes.
They are camping in the Alps.

le Canada [kah nah DAH] *n. m.* • Canada
canadien(-ienne) *adj. m. f.* • Canadian
le, la Canadien(ne) *n. m. f.* • a Canadian
Je trouve les Canadiens très amicaux.
I find Canadians to be very friendly.

le canapé [kah nah PAY] *n. m.* • couch, sofa
Mon père s'endort sur le canapé.
My father falls asleep on the couch.

le canard [kah NAHR] *n. m.* • duck
Il y a des canards sur l'étang.
There are some ducks on the pond.

le canoë [kah no AY] *n. m.* • canoe
Le canoë glisse sur le lac.
The canoe glides on the lake.

la cantine [kan TEEN] *n. f.* • lunchroom
A midi, les professeurs et les élèves mangent à la cantine.
At noon, the teachers and students eat in the lunchroom.

le caoutchouc [kah oo TSHOO] *n. m.* • rubber
en caoutchouc • made of rubber
Mes bottes sont en caoutchouc.
My boots are made of rubber.

la capitale [kah pee TAHL] *n. f.* • capital city; capital letter
Paris est la capitale de la France.
Paris is the capital of France.

car [KAHR] *conj.* • for; because; as
Je reste chez moi car il pleut.
I'm staying home because it's raining.

le car [KAHR] *n. m.* • bus
Je prends le car pour aller à Nice .
I take the bus to go to Nice.

la caravane [kah rah VAHN] *n. f.* • van; camper
Nous allons voyager en Europe en caravane.
We are going to travel through Europe in a camper.

le carnaval [kahr nah VAHL] *n. m.* • Mardi-Gras carnaval
Le carnaval de Nice est très célèbre.
The Mardi-Gras carnival in Nice is very famous.

la carotte [kah RÒT] *n. f.* • carrot
Les lapins aiment les carottes.
Rabbits like carrots.

le carré [kah RAY] *n., adj. m.* • square
Mon foulard est carré.
My scarf is square.

la carte [KAHRT] *n. f.* • card; list; menu; map
  la carte postale • postcard
Veux-tu jouer aux cartes?
Do you want to play cards?

le carton [kahr TON] *n. m.* • cardboard; cardboard box
Ils vont mettre les journaux dans ce carton.
They are going to put the newspapers in this cardboard box.

le casque [KAHSK] *n. m.* • helmet
Il faut porter un casque quand on conduit une moto!
You must wear a helmet when you ride a motorcycle!

casser [kah SAY] *v.* • to break
    je casse   nous cassons
    tu casses   vous cassez
    il, elle casse   ils, elles cassent
La petite fille va casser le vase.
The little girl is going to break the vase.

le cauchemar [kosh MAHR] *n. m.* • nightmare
Les cauchemars sont souvent effrayants!
Nightmares are often horrifying!

la cause [KOZ] *n. f.* • the reason
  à cause de • because of
Il n'y a pas d'école à cause de la neige.
There is no school because of the snow.

la cave [KAHV] *n. f.* • wine cellar; cellar
En France, on met le vin dans la cave.
In France, they put the wine in the wine cellar.

ce [SUH] *demonstr. pron.* • this; it
  cet(te) *m. f.* • before a vowel sound
  ces *pl.* • these
  c'est • it is; this is
  ce sont • these are; they are
  est-ce que • used to make a question
Ce n'est pas mon avis.
This is not my opinion.

C'est dommage.
That's too bad.

Cet homme est mon père.
This man is my father.

Est-ce que tu viens?
Are you coming?

ceci [suh SEE] *demonstr. pron.* • this
Ceci n'est pas très bon.
This isn't very good.

la ceinture [sin TÜR] *n. f.* • belt
   la ceinture de sécurité • safety belt
J'ai besoin d'une ceinture avec cette robe.
I need a belt with this dress.

cela [SLAH] *demonstr. pron.* • that (see *ça*)
   Comment cela? • What?
Je n'aime pas ceci, mais j'aime cela.
I don't like this, but I like that.

célèbre [say LEBR] *adj. m. f.* • famous
Ce tableau est célèbre.
This painting is famous.

le céleri [sayl REE] *n. m.* • celery
On peut mettre du sel sur le céleri.
You can put salt on celery.

celle(s) [SEL] *f.* • (see *celui*)

celui *demonstr. pron.* • the one that; the one who
   ceux *m. pl.*
   celle *f.*
   celles *f. pl.*
Celui qui a le plus de points gagne.
The one who has the most points wins.

le cendrier [san dree AY] *n. m.* • ashtray
Il y a un cendrier sur la table.
There is an ashtray on the table.

cent [SAN] *n. m.; adj. m.* • one hundred
Dix fois dix font cent.
Ten times ten equals one hundred.

centigrade [san tee GRAHD] *adj.* • Celsius
L'eau gèle à 0 degré centigrade.
Water freezes at 0 degrees Celsius.

le centimètre [san tee METR] *n. m.* • centimeter
Un pouce fait combien de centimètres?
How many centimeters are there to an inch?

cependant [span DAN] *adv.; conj.* • meanwhile;
   yet; however
Elle a toujours de mauvaises notes, cependant elle étudie.
She always has bad grades, yet she studies.

le cerf [SEHR] *n. m.* • stag (deer)
Je vois souvent des cerfs dans les bois.
I often see deer in the woods.

la cerise [suh REEZ] *n. f.* • cherry
Ces cerises sont très rouges!
These cherries are very red!

certain(e) [ser TIN (-TEN)] *adj. m. f.* • certain, sure
Elle est certaine d'aller en France cet été.
She is certain to go to France this summer.

ces [SAY] (see *ce*)

c'est [SEH] (see *ce*)

cet [SET] (see *ce*)

cette [SET] (see *ce*)

ceux [SEUH] (see *celui*)

chacun(e) [shah KUN] *pron. m. f.* • each, each one, every one
à chacun son goût • to each his own
Il faut un livre pour chacun de vous.
Each of you needs a book.

la chaîne [SHEHN] *n. f.* • chain; television channel
Ce soir je regarde la chaîne 2.
Tonight I'm watching Channel 2.

la chaise [SHEHZ] *n. f.* • chair
C'est la chaise de ta grand-mère.
This is your grandmother's chair.

la chambre [SHAN BR] *n. f.* • room; bedroom
Ma chambre est confortable.
My bedroom is comfortable.

le champ [SHAN] *n. m.* • field
L'agriculteur travaille dans son champ.
The farmer works in his field.

le champignon [shan pee ÑON] *n. m.* • mushroom
Les champignons poussent dans les bois.
Mushrooms grow in the woods.

la chance [SHANS] *n. f.* • luck
bonne chance! • good luck!
avoir de la chance • to be lucky
Mon ami a de la chance.
My friend is lucky.

changer [shan JAY] *v.* • to change, to alter

je change	nous changeons
tu changes	vous changez
il, elle change	ils, elles changent

Il change souvent d'avis.
He often changes his mind.

la chanson [shan SON] *n. f.* • song
J'aime les chansons américaines.
I like American songs.

chanter [shan TAY] *v.* • to sing
　je chante　　　　　　　nous chantons
　tu chantes　　　　　　vous chantez
　il, elle chante　　　　ils, elles chantent
Les enfants chantent dans la classe de musique.
The children sing in music class.

le chapeau [shah PO] *n. m.* • hat
Quel drôle de chapeau!
What a funny hat!

le chapitre [shah PEETR] *n. m.* • chapter
Le professeur dit, "Lisez le chapitre trois."
The teacher says, "Read chapter three."

chaque [SHAHK] *adj.* • each; every
Chaque élève a un livre.
Each student has a book.

la charcuterie [shahr kü TREE] *n. f.* • pork
　butcher's; delicatessen
　charcutier(-ière) *n. m. f.* • pork butcher
Mon père achète des saucisses et du pâté à la charcuterie.
My father buys sausages and pâté at the delicatessen.

charmant(e) [shahr MAN (T)] *adj. m.f.* • charming
Ce petit garçon est charmant.
This little boy is charming.

le charpentier [shahr pan TYAY] *n. m.* • carpenter
Un charpentier a besoin d'un bon marteau.
A carpenter needs a good hammer.

le chasseur   [shah SEUHR]   *n. m.*   • hunter
   chasser *v.*   • to hunt
Il y a des chasseurs dans ce bois.
There are hunters in these woods.

le (la) chat(te)   [SHAH (T)]   *n. m. f.*   • cat
   le chaton (petit chat)   *n. m.*   • kitten
Le chat saute sur la chaise.
The cat jumps up on the chair.

le château   [shah TO]   *n. m.*   • castle, palace
On peut visiter de beaux châteaux en France.
You can visit some beautiful castles in France.

chaud(e)   [SHO (D)]   *adj. m. f.*   • warm, hot
   avoir chaud   • to be warm (hot)
   Il fait chaud.   • It's warm (hot) out.
Les jours d'été sont chauds.
Summer days are hot.

le chauffage   [sho FAHJ]   *n. m.*   • heating
Chez nous, nous avons le chauffage central.
At our house, we have central heating.

la chaussette   [sho SET]   *n. f.*   • sock
Il porte toujours des chaussettes rouges.
He always wears red socks.

la chaussure   [sho SÜR]   *n. f.*   • shoe
Ces chaussures me font mal aux pieds.
These shoes hurt my feet.

le chef   [SHEF]   *n. m.*   • head, leader, chief; chef
   le chef d'orchestre   • conductor
Le chef de l'entreprise est très intelligent.
The head of the company is very intelligent.

le chemin [shuh MIN] *n. m.* • road, path, way
    le chemin de fer • railroad
Le Petit Chaperon Rouge a perdu son chemin.
Little Red Riding Hood has lost her way.

la cheminée [shuh mee NAY] *n. f.* • chimney;
    fireplace
Le Père Noël descend par la cheminée.
Santa Claus comes down the chimney.

la chemise [shuhMEEZ] *n. f.* • shirt
    la chemise de nuit • nightgown
    le chemisier *n. m.* • woman's blouse
Je dois repasser ces deux chemises.
I must iron these two shirts.

cher, chère [SHEHR] *adj. m. f* • dear, beloved;
    expensive
Cette montre coûte très cher.
This watch is very expensive.

chercher [sher SHAY] *v.* • to search, to look for
    je cherche   nous cherchons
    tu cherches   vous cherchez
    il, elle cherche   ils, elles cherchent
Je cherche mes souliers, mais je ne les trouve pas.
I'm looking for my shoes but I can't find them.

le cheval [shuhVAHL] *n. m.* • horse
    les chevaux *pl.*
    monter à cheval • to go horseback riding
Un cow-boy a toujours un cheval.
A cowboy always has a horse.

le cheveu [shuh VEUH] *n. m.* • hair
    les cheveux *pl.*
Suzie a de beaux cheveux.
Suzie has beautiful hair.

la chèvre   [SHEHVR]   *n. f.*   •   goat
On dit que les chèvres sont têtues.
They say that goats are stubborn.

chez   [SHAY]   *prep.*   •   to (at) someone's home or
business
   chez moi   •   to (at) my home
Faites comme chez vous.
Make yourself at home.

Quand je suis malade, je vais chez le médecin.
When I am sick, I go to the doctor's office.

le chien   [SHYEN]   *n. m.*   •   dog
   la chienne   *f.*
   le petit chien   *m.*   •   puppy
Mon chien s'appelle Foufi.
My dog's name is Foufi.

la chimie   [shee MEE]   *n. f.*   •   chemistry
J'ai un cours de chimie après le déjeuner.
I have chemistry class after lunch.

La Chine   [SHEEN]   *n. f.*   •   China
   chinois(e)   *adj. m. f.*   •   Chinese
   le, la Chinois(e)   *n. m. f.*   •   a Chinese
J'aime la cuisine chinoise.
I love Chinese food.

le chocolat   [sho ko LAH]   *n. m.*   •   chocolate
Il veut un gâteau au chocolat pour son anniversaire.
He wants a chocolate cake for his birthday.

choisir   [shwah ZEER]   *v.*   •   to choose
   je choisis   nous choisissons
   tu choisis   vous choisissez
   il, elle choisit   ils, elles choisissent
Choisis le film que nous allons voir.
Choose the movie we're going to see.

le choix [SHWAH] *n. m.* • choice
Elle fait un bon choix.
She is making a good choice.

la chose [SHOZ] *n. f.* • thing
   quelque chose • something
C'est une chose que je ne comprends pas.
That's one thing that I don't understand.

le chou [SHOO] *n. m.* • cabbage
   les choux *pl.*
   le chou à la crème • cream puff
Ce chou vient de mon jardin.
This cabbage is from my garden.

chouette [shoo ET] *adj., interj.* • great!; neat!
Vous pouvez venir avec nous? Chouette!
You can come with us? Great!

le chou-fleur [shoo FLEUHR] *n. m.* • cauliflower
Mon petit frère n'aime pas le chou-fleur.
My little brother doesn't like cauliflower.

le ciel [SYEL] *n. m.* • sky; heaven
Le ciel est si bleu aujourd'hui!
The sky is so blue today!

la cigarette [see gah RET] *n. f.* • cigarette
Non, je ne veux pas de cigarette. Je ne fume pas.
No, I don't want a cigarette. I don't smoke.

le cil [SEEL] *n. m.* • eye lash
Ce bébé a de si longs cils!
This baby has such long eye lashes!

le cinéma [see nay MAH] *n. m.* • movie theater
On va au cinéma à sept heures ce soir.
We're going to the movies at seven p.m.

cinq [S~~IN~~K] *n. m., adj. m. f.* • five
Ils ont besoin de cinq volontaires.
They need five volunteers.

cinquante [s~~in~~ KANT] *n. m., adj. m. f.* • fifty
Je suis riche! J'ai cinquante dollars!
I am rich! I have fifty dollars!

la circulation [seer kü lah SY~~ON~~] *n. f.* • traffic
Je n'aime pas conduire quand il y a beaucoup de circulation.
I don't like to drive when there is a lot of traffic.

le cirque [SEERK] *n. m.* • circus
Claudette aime les clowns au cirque.
Claudette likes the clowns at the circus.

les ciseaux [see ZO] *n. m. pl.* • scissors
Les ciseaux sont dans le tiroir.
The scissors are in the drawer.

le citron [see TR~~ON~~] *n. m.* • lemon
  le citron pressé *m.* • lemonade
Je voudrais quatre tartes au citron s'il vous plaît.
I would like four lemon pies, please.

la citrouille [see TROOY] *n. f.* • pumpkin
Pour le Jour d'action de grâces nous avons toujours de la tarte
  à la citrouille.
For Thanksgiving we always have pumpkin pie.

clair(e) [KLEHR] *adj. m.f.* • clear; bright; light
Janine préfère le bleu clair.
Janine prefers light blue.

la classe [KLAHS] *n. f.* • class
  la salle de classe *f.* • classroom
Il y a trente élèves dans ma classe.
There are thirty students in my class.

la clé (clef) [KLAY] *n. f.* • key
Les clés sont dans mon sac.
The keys are in my purse.

le climat [klee MAH] *n. m.* • climate
  la climatisation *m.* • air-conditioning
Le climat en Floride est très doux.
The climate in Florida is very mild.

la cloche [KLÒSH] *n. f.* • bell; idiot, dope
La cloche sonne à la fin de la classe.
The bell rings at the end of class.

le clou [KLOO] *n. m.* • nail (hardware)
Le charpentier garde ses clous dans sa poche.
The carpenter keeps his nails in his pocket.

le clown [KLOON] *n. m.* • clown
Ce clown a un grand nez rouge.
This clown has a big red nose.

le Coca [ko KAH] *n. m.* • Coke (Coca-Cola)
Je prends un Coca à la terrasse d'un café.
I'm having a Coke at a sidewalk cafe.

le cochon [ko SHON] *n. m.* • pig
Le fermier conduit ses cochons au marché.
The farmer drives his pigs to market.

le cœur [KOER] *n. m.* • heart
  apprendre par cœur • to learn by heart
  de bon cœur • gladly
Je t'aime de tout mon cœur.
I love you with all my heart.

le coiffeur [kwah FEUHR] *n. m.* • hairdresser
  la coiffeuse *f.*
Ma sœur est coiffeuse dans ce salon.
My sister is a hairdresser in this salon.

la coiffure [kwah FÜR] *n. f.* • hair style
Tu as une nouvelle coiffure, n'est-ce pas?
You have a new hair style, don't you?

le coin [KWIN] *n. m.* • corner
  au coin (de la rue) • on the corner
Comment s'appelle la boutique au coin?
What's the name of the boutique on the corner?

le col [KÒL] *n. m.* • collar
Ce col est trop serré.
This collar is too tight.

la colère [kò LEHR] *n. f.* • anger, wrath
  en colère • angry
Sylvie n'est pas souvent en colère.
Sylvia isn't angry very often.

le colis [ko LEE] *n. m.* • package, parcel
Je vais envoyer ce colis au Canada.
I'm going to send this package to Canada.

la colle [KÒL] *n. f.* • glue, paste.
Il a de la colle sur les doigts.
He has glue on his fingers.

la collection [kò lek SYON] *n. f.* • collection
Mon frère a une collection de timbres.
My brother has a stamp collection.

coller [ko LAY] *v.* • to glue, to stick
  je colle   nous collons
  tu colles   vous collez
  il, elle colle   ils, elles collent
François colle un timbre sur la lettre.
François sticks a stamp on the letter.

le collier [kò LYAY] *n. m.* • necklace
As-tu un collier qui va avec cette robe?
Do you have a necklace that goes with this dress?

la colline [ko LEEN] *n. f.* • hill
Nous regardons la ville du haut de la colline.
We look at the town from the top of the hill.

la colonie de vacances [ko lo NEE duh va KANS]
  n. f. • summer camp
En colonie de vacances, nous dormons sous la tente.
We sleep in tents at summer camp.

combien [kon BYIN] *adv.* • how much; how
  many
  combien de fois • how often; how many times
Combien de gens viennent?
How many people are coming?

commander [ko man DAY] *v.* • to order; to
  command
    je commande   nous commandons
    tu commandes   vous commandez
    il, elle commande   ils, elles commandent
Je vais commander des hors-d'œuvre.
I'm going to order some appetizers.

comme [KÒM] *adv.* • as; like; how
  comme ci, comme ça • so so
Elle a un chien comme le mien!
She has a dog like mine!

commencer [ko man SAY] *v.* • to begin, to start
  le commencement *n. m.* • beginning
    je commence   nous commençons
    tu commences   vous commencez
    il, elle commence   ils, elles commencent
Je commence mes devoirs à sept heures.
I begin my homework at seven o'clock.

comment [ko MAN] *adv., interj.* • how; what?;
  Comment? • What?
Je ne sais pas comment faire ça.
I don't know how to do that.

la commode [kò MÒD] *n. f.* • chest of drawers
Elle met son chandail dans sa commode.
She puts her sweater in her chest of drawers.

la compagnie [kon pah ÑEE] *n. f.* • company
Cette compagnie gagne beaucoup d'argent.
This company makes lots of money.

le complet [kon PLAY] *n. m.* • suit (man's suit)
Mon père a quatre complets.
My father has four suits.

le compliment [kon plee MAN] *n. m.* • compliment
Les gens aiment recevoir des compliments.
People like to receive compliments.

comprendre [kon PRANDR] *v.* • to understand
    je comprends   nous comprenons
    tu comprends   vous comprenez
    il, elle comprend   ils, elles comprennent
Je comprends le français et aussi l'allemand.
I understand French and also German.

le comptable [kon TAHBL] *n. m.* • accountant, bookkeeper
Mon oncle est comptable dans une grande compagnie.
My uncle is an accountant in a big company.

la comptabilité [kon tah bee lee TAY] *n. f.* • bookkeeping; accounting
J'aime ma classe de comptabilité.
I like my accounting class.

compter [kon TAY] *v.* • to count; to rely

je compte	nous comptons
tu comptes	vous comptez
il, elle compte	ils, elles comptent

Ma petite sœur apprend à compter.
My little sister is learning to count.

le concert [kon SEHR] *n. m.* • concert
Ce soir je vais à un concert de rock.
This evening I'm going to a rock concert.

le, la concierge [kon SYERJ] *n. m. f.* • janitor; caretaker
Le concierge habite au rez-de-chaussée de cet immeuble.
The caretaker lives on the ground floor of this apartment building.

le concours [kon KOOR] *n. m.* • contest; competition
Ma sœur participe au concours de beauté.
My sister is in the beauty contest.

conduire [kon DWEER] *v.* • to drive; to lead
se conduire *v.* • to behave
conduire à *v.* • to lead to

je conduis	nous conduisons
tu conduis	vous conduisez
il, elle conduit	ils, elles conduisent

Pierre conduit trop vite.
Pierre drives too fast.

la confiserie [kon feez REE] *n. f.* • candy store
Les chocolats de cette confiserie sont excellents.
The chocolates from this candy store are excellent.

la confiture [kon fee TÜR] *n. f.* • jam
Pour le petit déjeuner, les Français mangent du pain avec de
la confiture.
For breakfast, the French eat bread with jam.

confortable [kon for TAHBL] *adj.* • comfortable
Ce fauteuil est très confortable.
This armchair is very comfortable.

le congé [kon JAY] *n. m.* • holiday; leave
Nous avons douze jours de congé à Noël.
We have twelve days off for Christmas.

la connaissance [ko nay SANS] *n. f.* •
knowledge; acquaintance
Je suis très content de faire votre connaissance.
I am very happy to make your acquaintance.

connaître [kò NEHTR] *v.* • to know, to be acquainted with
se connaître *v.* • to know each other

je connais	nous connaissons
tu connais	vous connaissez
il, elle connaît	ils, elles connaissent

Je connais ton petit frère.
I know your little brother.

le conseil [kon SAY] *n. m.* • advice
un bon conseil • a good piece of advice
Marie me donne toujours de bons conseils.
Marie always gives me good advice.

construire [kons TRWEER] *v.* • to construct, to build
   je construis   nous construisons
   tu construis   vous construisez
   il, elle construit   ils, elles construisent
Mon père est architecte. Il construit des maisons.
My father is an architect. He builds houses.

le conte [KONT] *n. m.* • tale, story
  le conte de fées • fairy tale
Souvent dans les contes de fées, les animaux peuvent parler.
Animals can often speak in fairy tales.

content(e) [kon TAN (T)] *adj. m. f.* • contented,
  glad, pleased
Il est content de voir son ami Pascal.
He is glad to see his friend Pascal.

continuer [kon tee nü AY] *v.* • to continue
   je continue   nous continuons
   tu continues   vous continuez
   il, elle continue   ils, elles continuent
Il continue ses études après le lycée.
He is continuing his studies after high school.

contre [KONTR] *prep.* • against
Le chat se frotte contre mes jambes.
The cat is rubbing against my legs.

la conversation [kon ver sah SYON] *n. f.* •
  conversation
J'ai une conversation intéressante avec mon professeur.
I have an interesting conversation with my teacher.

copier [kò PYAY] *v.* • to copy
   je copie   nous copions
   tu copies   vous copiez
   il, elle copie   ils, elles copient
Est-ce que je peux copier ton adresse dans mon carnet?
May I copy your address in my notebook?

le coq [KÒK] *n. m.* • rooster
Le coq a une belle queue.
The rooster has a beautiful tail.

le coquillage [ko kee YAHJ] *n. m.* • shell
Il y a beaucoup de coquillages sur la plage.
There are many shells on the beach.

la corbeille [kòr BAY] *n. f.* • basket
la corbeille à papier • the wastepaper basket
Ma mère a mis des fleurs dans une corbeille.
My mother put flowers in a basket.

la corde [KÒRD] *n. f.* • rope, cord
Cette corde n'est pas assez longue.
This rope isn't long enough.

le corps [KOR] *n. m.* • body
Connaissez-vous les parties du corps en français?
Do you know the parts of the body in French?

correct(e) [kò REKT] *adj. m.f.* • correct, proper
Son fiancé est très correct.
Her fiancé has perfect manners.

le (la) correspondant(e) [kò re spon DAN (T)]
n. m. f. • pen-pal
J'écris à ma correspondante française depuis deux ans.
I have written to my French pen-pal for two years.

corriger [kò ree JAY] *v.* • to correct
   je corrige   nous corrigeons
   tu corriges   vous corrigez
   il, elle corrige   ils, elles corrigent
Nous corrigeons nos erreurs.
We are correcting our mistakes.

le côté [ko TAY] *n. m.* • side
  à côté de • next to; beside
  à côté • nearby; next door
Il habite de l'autre côté de la rue.
He lives on the other side of the street.

la côtelette [kot LET] *n. f.* • cutlet; chop
Est-ce qu'il y a des côtelettes de porc sur le menu?
Are pork chops on the menu?

le coton [ko TON] *n. m.* • cotton
Cette chemise est en coton.
This shirt is made of cotton.

le cou [KOO] *n. m.* • neck
Il a une écharpe autour du cou.
He has a scarf around his neck.

coucher [koo SHAY] *v.* • to lay down; to put to bed
  se coucher *v.* • to go to bed; to lie down; to set
    (the sun)

je me couche	nous nous couchons
tu te couches	vous vous couchez
il, elle se couche	ils, elles se couchent

La plupart des petits enfants se couchent de bonne heure.
Most little children go to bed early.

le coude [KOOD] *n. m.* • elbow
Il me fait mal avec son coude!
He is hurting me with his elbow!

coudre [KOODR] *v.* • to sew

je couds	nous cousons
tu couds	vous cousez
il, elle coud	ils, elles cousent

Dominique apprend à coudre.
Dominique is learning to sew.

la couleur [koo LEUHR] *n. f.* • color
Sa couleur préférée est le rouge.
His favorite color is red.

le couloir [koo LWAHR] *n. m.* • hallway
Il est dangereux de courir dans le couloir.
It's dangerous to run in the hallway.

le coup [KOO] *n. m.* • blow (hit); knock
　le coup de pied • kick
　le coup de poing • blow with the fist
Tout à coup, il disparait.
Suddenly, he disappears.

Il reçoit un coup sur la tête.
He receives a blow on the head.

couper [koo PAY] *v.* • to cut
　　je coupe　　　　　　nous coupons
　　tu coupes　　　　　　vous coupez
　　il, elle coupe　　　　ils, elles coupent
C'est un bon couteau; il coupe bien.
This is a good knife; it cuts well.

courageux(-euse) [koo rah JEUH (JEUHZ)] *adj. m.*
　f. • courageous, brave
Le lion est un animal très courageux.
The lion is a very brave animal.

courir [koo REER] *v.* • to run
　　je cours　　　　　　nous courons
　　tu cours　　　　　　vous courez
　　il, elle court　　　　ils, elles courent
Celui qui court le plus vite gagne.
Whoever runs the fastest wins.

le courrier [koo RYAY] *n. m.* • mail
Chez nous le courrier arrive à deux heures de l'après-midi.
The mail arrives at two p.m. at our house.

le cours [KOOR] *n. m.* • course, class
J'ai cinq cours ce semestre.
I have five courses this semester.

la course [COORS] *n. f.* • errand; race
  faire des courses • to run errands
Nous avons des courses à faire en ville.
We have errands to run in town.

court(e) [KOOR (T)] *adj. m. f.* • short
J'aime les jupes courtes.
I like short skirts.

le (la) cousin(e) [koo ZIN (ZEEN)] *n. m. f.* • cousin
J'ai dix cousins.
I have ten cousins.

le couteau [koo TO] *n. m.* • knife
  les couteaux *pl.*
Il manque un couteau sur la table.
There is a knife missing on the table.

coûter [koo TAY] *v.* • to cost
  coûter cher • expensive
  coûter peu • to be inexpensive

je coûte	nous coûtons
tu coûtes	vous coûtez
il, elle coûte	ils, elles coûtent

Ce manteau coûte 500 francs.
This coat costs 500 francs.

couvert(e) [koo VEHR (T)] *adj. m.f.* • covered
Ces enfants sont couverts de boue!
These children are covered with mud!

la couverture [koo ver TÜR] *n. f.* • cover, blanket
J'ai une couverture en laine sur mon lit.
I have a wool blanket on my bed.

couvrir [koo VREER] *v.* • to cover
  je couvre   nous couvrons
  tu couvres   vous couvrez
  il, elle couvre ils, elles couvrent
Il couvre toujours ses traces!
He always covers his tracks!

la craie [KRAY] *n. f.* • chalk
Le professeur écrit sur le tableau avec de la craie.
The teacher writes on the blackboard with chalk.

la cravate [krah VAHT] *n. f.* • necktie
Papa porte une cravate pour aller au travail.
Dad wears a necktie to go to work.

le crayon [kray YON] *n. m.* • pencil
  le crayon de couleur *m.* • crayon
J'ai quatre crayons dans mon pupitre à l'école.
I have four pencils in my desk at school.

la crème [KREM] *n. f.* • cream; pudding
Ma mère met de la crème dans son café.
My mother puts cream in her coffee.

la crêpe [KREP] *n. f.* • pancake
En France, les crêpes sont très légères.
In France, the crepes (pancakes) are very light.

crier [kree AY] *v.* • to shout, to shriek
  je crie   nous crions
  tu cries   vous criez
  il, elle crie   ils, elles crient
Les enfants crient au match de football.
The children shout at the football game.

le crocodile [kro ko DEEL] *n. m.* • crocodile
Est-ce que les crocodiles vivent en Floride?
Do crocodiles live in Florida?

croire [KRWAHR] *v.* • to believe; to think
    je crois   nous croyons
    tu crois   vous croyez
    il, elle croit   ils, elles croient
Nous croyons qu'il a tort.
We believe that he is wrong.

Je ne crois pas aux revenants.
I don't believe in ghosts.

le croissant [krwah SAN] *n. m.* • crescent roll
(pastry)
Avoir des croissants pour le petit déjeuner, c'est formidable!
To have croissants for breakfast is great!

cueillir [keuh YEER] *v.* • to pick, to gather
    je cueille   nous cueillons
    tu cueilles   vous cueillez
    il, elle cueille   ils, elles cueillent
En France on cueille le raisin en automne.
In France grapes are picked in the fall.

la cuillère (also spelled **cuiller**) [kwee YER]
n. f. • spoon
Janine met les cuillères à côté des couteaux.
Janine puts the spoons next to the knives.

le cuir [KWEER] *n. m.* • leather
  en cuir • made of leather
Ces chaussures sont en cuir.
These shoes are made of leather.

la cuisine [kwee ZEEN] *n. f.* • kitchen; the cooking
J'aime beaucoup la cuisine française.
I love French cooking.

la cuisinière [kwee zee NYEHR] *n. f.* • kitchen
stove, kitchen range; cook
Nous avons une nouvelle cuisinière électrique.
We have a new electric range.

Ma mère est une bonne cuisinière.
My mother is a good cook.

curieux(-euse) [kü RYEUH (-RYEUHZ)]
adj. m. f. • interested, curious, odd
C'est curieux. Il n'est pas à l'heure.
That's odd. He isn't on time.

D

d'accord [dah KÒR] *interj.* • agreed (see *accord*)

la dactylo [dak tee LO] *n. f.* • typist; secretary
Elle désire être dactylo.
She wants to be a typist.

la dame [DAHM] *n. f.* • lady
Qui est cette dame avec ton oncle?
Who is that lady with your uncle?

le Danemark [dahn MAHRK] *n. m.* • Denmark
danois(e) *adj. m. f.* • Danish
le, la Danois(e) *n. m. f.* • a Dane
Le Danemark est au nord de l'Allemagne.
Denmark is north of Germany.

dangereux(-euse)
[dan JREUH (-JREUHZ)] *adj. m. f.* • dangerous
Jouer avec des allumettes est dangereux.
It is dangerous to play with matches.

dans [DAN] *prep.* • in, into
Je mets la lettre dans l'enveloppe.
I put the letter in the envelope.

danser [dan SAY] *v.* • to dance
je danse	nous dansons
tu danses	vous dansez
il, elle danse	ils, elles dansent

Elle danse avec son frère.
She is dancing with her brother.

la date [DAHT] *n. f.* • date
Quelle est la date aujourd'hui?
What is today's date?

de [DUH] *prep.* • of; from; some
  du *m.* • de+le
  de la *f.*
  des *pl.* • de+les
Veux-tu du pain?
Do you want some bread?

C'est le manteau de Jacques. (shows possession)
It's Jacques' coat.

Michel vient de Paris.
Michael comes from Paris.

débarrasser [day bah rah SAY] *v.* • to rid; to clear
  se débarrasser de • to get rid of
je me débarrasse	nous nous débarrassons
tu te débarrasses	vous vous débarrassez
il, elle se débarrasse	ils, elles se débarrassent

Après le repas, il faut débarrasser la table.
After the meal, you must clear the table.

debout [duh BOO] *adv.* • standing
La vendeuse est debout toute la journée.
The saleswoman stands all day.

décembre [day SANBR] *n. m.* • December
Il y a trente et un jours en décembre.
There are thirty-one days in December.

déchirer [day shee RAY] *v.* • to rip, to tear (up)
 je déchire   nous déchirons
 tu déchires   vous déchirez
 il, elle déchire   ils, elles déchirent
Tu déchires une page de mon livre!
You're tearing a page of my book!

le décollage [dee kol AGE] *n. m.* • take-off (plane)
Le décollage s'est bien passé.
The take-off went well.

décorer [day kò RAY] *v.* • to decorate
 je décore   nous décorons
 tu décores   vous décorez
 il, elle décore   ils, elles décorent
Elle décore son affiche avec de jolies couleurs.
She decorates her poster with pretty colors.

décrire [day KREER] *v.* • to describe
 je décris   nous décrivons
 tu décris   vous décrivez
 il, elle décrit   ils, elles décrivent
Cet auteur décrit très bien les scènes.
This author describes the scenes very well.

défense (de) [day FANS duh] *n. f.* • it is forbidden to..., No...
 défense de fumer • no smoking
 défense d'entrer • no admittance
Il y a un panneau au restaurant qui dit, "Défense de fumer."
There is a sign in the restaurant which says "No smoking."

le défilé [day fee LAY] *n. m.* • parade
Les militaires marchent dans le défilé.
The soldiers march in the parade.

dehors [duh ÒR] *adv.* • outside
Nous voulons jouer dehors.
We want to play outside.

déjà [day JAH] *adv.* • already; before
J'ai déjà fait tous mes devoirs.
I have already done all my homework.

le déjeuner [day jeuh NAY] *n. m.* • lunch
  déjeuner *v.* • to have lunch, to eat lunch
    je déjeune   nous déjeunons
    tu déjeunes   vous déjeunez
    il, elle déjeune   ils, elles déjeunent
Nous avons vingt minutes pour le déjeuner à l'école.
We have twenty minutes for lunch at school.

de la [duh LAH] • (see *de*)

délicieux(-euse) [day lee SYEUH (-SYEUHZ)]
  adj. m. f. • delicious
Ce dessert est délicieux!
This dessert is delicious!

demain [duh MIN] *n. m., adv.* • tomorrow
  après-demain • day after tomorrow
Demain nous partons en vacances.
We're going on vacation tomorrow.

demander [duh man DAY] *v.* • to ask, to ask for
  se demander *v.* • to wonder
    je demande   nous demandons
    tu demandes   vous demandez
    il, elle demande   ils, elles demandent
Qu'est-ce que tu demandes?
What are you asking?

demeurer [duh meuh RAY] *v.* • to live, to reside

je demeure	nous demeurons
tu demeures	vous demeurez
il, elle demeure	ils, elles demeurent

Je demeure au nº 10, rue d'Italie.
I reside at no. 10, Italy Street.

demi(e) [duh MEE] *adj. m. f.* • half
  demi-heure *n. f.* • half an hour
J'ai encore une demi-heure de travail.
I still have half an hour of work.

de moins en moins [duh mwin zan MWIN] *adv.* •
  less and less
Elle étudie de moins en moins.
She studies less and less.

de plus en plus [duh plü zan PLÜS] *adv.* • more
  and more
Elle sort de plus en plus.
She goes out more and more.

la dent [DAN] *n. f.* • tooth
  avoir mal aux dents • to have a toothache
Elle a une mauvaise dent.
She has one bad tooth.

le dentifrice [dan tee FREES] *n. m.* • toothpaste
Mon dentifrice est dans la salle de bain.
My toothpaste is in the bathroom.

le, la dentiste [dan TEEST] *n. m. f.* • dentist
Je vais chez le dentiste deux fois par an.
I go to the dentist twice a year.

le départ [day PAHR] *n. m.* • departure, leaving
L'horaire dit: départ: onze heures; arrivée: deux heures.
The timetable says: departure: eleven o'clock; arrival: two o'clock.

le département   [day pahr tuh M~~A~~N]   *n. m.*   •
department
La France est divisée en quatre-vingt-quatorze départements.
France is divided into ninety-four departments.

dépasser   [day pah SAY]   *v.*   •   to pass

je dépasse	nous dépassons
tu dépasses	vous dépassez
il, elle dépasse	ils, elles dépassent

L'auto de sport dépasse toutes les autres autos.
The sports car passes all the other cars.

se dépêcher   [suh day pe SHAY]   *v.*   •   to hurry (up)
Dépêche-toi!   •   Hurry up!

je me dépêche	nous nous dépêchons
tu te dépêches	vous vous dépêchez
il, elle se dépêche	ils, elles se dépêchent

Il faut nous dépêcher pour arriver à l'heure.
We have to hurry to arrive on time.

dépenser   [day p~~an~~ SAY]   *v.*   •   to spend

je dépense	nous dépensons
tu dépenses	vous dépensez
il, elle dépense	ils, elles dépensent

Il dépense beaucoup d'argent.
He spends a lot of money.

depuis   [duh PWEE]   *adv., prep.*   •   since; for
depuis quand?   •   since when?
Je suis à l'école depuis sept heures ce matin.
I have been at school since seven this morning.

dernier(-ière)   [der NYAY (NYEHR)]   *adj. m. f.*   •
last; latest
Qui veut le dernier morceau de gâteau?
Who wants the last piece of cake?

derrière [der RYEHR] *prep.* • behind
Les garçons sont debout derrière les filles.
The boys are standing behind the girls.

des [DAY] (see *de*)

désagréable [day zah gray AHBL] *adj. m. f.* •
unpleasant; nasty
Ce temps de pluie est très désagréable.
This rainy weather is very unpleasant.

descendre [day SANDR] *v.* • to go down
  descendre de • to come down from; to get off
    je descends   nous descendons
    tu descends   vous descendez
    il, elle descend   ils, elles descendent
Ma mère descend l'escalier.
My mother goes down the stairs.

le désert [day ZEHR] *n. m.* • desert
Le Sahara est un grand désert en Afrique.
The Sahara is a large desert in Africa.

désirer [day zee RAY] *v.* • to desire, to wish, to want
    je désire   nous désirons
    tu désires   vous désirez
    il, elle désire   ils, elles désirent
Désirez-vous un dessert après le repas?
Do you want a dessert after the meal?

le dessert [day SEHR] *n. m.* • dessert
Ce dessert est vraiment trop sucré.
This dessert is really too sweet.

le dessin [day SIN] *n. m.* • drawing, sketch
  dessiner *v.* • to draw
  le dessin animé *n. m.* • cartoon
  la bande dessinée *f.* • comic strip
    je dessine   nous dessinons
    tu dessines   vous dessinez
    il, elle dessine   ils, elles dessinent
Mon père aime les dessins de cet artiste.
My father likes this artist's drawings.

Le samedi matin, mon petit frère regarde les dessins animés à
  la télé.
Saturday mornings, my little brother watches cartoons on
  T.V.

détester [day tes TAY] *v.* • to hate, to detest
    je déteste   nous détestons
    tu détestes   vous détestez
    il, elle déteste   ils, elles détestent
Mon frère déteste cette émission.
My brother hates this T.V. show.

détruire [day TRWEER] *v.* • to destroy, to de-
  molish
    je détruis   nous détruisons
    tu détruis   vous détruisez
    il, elle détruit   ils, elles détruisent
La gelée détruit les fleurs.
Frost destroys flowers.

deux [DEUH] *n. m., adj. m. f.* • two
Vous deux, vous venez?
Are you two coming?

devant [duh VAN] *prep.* • in front of; before
L'autobus s'arrête devant ma maison.
The bus stops in front of my house.

devenir [duhv NEER] *v.* • to become

je deviens	nous devenons
tu deviens	vous devenez
il, elle devient	ils, elles deviennent

Maintenant! Qu'est-ce qu'il va devenir?
Now! What is going to become of him?

Le professeur devient de moins en moins patient.
The teacher is becoming less and less patient.

deviner [duh vee NAY] *v.* • to guess

je devine	nous devinons
tu devines	vous devinez
il, elle devine	ils, elles devinent

Devinez quel âge il a.
Guess how old he is.

devoir [duh VWAHR] *n. m.* • duty; homework
Je n'ai pas de devoirs ce week-end.
I have no homework this weekend.

devoir [duh VWAHR] *v.* • to have to; must; should; to owe

je dois	nous devons
tu dois	vous devez
il, elle doit	ils, elles doivent

Monique doit partir demain.
Monique must leave tomorrow.

Elle doit dix francs à sa sœur.
She owes ten francs to her sister.

le dictionnaire [deek syò NEHR] *n. m.* • dictionary
Il y a plusieurs dictionnaires dans la salle de classe.
There are several dictionaries in the classroom.

la différence [dee fay RANS] *n. f.* • difference
  différent(e) *adj. m. f.* • different
Quelle est la différence entre ces deux mots?
What is the difference between these two words?

difficile [dee fee SEEL] *adj. m. f.* • difficult, hard
Cette traduction est très difficile.
This translation is very difficult.

dimanche [dee MANSH] *n. m.* • Sunday
Ce dimanche, nous allons chez grand-mère.
This Sunday, we're going to Grandma's.

la dinde [DIND] *n. f.* • turkey (hen)
  le dindon *m.* • turkey (tom)
La dinde est le plat traditionnel pour Noël.
Turkey is the traditional dish for Christmas.

le dîner [dee NAY] *n. m.* • dinner
  dîner *v.* • to eat dinner

je dîne	nous dînons
tu dînes	vous dînez
il, elle dîne	ils, elles dînent

Nous invitons nos amis à dîner.
We invite our friends for dinner.

dire [DEER] *v.* • to say; to tell

je dis	nous disons
tu dis	vous dites
il, elle dit	ils, elles disent

Dis-moi ce que je dois faire.
Tell me what I must do.

diriger [dee ree JAY] *v.* • to direct

je dirige	nous dirigeons
tu diriges	vous dirigez
il, elle dirige	ils, elles dirigent

L'agent de police dirige la circulation.
The policeman directs traffic.

dis [DEE] je dis, tu dis (see *dire*)

le discours [dees KOOR] *n. m.* • speech
Le président donne un discours à la télévision.
The president is giving a speech on television.

discuter [dees kü TAY] *v.* • to discuss
  la discussion *n. f.* • discussion
    je discute   nous discutons
    tu discutes   vous discutez
    il, elle discute   ils, elles discutent
Nous discutons ce problème depuis trois heures.
We have been discussing this problem for three hours.

disent [DEEZ] ils, elles disent (see *dire*)

disons [dee ZON] nous disons (see *dire*)

le disque [DEESK] *n. m.* • record
Il a tous les disques de ce groupe.
He has all this group's records.

la distance [dees TANS] *n. f.* • distance
La distance entre ces deux villes est de 30 km.
The distance between these two towns is 30 km.

dit [DEE] il, elle dit (see *dire*)

dites [DEET] vous dites (see *dire*)

le divan [dee VAN] *n. m.* • sofa, davenport
Ce divan est confortable.
This sofa is comfortable.

dix [DEES] *n. m., adj. m. f.* • ten
  J'ai dix doigts. • I have 10 fingers.
  Il a dix amis. • He has 10 friends.
Combien de cousins avez-vous? Dix.
How many cousins do you have? Ten.

dix-huit [deeZWEET] *n. m., adj.m.f.* • eighteen
Il y a dix-huit bougies sur le gâteau d'anniversaire.
There are eighteen candles on the birthday cake.

dix-neuf [deezNEUHF] *n. m., adj.m.f.* • nineteen
Ma sœur a dix-neuf ans.
My sister is nineteen.

dix-sept [dee SET] *n. m., adj. m. f.* • seventeen
C'est aujourd'hui le dix-sept juin.
Today is June seventeenth.

le docteur [dòk TEUHR] *n. m.* • doctor
Le docteur travaille à l'hôpital.
The doctor works at the hospital.

le doigt [DWAH] *n. m.* • finger
  montrer du doigt • to point at
Attention! Tu me pinces le doigt!
Careful! You are pinching my finger!

le dollar [do LAHR] *n. m.* • dollar
Ce chemisier coûte trente dollars.
This blouse costs thirty dollars.

dommage [do MAHJ] *n. m.* • damage; harm
  C'est dommage! • That's too bad!
Il ne peut pas venir; c'est dommage!
He can't come; that's too bad!

donc [DONK] *conj.* • then, therefore, so
Je n'ai pas ma voiture, donc je prends le métro!
I do not have my car, so I take the subway!

donner [dò NAY] *v.* • to give

je donne	nous donnons
tu donnes	vous donnez
il, elle donne	ils, elles donnent

Ce professeur me donne de bonnes notes.
This teacher gives me good grades.

dormir [dòr MEER] *v.* • to sleep

je dors	nous dormons
tu dors	vous dormez
il, elle dort	ils, elles dorment

Quand je fais du camping, je dors dans mon sac de couchage.
When I go camping, I sleep in my sleeping bag.

le dos [DO] *n. m.* • back
J'ai mal au dos depuis deux jours.
I've had a backache for two days.

douce [DOOS] (see *doux*)

doucement [doos MAN] *adv.* • slowly; softly; gently
Le bébé dort. Parlez doucement.
The baby is sleeping. Speak softly.

la douche [DOOSH] *n. f.* • shower
Dépêche-toi! Je dois prendre ma douche!
Hurry up! I have to take my shower!

doux (douce) [DOO] *adj. m. f.* • soft; sweet; gentle
Le poil de mon chat est très doux.
My cat's fur is very soft.

douze [DOOZ] *n. m., adj. m. f.* • twelve
 douzaine *n. f.* • dozen
Il y a une douzaine de pommes dans ce panier.
There are a dozen apples in this basket.

le drap [DRAH] *n. m.* • sheet (bed)
Nous changeons les draps chaque lundi.
We change the sheets every Monday.

le drapeau [drah PO] *n. m.* • flag
  les drapeaux *pl.*
Le drapeau français est bleu, blanc et rouge.
The French flag is blue, white, and red.

la droite [DRWAHT] *n. f.* • right
  à droite • to the right
Je tourne à droite pour aller à l'école.
I turn right to go to school.

drôle [DROL] *adj.* • funny; odd
Cette blague n'est pas drôle.
This joke isn't funny.

du [DÜ] (see *de*)

dur(e) [DÜR] *adj. m. f.* • hard; tough; difficult
Ce problème n'est pas très dur.
This problem isn't very hard.

E

l'eau [o] *n. f.* • water
  les eaux *pl.*
  l'eau minérale *f.* • mineral water
L'eau coule dans l'évier.
The water is running in the sink.

l'écharpe [ay SHAHRP] *n. f.* • scarf
Il a une écharpe autour du cou.
He has a scarf around his neck.

les échecs [ay SHEK] *n. m. pl.* • chess
Mon frère joue tout le temps aux échecs.
My brother plays chess all the time.

l'éclair [ay KLEHR] *n. m.* • eclair (pastry)
J'aime les éclairs au chocolat.
I love chocolate eclairs.

les éclairs [ay KLEHR] *n. m. pl.* • lightning
Ces éclairs me font peur.
This lightning scares me.

l'école [ay KÒL] *n. f.* • school
  l'école maternelle *f.* • pre-school, nursery
  school
Nous sortons de l'école à trois heures de l'après-midi.
We get out of school at three p.m.

l'Ecosse [ay KÒS] *n. f.* • Scotland
  écossais(e) *adj. m. f.* • Scot, Scottish
  l'Ecossais(e) *n. m. f.* • a Scot, Scotsman,
  -woman
L'Ecosse se trouve au nord de l'Angleterre.
Scotland is located north of England.

écouter [ay koo TAY] *v.* • to listen (to)
  j' écoute   nous écoutons
  tu écoutes   vous écoutez
  il, elle écoute   ils, elles écoutent
Carole aime écouter la musique moderne.
Carole likes to listen to modern music.

l'écran [ay KRAN] *n. m.* • the screen
  le petit écran • the T.V. (screen)
Il n'y a rien sur l'écran.
There is nothing on the screen.

écrire [ay KREER] *v.* • to write
  j'écris   nous écrivons
  tu écris   vous écrivez
  il, elle écrit   ils, elles écrivent
J'écris souvent à ma correspondante belge.
I write often to my Belgian pen-pal.

l'écriture [ay kree TÜR] *n. f.* • writing
Je ne peux pas lire ton écriture.
I can't read your handwriting.

l'écrivain [ay kree VIN] *n. m.* • author; writer
Qui est votre écrivain préféré?
Who is your favorite author?

l'écureuil [ay kü REUHY] *n. m.* • squirrel
Il y a des écureuils dans le grand chêne.
There are squirrels in the large oak tree.

effacer [ay fah SAY] *v.* • to erase
  j'efface   nous effaçons
  tu effaces   vous effacez
  il, elle efface   ils, elles effacent
Le professeur efface le tableau à la fin de la journée.
The teacher erases the blackboard at the end of the day.

l'effet [ay FEH] *n. m.* • effect
  en effet • indeed; you bet
Ces fleurs dans le jardin donnent un effet agréable.
These flowers in the garden give a nice effect.

effrayant(e) [ay freh YAN (T)] *adj. m. f.* •
frightening, dreadful, awful
Il a des cauchemars effrayants.
He has awful nightmares.

égal(e) [ay GAHL] *adj. m. f.* • equal
égaux *pl.*
Ça m'est égal • I don't care; it's all the same to
me.
Tous les hommes sont créés égaux.
All men are created equal.

l'église [ay GLEEZ] *n. f.* • church
Comment s'appelle cette église?
What's the name of this church?

électrique [ay lek TREEK] *adj. m. f.* • electric
l'électricité *n. f.* • electricity
Pierre joue avec son train électrique.
Pierre plays with his electric train.

l'éléphant [ay lay FAN] *n. m.* • elephant
Il y a sept éléphants dans ce cirque.
There are seven elephants in this circus.

l'élève [ay LEV] *n. m.* • pupil, student
Il y a trois cents élèves dans cette école.
There are three hundred students in this school.

elle [EL] *pron. f.* • she, it
elles *pl. f.* • they, them
Où est Martine? Elle ne vient pas?
Where is Martine? She isn't coming?

embêtant(e) [an be TAN (T)] *adj. m. f.* • annoying
  embêter *v.* • to annoy; to bore
    j'embête   nous embêtons
    tu embêtes   vous embêtez
    il, elle embête   ils, elles embêtent
  s'embêter *v.* • to be bored
    je m'embête   nous nous embêtons
    tu t'embêtes   vous vous embêtez
    il, elle s'embête   ils, elles s'embêtent
Mon petit frère est embêtant.
My little brother is annoying.

Son petit frère embête tout le monde.
Her little brother annoys everybody.

Elle s'embête toute seule à la campagne.
She is bored all alone in the country.

embrasser [an brah SAY] *v.* • to kiss; to hug
  s'embrasser • to kiss one another
    j'embrasse   nous embrassons
    tu embrasses   vous embrassez
    il, elle embrasse   ils, elles embrassent
Papa embrasse Maman avant de partir.
Dad kisses Mom before leaving.

Ils s'embrassent tout le temps.
They are always kissing.

l'émission [ay mee SYON] *n. m.* • broadcast;
  program (T.V.)
Ma sœur et moi, nous aimons les mêmes émissions.
My sister and I like the same programs.

emmener [an m NAY] *v.* • to take away, to lead away
    j'emmène   nous emmenons
    tu emmènes   vous emmenez
    il, elle emmène   ils, elles emmènent
L'agent emmène le prisonier.
The policeman is taking the prisoner away.

empêcher (de) [an pe SHAY (duh)] *v.* • to prevent, to keep (from)
  s'empêcher *v.* • to refrain oneself from

j'empêche	nous empêchons
tu empêches	vous empêchez
il, elle empêche	ils, elles empêchent

Tout ce bruit m'empêche de dormir.
All that noise keeps me from sleeping.

l'emploi du temps [lan plwah dü TAN] *n. m.* •
  schedule
Quel est votre emploi du temps pour la semaine?
What is your schedule for the week?

employer [an plwah YAY] *v.* • to use; to employ
  l'employé(e) *n. m. f.* • employee

j'emploie	nous employons
tu emploies	vous employez
il, elle emploie	ils, elles emploient

J'emploie un dictionnaire pour chercher des mots.
I use a dictionary to look up words.

Les employés sont bien payés.
The employees are well paid.

emprunter (à) [an prun TAY ah] *v.* • to borrow (from)

j'emprunte	nous empruntons
tu empruntes	vous empruntez
il, elle emprunte	ils, elles empruntent

Jacques emprunte trop de choses!
Jacques borrows too many things!

en [AN] *prep., pron.* • in, into; some, any
Avez-vous des sœurs? Non, je n'en ai pas.
Do you have any sisters? No, I do not have any.

encore [an KOR] *adv.* • again; yet
  pas encore • not yet
Je voudrais encore un peu de pain.
I would like a little more bread.

s'endormir [san dòr MEER] *v.* • to go to sleep, to fall asleep

je m'endors	nous nous endormons
tu t'endors	vous vous endormez
il, elle s'endort	ils, elles s'endorment

Grand-père s'endort devant la télé.
Grandfather falls asleep in front of the T.V.

énergique [ay ner JEEK] *adj. m. f.* • energetic
Le professeur de culture physique est très énergique.
The phys-ed teacher is very energetic.

l'enfant [an FAN] *n. m. f.* • child
les enfants *pl.* • children
Les enfants courent dans le parc.
The children are running in the park.

enfin [an FIN] *adv.* • at last, finally
Nous sommes enfin arrivés!
We have finally arrived!

en général [an jay nay RAHL] *adv.* • as a rule
En général elle est agréable.
As a rule she is pleasant.

s'ennuyer [san nwee AY] *v.* • to be bored
ennuyeux(-euse) *adj. m. f.* • annoying; tedious
ennuyé(e) *adj. m. f.* • annoyed

je m'ennuie	nous nous ennuyons
tu t'ennuies	vous vous ennuyez
il, elle s'ennuie	ils, elles s'ennuient

Je m'ennuie le dimanche après-midi.
I get bored on Sunday afternoons.

Ce livre est très ennuyeux.
This book is very boring.

l'erreur [e REUHR] *n. f.* • error, mistake
Attention! Vous faites trop d'erreurs.
Watch out! You make too many mistakes.

enseigner [an se ÑAY] *v.* • to teach
    j'enseigne   nous enseignons
    tu enseignes   vous enseignez
    il, elle enseigne   ils, elles enseignent
Mon amie enseigne dans cette école.
My friend teaches in this school.

ensemble [an SANBL] *adv.* • together; at the
  same time
Allons jouer de nos instruments ensemble!
Let's play our instruments together!

ensuite [an SWEET] *adv.* • afterwards; then; next
Nous prenons le plat principal, ensuite le dessert.
We have the main course, then the dessert.

entendre [an TANDR] *v.* • to hear
  s'entendre *v.* • to get along; to agree
    j'entends   nous entendons
    tu entends   vous entendez
    il, elle entend   ils, elles entendent
Comment? Je ne vous entends pas très bien.
What? I don't hear you very well.

entier [an TYAY] *adj. m.* • whole, entire
  entière [en TYEHR] *f.*
Il va rester chez nous un mois entier.
He is going to stay with us a whole month.

l'entracte [an TRAHKT] *n. m.* • intermission
Nous avons quinze minutes pendant l'entracte.
We have fifteen minutes during the intermission.

entre [A̶N̶TR] *prep.* • between
Il n'y a pas beaucoup de différence entre ces deux autos.
There is not much difference between these two cars.

entrée [a̶n̶ TRAY] *n. f.* • entry; entrance; admission; course before main course in a meal
Quel est le prix d'entrée?
What's the price of admission?

entrer [a̶n̶ TRAY] *v.* • to enter, to go in, to come in
    j'entre   nous entrons
    tu entres   vous entrez
    il, elle entre   ils, elles entrent
Les élèves entrent dans la salle de classe.
The students enter the classroom.

l'enveloppe [a̶n̶ VLÒP] *n. f.* • envelope
Je ne peux pas trouver une enveloppe pour ma lettre!
I can't find an envelope for my letter!

environ [a̶n̶ vee R̶O̶N̶] *adv.* • about, approximately
Il y a environ 500 spectateurs à ce match de football.
There are approximately 500 spectators at this soccer game.

envoyer [a̶n̶ vwah YAY] *v.* • to send
    j'envoie   nous envoyons
    tu envoies   vous envoyez
    il, elle envoie   ils, elles envoient
Il envoie des fleurs à sa petite amie.
He sends flowers to his girl friend.

épais(se) [ay PE (S)] *adj. m. f.* • thick
Ce bifteck est très épais.
This steak is very thick.

l'épaule [ay PÒL] *n. f.* • shoulder
Je ne peux pas lancer la balle parce que j'ai mal à l'épaule.
I can't throw the ball because my shoulder hurts.

l'épicerie [ay pee SREE] *n. f.* • grocery store
  l'épicier(-ière) *n. m. f.* • grocer
Nous achetons des légumes frais à l'épicerie au coin.
We buy fresh vegetables at the grocery store on the corner.

les épinards [ay pee NAHR] *n. m. pl.* • spinach
Nous avons des épinards comme légume ce soir.
Tonight we're having spinach as our vegetable.

l'épingle [ay PINGL] *n. f.* • pin
Quand je couds, j'ai besoin d' épingles.
When I sew, I need pins.

épouser [ay poo ZAY] *v.* • to marry
  l'époux *n. m.* • husband
  les époux *pl.* • husband and wife
  l'épouse *n. f.* • wife
    j'épouse   nous épousons
    tu épouses   vous épousez
    il, elle épouse   ils, elles épousent
Marie épouse Jacques ce dimanche.
Marie is marrying Jacques this Sunday.

l'équipe [ay KEEP] *n. f.* • team
Notre équipe est meilleure que la leur.
Our team is better than theirs.

es [EH] tu es (see *être*)

l'escalier [eh skah LYAY] *n. m.* • stairs, staircase
  escalier roulant *m.* • escalator
Cet escalier va au troisième étage.
This staircase goes to the fourth floor.

l'escargot [eh skahr GO] *n. m.* • snail
Je voudrais des escargots comme hors d'œuvre.
I would like some snails as an appetizer.

l'espace [es PAHS] *n. m.* • space
Laissez un espace entre vos réponses.
Leave a space between your answers.

l'Espagne [es PAHÑ] *n. f.* • Spain
  espagnol(e) *adj., m. f.* • Spanish
  l'Espagnol(e) *n. m. f.* • a Spaniard
Mes parents vont en Espagne pour leurs vacances.
My parents are going to Spain for their vacation.

espérer [eh spay RAY] *v.* • to hope
  j'espère   nous espérons
  tu espères   vous espérez
  il, elle espère   ils, elles espèrent
J'espère la voir bientôt.
I hope to see her soon.

essayer [eh seh YAY] *v.* • to try, to attempt; to taste
  j'essaye   nous essayons
  tu essayes   vous essayez
  il, elle essaye   ils, elles essayent
Jean-Pierre essaye d'apprendre l'anglais.
Jean-Pierre is trying to learn English.

l'essence [e SANS] *n. f.* • gasoline
Notre voiture a besoin d'essence.
Our car needs gasoline.

est [EH] il, elle est (see *être*)

l'est [ESST] *n. m.* • east
Boston est dans l'est des Etats-Unis.
Boston is in the eastern United States.

est-ce que [es KUH] • one way to ask a question
Est-ce que ton frère est beau?
Is your brother good-looking?

l'estomac [es tò MAH] *n. m.* • stomach
Il a mal à l'estomac.
He has a stomach ache.

et [AY] *conj.* • and
Thierry et moi, nous allons au cinéma.
Thierry and I are going to the movies.

l'étage [ay TAHJ] *n. m.* • story, floor (of a building)
A quel étage sommes-nous?
What floor are we on?

l'étagère [ay tah JEHR] *n. f.* • the shelf
Pierre pose ses livres sur une étagère.
Peter puts his books on a shelf.

l'état [ay TΛH] *n. m.* • state; shape
Il y a cinquante états aux Etats-Unis.
There are fifty states in the United States.

Ce livre est en mauvais état.
This book is in bad shape.

les Etats-Unis [ay TAH zü NEE] *n. m. pl.* • the United States
Je suis américain. Je viens des Etats-Unis.
I am American. I come from the United States.

l'été [ay TAY] *n. m.* • summer
En été, nous allons à la plage.
In summer, we go to the beach.

éteindre [ay TENDR] *v.* • to extinguish; to switch off
 j'éteins   nous éteignons
 tu éteins   vous éteignez
 il, elle éteint   ils, elles éteignent
Pouvez-vous éteindre les lumières avant de partir?
Can you switch off the lights before leaving?

éternuer [ay ter NÜ AY] *v.* • to sneeze
 j'éternue   nous éternuons
 tu éternues   vous éternuez
 il, elle éternue   ils, elles éternuent
Il faut se couvrir la bouche quand on éternue.
You should cover your mouth when you sneeze.

l'étoile [ay TWAHL] *n. f.* • star
 l'étoile de mer *f.* • starfish
Les étoiles brillent comme des diamants ce soir!
The stars are shining like diamonds tonight!

étonnant(e) [ay tò NAN (T)] *adj. m. f.* • astonishing;
 surprising
 étonner *v.* • to astonish; to amaze
 étonné(e) *adj. m. f.* • surprised
  j'étonne   nous étonnons
  tu étonnes   vous étonnez
  il, elle étonne   ils, elles étonnent
Elle est à l'heure! C'est étonnant!
She is on time! That's surprising!

Elle étonne tout le monde avec ses idées extraordinaires.
She amazes everyone with her wonderful ideas.

l'étranger(-ère) [ay tran JAY (-JEHR)] *n., adj. m.*
 f. • stranger, foreigner
 à l'étranger • abroad
 étrange *adj. m. f.* • strange, odd
Il y a beaucoup d'étrangers à la réunion ce soir.
There are many foreigners at the meeting tonight.

être [EHTR] *v.* • to be
Nous sommes lundi. • It is Monday.
être d'accord • to be in agreement
être en avance • to be early
être en retard • to be late
être en train de • to be in the process of
être né *adj.* • to be born

je suis	nous sommes
tu es	vous êtes
il, elle est	ils, elles sont

Tu es une excellente musicienne!
You are an excellent musician!

étroit(e) [ay TRWAH (T)] *adj. m. f.* • narrow
Ce passage est trop étroit!
This passageway is too narrow!

l'étudiant(e) [ay tü DYAN (T)] *n. m. f.* • student
la carte d'étudiant • student I.D.
Mon amie est étudiante à l'Université de Lyon.
My friend is a student at the University of Lyon.

étudier [ay tü DYAY] *v.* • to study

j'étudie	nous étudions
tu étudies	vous étudiez
il, elle étudie	ils, elles étudient

J'étudie depuis trois heures pour cet examen.
I have been studying for this test for three hours.

l'Europe [euh RÒP] *n. f.* • Europe
européen(ne) *adj. m. f.* • European
l'Européen(ne) *n. m. f.* • a European
Ma famille va en Europe cet été.
My family is going to Europe this summer.

eux [EUH] *pron. m.* • them
eux-mêmes • themselves
Allons-nous à la piscine avec eux?
Are we going to the pool with them?

l'évier [ay VYAY] *n. m.* • sink
Je lave la vaisselle dans l'évier.
I'm washing the dishes in the sink.

l'examen [ay gzah MIN] *n. m.* • test, examination
   passer un examen • to take a test
   rater un examen • to fail a test
   réussir à un examen • to pass a test
Avons-nous un examen vendredi?
Do we have a test this Friday?

excellent(e) [ehk seh LAN (T)] *adj. m. f.* • excellent
Cette composition est excellente.
This composition is excellent.

excuser [eks kü ZAY] *v.* • to excuse
   s'excuser • to apologize
   Excusez-moi • excuse me

j'excuse	nous excusons
tu excuses	vous excusez
il, elle excuse	ils, elles excusent

Elle excuse toutes mes erreurs.
She excuses all my mistakes.

l'exercice [ay gzer SEES] *n. m.* • exercise; practice
Faites tous les exercices à la page dix.
Do all the exercises on page ten.

l'explication [eks plee kah SYON] *n. f.* • explanation.
L'explication de cette règle n'est pas claire.
The explanation of this rule is not clear.

expliquer [eks plee KAY] *v.* • to explain

j'explique	nous expliquons
tu expliques	vous expliquez
il, elle explique	ils, elles expliquent

Pouvez-vous m'expliquer la signification de ce mot?
Can you explain the meaning of this word to me?

l'exposition [ek spò zee SYON] *n. f.* • the exhibit; show
Il y a une exposition de Picasso au musée.
There is a Picasso exhibit at the museum.

exprès [eks PRE] *adv.* • on purpose, intentionally
Excusez-moi! Je ne l'ai pas fait exprès!
Excuse me! I didn't do it on purpose!

l'extérieur [eks tay RYEUHR] *n. m.* • outside, exterior
Les peintres peignent l'extérieur de la maison.
The painters are painting the outside of the house.

extraordinaire [ek strah òr dee NEHR]
adj. m. f. • extraordinary; unusual; wonderful
La ressemblance entre la mère et la fille est extraordinaire!
The ressemblance between mother and daughter is extraordinary!

F

fabriquer [fah bree KAY] *v.* • to make, to manufacture
je fabrique   nous fabriquons
tu fabriques   vous fabriquez
il, elle fabrique   ils, elles fabriquent
On fabrique des draps dans cette usine.
They make sheets in this factory.

fâché(e) [fah SHAY] *adj. m. f.* • angry, cross
Je ne suis pas souvent fâché.
I don't get angry very often.

facile [fah SEEL] *adj. m. f.* • easy, simple
Cet exercice est facile.
This exercise is easy.

le facteur [fahk TEUHR] *n. m.* • mail carrier, postman
Le facteur vient deux fois par jour.
The postman comes twice a day.

faible [FEHBL] *adj.* • weak
Les petits oiseaux sont faibles.
The baby birds are weak.

la faim [FIN] *n. f.* • hunger
  avoir faim *v.* • to be hungry
  mourir de faim *v.* • to be starving
Quand est-ce qu'on va manger? J'ai faim!
When are we going to eat? I'm hungry!

faire [FEHR] *v.* • to make; to do
  Faites attention! • Watch out, be careful!
  Ne vous en faites pas! • Don't worry!
  faire les courses • to go shopping
  faire la cuisine • to cook
  faire le numéro • dial the number (telephone)
  faire un voyage • to take a trip
  faire beau • to be nice out (weather)
  faire mauvais • to be nasty out
  faire mal • to hurt
  faire le ménage • to do housework
  faire partie • to belong
  faire peur à • to frighten (someone)
  faire une promenade • to take a walk
  tout à fait • completely

je fais	nous faisons
tu fais	vous faites
il, elle fait	ils, elles font

Je fais tous mes cadeaux de Noël.
I'm making all my Christmas presents.

fais [FEH] je, tu fais (see *faire*)

faisons   [fe ZON]   nous faisons   (see *faire*)

fait   [FEH]   il, elle fait   (see *faire*)

faites   [FET]   vous faites   (see *faire*)

falloir   [fah LWAHR]   *v.*   •   to be necessary; to have to; must (3rd person singular)
Il faut venir me chercher à dix heures.
You have to come and get me at ten o'clock.

la famille   [fah MEEY]   *n. f.*   •   family
Il y a quatre personnes dans notre famille.
There are four people in our family.

la farine   [fah REEN]   *n. f.*   •   flour
Avons-nous assez de farine pour cette recette?
Do we have enough flour for this recipe?

fatigué(e)   [fah tee GAY]   *adj. m. f.*   •   tired
Papa est fatigué à la fin de la journée.
Dad is tired at the end of the day.

fausse   [FOS]   (see *faux*)

faut   [FO]   (see *falloir*)

la faute   [FOT]   *n. f.*   •   fault; mistake
Excusez-moi. C'est ma faute.
Excuse me. It's my fault.

Je fais beaucoup de fautes dans mes devoirs.
I make many mistakes in my homework.

le fauteuil   [fo TEUHY]   *n. m.*   •   armchair; easy chair
Assieds-toi dans ce fauteuil!
Sit down in this armchair!

faux (fausse) [FO (FOS)] *adj. m. f.* • false
Est-ce que la réponse est vraie ou fausse?
Is the answer true or false?

favori(-te) [fah vo REE (T)] *adj. m. f.* • favorite
Quel animal est ton favori?
What is your favorite animal?

la fée [FAY] *n. f.* • fairy
Cendrillon est un conte de fées.
Cinderella *is a fairy tale.*

les félicitations [fay lee see tah SYON] *n. f.* •
  congratulations
Félicitations pour cette bonne note!
Congratulations on this good grade!

la femme [FAHM] *n. f.* • woman
Notre proviseur est une femme.
Our principal is a woman.

la fenêtre [fuh NEHTR] *n. f.* • window
Mon chat aime regarder par la fenêtre.
My cat likes to look out the window.

le fer [FEHR] *n. m.* • iron; iron (metal)
  en fer • made of iron
  le fer à repasser • iron (to iron clothes with)
Le fer est un métal.
Iron is a metal.

Ils ont reçu un fer à repasser comme cadeau de mariage.
They received an iron as a wedding present.

la ferme [FERM] *n. f.* • farm
Je passe mes vacances dans la ferme de mon oncle.
I spend my vacations on my uncle's farm.

fermer [fer MAY] *v.* • to close
  fermer à clé *v.* • to lock
  fermer le robinet *v.* • turn off the faucet
    je ferme   nous fermons
    tu fermes   vous fermez
    il, elle ferme   ils, elles ferment
Le professeur ferme la porte au commencement de la classe.
The teacher closes the door at the beginning of class.

la fermeture éclair [fer muh TÜR ay KLEHR]
  n. f. • zipper
Zut! Ma fermeture éclair est cassée!
Darn it! My zipper is broken!

le fermier [fer MYAY] *n. m.* • farmer
  la fermière *f.*
Le fermier travaille dans le champ.
The farmer works in the field.

féroce [fay ROS] *adj. m. f.* • ferocious; fierce
Ce chien a l'air féroce.
This dog seems fierce.

la fête [FET] *n. f.* • festival, party, celebration
Il y a une fête chez Isabelle ce soir.
There is a party at Isabelle's tonight.

le feu [FEUH] *n. m.* • fire; traffic light
  le feu rouge *n. m.* • red light (traffic light)
  le feu vert *n. m.* • green light (traffic light)
Cet enfant a peur du feu.
This child is afraid of fire.

la feuille [FEUHY] *n. f.* • leaf; sheet (of paper)
Les feuilles tombent en automne.
The leaves fall in autumn.

février [fay vree AY] *n. m.* • February
Février est le deuxième mois de l'année.
February is the second month of the year.

le, la fiancé(e) [fee an SAY] *n. m. f.* • fiancé(e)
    fiancé(e) *adj. m. f.* • engaged
Je vous présente ma fiancée, Marie.
I'd like you to meet my fiancée, Marie.

la ficelle [fee SEL] *n. f.* • string
J'ai une ficelle pour mettre autour de cette boîte.
I have a string to put around this box.

fidèle [fee DEL] *adj. m. f.* • faithful, loyal
Mon chien est vieux, mais il est très fidèle.
My dog is old, but he is very faithful.

fier (fière) [fee EHR] *adj. m. f.* •
    proud; haughty
Il est très fier de cette médaille.
He is very proud of this medal.

la fièvre [fee EVR] *n. f.* • fever
Elle a la grippe et de la fièvre.
She has the flu and a fever.

la figure [fee GÜR] *n. f.* • face
Je me lave la figure tous les matins.
I wash my face every morning.

le fil [FEEL] *n. m.* • thread; wire
    le fil de fer *n. m.* • wire
    le fil électrique *n. m.* • electrical cord
Ce morceau de fil n'est pas assez long.
This piece of thread isn't long enough.

le filet [fee LAY] *n. m.* • the net
  le filet à provisions • shopping bag
Pour jouer au tennis il faut une balle, une raquette et un filet.
To play tennis you need a ball, a racket and a net.

la fille [FEEY] *n. f.* • girl; daughter
Cette fille est dans ma classe.
This girl is in my class.

le film [FEELM] *n. m.* • film, movie
C'est un très bon film français.
It is a very good French film.

le fils [FEES] *n. m.* • son
Dans notre famille il y a deux fils, et une fille.
In our family there are two sons, and one daughter.

la fin [FIN] *n. f.* • end, ending
Ce film est formidable, mais la fin est triste!
This movie is great, but the end is sad!

finir [fee NEER] *v.* • to finish

je finis	nous finissons
tu finis	vous finissez
il, elle finit	ils, elles finissent

Je finis mes devoirs avant de sortir.
I finish my homework before going out.

la flèche [FLESH] *n. f.* • arrow; spire (of a church)
Il a tué le cerf avec une flèche.
He killed the deer with an arrow.

la fleur [FLEUHR] *n. f.* • flower
La fleur préférée de ma mère est la rose.
The rose is my mother's favorite flower.

le fleuve [FLEUHV] *n. m.* • river
Le Rhîn est un grand fleuve.
The Rhine is a large river.

le foin [FWɪN] *n. m.* • hay
Les vaches mangent du foin.
Cows eat hay.

la foire [FWAHR] *n. f.* • fair
Nous allons passer la journée à la foire.
We are going to spend the day at the fair.

la fois [FWAH] *n. f.* • time
à la fois • at the same time
encore une fois • once more
il était une fois • once upon a time
quelquefois • sometimes
Je mange trois fois par jour.
I eat three times a day.

folle [FÒL] (see *fou*)

foncé(e) [fon SAY] *adj. m. f* • dark
Elle préfère le vert foncé au vert clair.
She prefers dark green to light green.

le fond [FON] *n. m.* • bottom; basis
Le jouet de Nicole est au fond de la boîte.
Nicole's toy is at the bottom of the box.

font [FON] ils, elles font (see *faire*)

la fontaine [fon TEHN] *n. f.* • fountain
Il y a une jolie fontaine au centre de ce village.
There is a pretty fountain at the center of this village.

le football [foot BAHL] *n. m.* • soccer
  football américain *m.* • football
Le football est très populaire en Europe.
Soccer is very popular in Europe.

la forêt [fò RE] *n. f.* • forest
La forêt de Fontainebleau est immense.
The Fontainebleau forest is very big.

former [fòr MAY] *v.* • to form, to make
  en forme de • in the shape of
  être en forme • to be in shape

je forme	nous formons
tu formes	vous formez
il, elle forme	ils, elles forment

Il forme un "o" avec ses doigts.
He forms an "o" with his fingers.

formidable [fòr mee DAHBL] *adj. m. f.* •
  wonderful, great, terrific
Nous sortons ce soir! Formidable!
We are going out tonight! Great!

fort(e) [FÒR(T)] *adj. m. f.* • strong; good (skill-
  ful); loud
Cet athlète est très fort.
This athlete is very strong.

fou [FOO] *adj. m.* • crazy
  folle *f.*
  fol *m.* • before a vowel sound
  folie *n. f.* • madness, craziness; foolishness
Tu es fou! Tu vas trop vite!
You're crazy! You're going too fast!

la foule [FOOL] *n. f.* • crowd
Il y a une grande foule au concert.
There is a big crowd at the concert.

le four [FOOR] *n. m.* • oven
Attention! Le four est très chaud!
Be careful! The oven is very hot!

la fourchette [foor SHET] *n. f.* • fork
Nicole met les fourchettes et les couteaux sur la table.
Nicole puts forks and knives on the table.

la fourmi [foor MEE] *n. f.* • ant
Il y a toujours des fourmis à nos pique-niques.
There are always ants at our picnics.

le fourneau [foor NO] *n. m.* • stove
Elle met la poële sur le fourneau.
She puts the frying pan on the stove.

frais (fraîche) [FRE (FRESH)] *adj. m.f.* • fresh; cool
Nous achetons des fruits et des légumes frais au marché.
We buy fresh fruits and vegetables at the market.

la fraise [FREZ] *n. f.* • strawberry
Les fraises à la crème sont un bon dessert.
Strawberries and cream is a good dessert.

la framboise [fran BWAHZ] *n. f.* • raspberry
Ces framboises sont faciles à cueillir!
These raspberries are easy to pick!

le franc [FRAN] *n. m.* • franc (money)
Cette robe coûte 200 francs.
This dress costs 200 francs.

la France [FRANS] *n. f.* • France
français(e) *adj. m.f.* • French
le, la Français(e) *n. m.f.* • a Frenchman; -woman
La France est un beau pays.
France is a beautiful country.

frapper [frah PAY] *v.* • to hit; to knock

   je frappe   nous frappons
   tu frappes   vous frappez
   il, elle frappe   ils, elles frappent

Qui frappe à la porte?
Who is knocking at the door?

le frère [FREHR] *n. m.* • brother

Mon frère habite au Canada.
My brother lives in Canada.

les frites [FREET] *n. f. pl.* • French fries

Je vais prendre un sandwich et des frites.
I'm going to have a sandwich and French fries.

froid(e) [FRWAH (D)] *adj. m. f.* • cold
  avoir froid • to be cold

Quand il fait froid, on met le chauffage.
When it is cold, we turn on the heat.

le fromage [fro MAHJ] *n. m.* • cheese

Mon fromage favori est le camembert.
My favorite cheese is camembert.

le fruit [FRWEE] *n. m.* • fruit

Les pommes et les oranges sont mes fruits favoris.
Apples and oranges are my favorite fruits.

fumer [fü MAY] *v.* • to smoke

   je fume   nous fumons
   tu fumes   vous fumez
   il, elle fume   ils, elles fument

De moins en moins de gens fument.
Fewer and fewer people smoke.

furieux(-euse) [fü ree EUH (-EUHZ)] *adj. m. f.* •
  furious

Je deviens furieux quand je dois attendre longtemps.
I become furious when I have to wait a long time.

la fusée [fü ZAY] *n. f.* • rocket
La fusée monte dans l'espace.
The rocket soars into space.

le fusil [fü ZEE] *n. m.* • gun, rifle
On doit faire attention avec les fusils.
You must be careful with guns.

G

gagner [gah ÑAY] *v.* • to win; to earn

je gagne	nous gagnons
tu gagnes	vous gagnez
il, elle gagne	ils, elles gagnent

Notre équipe a gagné le match!
Our team won the game!

gai(e) [GAY] *adj. m. f.* • cheerful, merry, gay
Elle a l'air très gaie.
She seems very cheerful.

le gant [GAN] *n. m.* • glove
Où sont mes gants de cuir?
Where are my leather gloves?

le garage [gah RAHJ] *n. m.* • garage
  garagiste *n. m.* • garage mechanic
Daniel conduit son auto au garage.
Daniel drives his car to the garage.

le garçon [gahr SON] *n. m.* • boy; waiter
Ces deux garçons jouent ensemble.
These two boys are playing together.

garder [gahr DAY] *v.* • to keep; to guard
   je garde   nous gardons
   tu gardes   vous gardez
   il, elle garde   ils, elles gardent
Louis garde mes livres dans son pupitre.
Louis keeps my books in his desk.

la gare [GAHR] *n. f.* • train station, depot
Le train quitte la gare à 15 heures.
The train leaves the depot at 3 p.m.

le gâteau [gah TO] *n. m.* • cake
  le petit gâteau • small pastry (cookie)
  les gâteaux *pl.*
Je préfère le gâteau au chocolat.
I prefer chocolate cake.

gâter [gah TAY] *v.* • to spoil; to pamper
   je gâte   nous gâtons
   tu gâtes   vous gâtez
   il, elle gâte   ils, elles gâtent
On gâte cet enfant. On lui donne tout ce qu'il veut.
They are spoiling this child. They give him everything that he wants.

gauche [GOSH] *adj. m. f.* • left; clumsy
  à gauche • to the left
Claudette écrit avec la main gauche.
Claudette writes with her left hand.

le gaz [GAHZ] *n. m.* • gas
Nous avons une cuisinière à gaz.
We have a gas stove.

le gazon [gah ZON] *n. m.* • lawn, grass
Je vais tondre le gazon cet après-midi.
I'm going to mow the lawn this afternoon.

le géant [jay A̶N̶] *n. m.* • giant
Lis-moi un conte de fées avec un géant.
Read me a fairy tale with a giant in it.

gênant(e) [je NA̶N̶(T)] *adj. m. f.* • annoying;
embarrassing
Il est gênant d'avoir le hoquet.
It's annoying to have the hiccups.

généreux(-euse) [jay nay REUH (-REUHZ)]
adj. m. f. • generous
Ma grand-mère est très généreuse.
My grandmother is very generous.

le genou [juh NOO] *n. m.* • knee
les genoux *pl.*
J'ai mal au genou.
My knee hurts.

les gens [ja̶n̶] *n. m. pl.* • people
Qui sont ces gens-là?
Who are those people?

gentil(le) [ja̶n̶ TEE] *adj. m. f.* • nice, kind
Mon amie a une mère très gentille.
My friend has a very nice mother.

la géographie [jay o grah FEE] *n. f.* • geography
J'ai reçu une bonne note en géographie.
I received a good grade in geography.

la géométrie [jay o may TREE] *n. f.* • geometry
Il y a trente élèves dans mon cours de géométrie.
There are thirty students in my geometry class.

le gigot [jee GO] *n. m.* • leg of lamb
Nous avons du gigot et des pommes de terre ce soir.
We're having leg of lamb and potatoes tonight.

la girafe [jee RAHF] *n. f.* • giraffe
Il y a des girafes en Afrique.
There are giraffes in Africa.

la glace [GLAHS] *n. f.* • ice cream; ice; mirror
Je préfère la glace à la vanille.
I prefer vanilla ice cream.

Elle se regarde dans la glace.
She is looking at herself in the mirror.

glisser [glee SAY] *v.* • to slide; to slip
je glisse   nous glissons
tu glisses   vous glissez
il, elle glisse   ils, elles glissent
Faites attention! Ne glissez pas!
Watch out! Don't slip!

le golf [GÒLF] *n. m.* • golf
  le terrain de golf *m.* • golf course
Mon père joue au golf le samedi matin.
My dad plays golf every Saturday morning.

la gomme [GÒM] *n. f.* • eraser
As-tu une gomme que je peux emprunter?
Do you have an eraser that I can borrow?

la gorge [GÒRJ] *n. f.* • throat; neck
  mal à la gorge • a sore throat
Richard a mal à la gorge.
Richard has a sore throat.

le gorille [gò REEY] *n. m.* • gorilla
Ce gorille a l'air féroce.
This gorilla seems ferocious

le, la gosse [GÒS] *n. m.f.* • kid, youngster; brat
Je ne joue plus avec les gosses.
I don't play with kids anymore.

gourmand(e) [goor MAN (D)] *adj. m. f.* •
gluttonous; greedy
Si je mange encore un dessert, on dira que je suis gourmand.
If I eat another dessert, they'll say that I am greedy.

goûter [goo TAY] *v.* • to taste

je goûte	nous goûtons
tu goûtes	vous goûtez
il, elle goûte	ils, elles goûtent

Tu dois goûter ces asperges! Elles sont délicieuses!
You must taste this asparagus! It is delicious!

le goûter [goo TAY] *n. m.* • snack
Je prends souvent un goûter l'après-midi.
I often have a snack in the afternoon.

grand(e) [GRAN (D)] *adj. m. f.* • great, big; tall, high
C'est une grande erreur!
This is a big mistake!

la grand-mère [gran MEHR] *n. f.* • grandmother
Ma grand-mère habite avec nous depuis deux ans.
My grandmother has lived with us for two years.

les grands-parents [gran pah RAN] *n. m. f. pl.* •
grandparents
Ses grands-parents habitent à Paris.
Her grandparents live in Paris.

le grand-père [gran PEHR] *n. m.* • grandfather
Je ressemble à mon grand-père.
I look like my grandfather.

la grange [GRANJ] *n. f.* • barn
Ces oiseaux font leurs nids dans la grange.
These birds make their nests in the barn.

le gratte-ciel [graht SYEL] *n. m.* • skyscraper
Il n'y a pas de gratte-ciel dans notre ville.
There are no skyscrapers in our town.

gratuit(e) [grah TWEE (T)] *adj. m. f.* • free,
with no charge
Ce concert est gratuit.
This concert is free.

grave [GRAHV] *adj.* • serious, grave
Cette blessure est très grave.
This wound is very serious.

la Grèce [GRES] *n. f.* • Greece
grec(que) *adj. m. f.* • Greek
le, la Grec(que) *n. m. f.* • a Greek
Ils vont en Grèce pour voir les ruines anciennes.
They go to Greece to see the ancient ruins.

la grenouille [gruh NOOY] *n. f.* • frog
Christophe va à l'étang pour chercher des grenouilles.
Christopher is going to the pond to look for frogs.

grillé(e) [gree YAY] *adj. m. f.* • grilled
Suzanne mange deux tranches de pain grillé le matin.
Suzanne eats two slices of toast in the morning.

grimper [grin PAY] *v.* • to climb
    je grimpe   nous grimpons
    tu grimpes   vous grimpez
    il, elle grimpe   ils, elles grimpent
Ces garçons grimpent sur les rochers.
These boys are climbing on the rocks.

la grippe [GREEP] *n. f.* • flu (influenza)
Je ne peux pas aller à l'école. J'ai la grippe.
I can't go to school. I have the flu.

gris(e) [GREE (Z)] *adj. m. f.* • gray
Ma grand-mère a les cheveux gris.
My grandmother has gray hair.

gronder [gron DAY] *v.* • to scold
   je gronde   nous grondons
   tu grondes   vous grondez
   il, elle gronde   ils, elles grondent
Je n'aime pas que mes parents me grondent.
I don't like my parents to scold me.

gros(se) [GRO (GROS)] *adj. m. f.* • big, large; fat
Il a une grosse voiture américaine.
He owns a big American car.

le groupe [GrOOP] *n. m.* • group; assembly
Il fait partie d'un groupe de rock.
He belongs to a rock group.

guérir [gay REER] *v.* • to cure; to heal; to recover
   je guéris   nous guérissons
   tu guéris   vous guérissez
   il, elle guérit   ils, elles guérissent
Cette blessure guérit bien.
This wound is healing well.

la guerre [GEHR] *n. f.* • war
La guerre est toujours horrible.
War is always horrible.

le guignol [gee ÑÒL] *n. m.* • puppet; puppet show
Jeudi les enfants vont au gignol.
Thursday the children are going to the puppet show.

la guitare [gee TAHR] *n. f.* • guitar
Est-ce que vous jouez de la guitare?
Do you play the guitar?

le gymnase [jeem NAHZ] *n. m.* • gymnasium
On fait de la gymnastique au gymnase.
We do gymnastics in the gymnasium.

H

An * before a word means there is no liaison or elision with that word.

s'habiller [sah bee YAY] *v.* • to dress; to get
dressed
    je m'habille   nous nous habillons
    tu t'habilles   vous vous habillez
    il, elle s'habille   ils, elles s'habillent
Martine se lève, puis elle s'habille.
Martine gets up, then she gets dressed.

habiter [ah bee TAY] *v.* • to live, to reside
    j'habite   nous habitons
    tu habites   vous habitez
    il, elle habite   ils, elles habitent
J'habite aux Etats-Unis.
I live in the United States.

les habits [ah BEE] *n. m. pl.* • clothes
Elle met ses habits dans la valise.
She puts her clothes in the suitcase.

l'habitude [ah bee TÜD] *n. f.* • habit
Je n'ai pas l'habitude de me lever tôt.
I'm not in the habit of getting up early.

s'habituer (à) [sah bee tü AY] *v.* • to get used
 d'habitude • usually; as a rule
  je m'habitue nous nous habituons
  tu t'habitues vous vous habituez
  il, elle s'habitue ils, elles s'habituent
Est-ce que vous vous habituez à votre nouvelle maison?
Are you getting used to your new house?

*les haricots verts [ah ree ko VEHR] *n. m. pl.* •
 green beans
Nous plantons des haricots verts dans le potager.
We plant green beans in the garden.

*haut(e) [o (t)] *adj. m. f* • high, tall
 à haute voix • out loud
 en haut • upstairs
Cet immeuble est très haut!
This apartment building is very tall!

*le hautbois [o BWAH] *n. m.* • oboe
Ma sœur joue du hautbois dans l'orchestre.
My sister plays the oboe in the orchestra.

hélas [ay LAHS] *interj.* • alas; what a pity
Hélas! Elle habite trop loin pour venir au rendez-vous.
What a pity! She lives too far away to come to the meeting.

l'hélicoptère [ay lee kòp TEHR] *n. m.* •
 helicopter
Mon frère est pilote d'hélicoptère.
My brother is a helicopter pilot.

l'herbe [ERB] *n. f.* • grass
 la mauvaise herbe *f.* • weed
Les enfants roulent dans l'herbe.
The children are rolling in the grass.

l'heure [EUHR] *n. f.* • hour; o'clock; time
  à l'heure • on time
Il est déjà 4 heures de l'après-midi.
It is already 4 o'clock in the afternoon.

heureux(-euse) [EUH REUH (-REUHZ)]
  adj. m. f. • happy, glad, pleased
Je suis très heureuse de faire votre connaissance.
I am very happy to meet you.

***le hibou** [ee BOO] *n. m.* • owl
Un hibou habite dans ce grand chêne.
An owl lives in this big oak.

hier [ee EHR] *adv.* • yesterday
  hier soir • last night; last evening
Elle est arrivée hier.
She arrived yesterday.

l'hippopotame [ee pò pò TAHM] *n. m.* •
  hippopotamus
Cet hippopotame dort dans l'eau.
This hippopotamus is sleeping in the water.

l'histoire [ees TWAHR] *n. f.* • story; history
Maman, raconte-nous une histoire!
Mom, tell us a story!

l'hiver [ee VEHR] *n. m.* • winter
En hiver, nous allons faire du ski dans les Alpes.
In winter, we go skiing in the Alps.

***le hockey** [ò KE] *n. m.* • hockey
Notre équipe de hockey gagne tous ses matchs.
Our hockey team wins all its games.

*la Hollande [o LAND] *n. f.* • Holland
  hollandais(e) *adj. m. f.* • Dutch
  le, la Hollandais(e) *n. m.f.* • a Dutchman; -woman
Beaucoup de tulipes poussent en Hollande.
Many tulips grow in Holland.

l'homme [ÒM] *n. m.* • man
Cet homme est mon entraîneur.
This man is my coach.

honnête [ò NEHT] *adj. m. f.* • honest
Mon père est un homme honnête.
My father is an honest man.

l'honneur [ò NEUHR] *n. m.* • honor
  en l'honneur de • in honor of
Cette fête est en l'honneur de ma grand-mère.
This party is in honor of my grandmother.

*la honte [ONT] *n. f.* • shame, disgrace
  avoir honte • to be ashamed
Il a honte parce qu'il a triché.
He is ashamed because he cheated.

l'hôpital [o pee TAHL] *n. m.* • hospital
  les hôpitaux *pl.*
Mon petit frère est né dans cet hôpital.
My little brother was born in this hospital.

l'horaire [ò REHR] *n. m.* • schedule; timetable
On vient de changer l'horaire des trains.
They've just changed the train schedule.

l'horloge [òr LÒJ] *n. f.* • clock
Cette horloge sonne l'heure.
This clock strikes every hour.

*le hors-d'œuvre   [or DEUHVR]   *n. sing. m.*   •
appetizer; hors d'oeuvre
*les hors-d'œuvre   *pl.*
Ces hors-d'œuvre sont délicieux!
These appetizers are delicious!

l'hôtel   [o TEL]   *n. m.*   •   hotel
Cet hôtel n'est pas loin de la Tour Eiffel.
This hotel isn't far from the Eiffel Tower.

l'hôtesse(de l'air)   [o TES duh LEHR]   *n. f.*   •
flight attendant
hôte   *m.*   •   host
Mon amie est hôtesse de l'air avec Air France.
My friend is a flight attendant with Air France.

l'huile   [WEEL]   *n. f.*   •   oil
Le chef fait une sauce avec de l'huile et du vinaigre.
The chef is making a sauce with oil and vinegar.

huit   [WEET] (before a consonant [WEE])
   n. m., adj. m. f.   •   eight
Il y a huit bonbons dans cette boîte.
There are eight pieces of candy in this box.

l'huître   [WEETR]   *n. f.*   •   oyster
Ces huîtres sont très fraîches.
These oysters are very fresh.

l'humeur   [ü MEUHR]   *n. f.*   •   humor; mood
Je suis de bonne humeur aujourd'hui.
I am in a good mood today.

humide   [ü MEED]   *adj. m. f.*   •   damp, humid, moist
L'air est si humide aujourd'hui!
The air is so humid today!

I

ici [ee SEE] *adv.* • here
Qui n'est pas encore ici?
Who isn't here yet?

l'idée [ee DAY] *n. f.* • idea
C'est une bonne idée! Allons à la plage!
That's a good idea! Let's go to the beach!

il [EEL] *pron. m.* • he; it
  ils *pron. pl.* • they
Il est dans la cuisine.
He (or it) is in the kitchen.

l' île [EEL] *n. f.* • island
La Martinique est une île.
Martinique is an island.

l'image [ee MAHJ] *n. f.* • picture
Voici le livre d'images de ma petite sœur.
Here is my little sister's picture book.

l'immeuble [eem MEUHBL] *n. m.* • apartment
  building
Carole habite dans un grand immeuble.
Carol lives in a large apartment building.

impatient(e) [in pah SYAN (T)] *adj. m. f.* • impatient
Ce client est très impatient.
This customer is very impatient.

imperméable [in per may AHBL] *n. m.* • raincoat
N'oublie pas ton imperméable et ton parapluie!
Don't forget your raincoat and your umbrella!

impoli(e) [in po LEE] *adj. m. f* • impolite
Ce garçon est très impoli.
This boy is very impolite.

important(e) [in pòr TAN(T)] *adj. m. f.* • important
  l'importance *n. f.* • importance
Il est important d'être à l'heure.
It is important to be on time.

n'importe [nin PÒRT] *v.* • no matter; never mind
  n'importe quoi • no matter what; anything
  n'importe comment • no matter how
  qu'importe? • what's the difference?
Il fait n'importe quoi pour être remarqué.
He does anything to be noticed.

impossible [in pò SEEBL] *adj. m. f.* • impossible
Ce devoir est impossible à faire!
This homework is impossible to do!

l'impôt [in PO] *n. m.* • tax
Tout le monde paie des impôts.
Everyone pays taxes.

inattendu(e) [een ah tan DÜ] *adj. m. f.* • unexpected
Cet honneur est complètement inattendu.
This honor is completely unexpected.

incomplet(-ète) [in kon PLAY (PLET)] *adj. m. f.* •
  incomplete
Vos devoirs sont incomplets.
Your homework is incomplete.

l'inconnu(e) [in kò NÜ] *adj. m. f.* • unknown
L'identité du voleur est inconnue.
The thief's identity is unknown.

incorrect(e) [in kò REKT] *adj. m. f.* • incorrect;
improper
Toutes mes réponses sont incorrectes!
All my answers are incorrect!

indiquer [in dee KAY] *v.* • to indicate, to point out
j'indique   nous indiquons
tu indiques   vous indiquez
il, elle indique   ils, elles indiquent
Ce gentil monsieur nous indique le chemin.
This nice man points out the way to us.

l'industrie [in dü STREE] *n. f.* • industry
L'industrie automobile est très importante pour la ville de Détroit.
The automobile industry is very important for the city of Detroit.

inégal(e) [een ay GAHL] *adj. m. f.* • unequal
inégaux *pl.*
Ces deux côtés sont inégaux.
These two sides are unequal.

l'infirmière [in feer MYEHR] *n. f.* • nurse
l'infirmier *m.* • male nurse
Mon amie est infirmière dans cet hôpital.
My friend is a nurse in this hospital.

l'informatique [in fòr m ah TEEK] *n. f.* •
computer science; data processing
Il se spécialise en informatique.
He is majoring in computer science.

l'ingénieur [in jay NYEUHR] *n. m.* • engineer
Mon père est ingénieur.
My father is an engineer.

l'inondation [ee non dah SYON] *n. f.* • flood
   inonder *v.* • to flood
Il y a beaucoup d'inondations dans cette région au printemps.
There are many floods in this area in the spring.

inquiet(-ète) [in KYE (KYET)] *adj. m. f.* •
   anxious; worried
Ma mère est inquiète si je suis en retard.
My mother is worried if I am late.

s'inquiéter [Sin kye TAY] *v.* • to worry; to be anxious
   je m'inquiète   nous nous inquiétons
   tu t'inquiètes   vous vous inquiétez
   il, elle s'inquiète   ils, elles s'inquiètent
Elles s'inquiètent pour leurs enfants.
They worry about their children.

l'insecte [in SEKT] *n. m.* • insect, bug
Elle a peur des insectes.
She is afraid of bugs.

installer [in stah LAY] *v.* • to install; to set up
   s' installer *v.* • to settle down
   j'installe   nous installons
   tu installes   vous installez
   il, elle installe   ils, elles installent
Le marchand installe son étalage.
The shopkeeper is setting up his display.

Papa s'installe dans son fauteuil après le dîner.
Dad settles down in his armchair after dinner.

intelligent(e) [in te lee JAN (T)] *adj. m. f.* • intelligent
l'intelligence *n. f.* • intelligence
Elle reçoit de bonnes notes parce qu'elle est intelligente.
She gets good grades because she is intelligent.

interdit(e) [in ter DEE (T)] *adj. m. f.* • forbidden
L'entrée est interdite.
Entry is forbidden.

intéressant(e) [in tay re SAN (T)] *adj. m. f.* •
interesting
s'intéresser à *v.* • to take an interest in
Ce cours est très intéressant.
This course is very interesting.

l'intérieur [in tay RYEUHR] *n. m.* • interior,
inside
Il va peindre l'intérieur de sa maison.
He is going to paint the inside of his house.

international(e) [in ter nah syò NAHL]
adj. m. f. • international
internationaux(-ales) *m. f. pl.*
Il y a une conférence internationale ce week-end.
There is an international conference this weekend.

l'interprète [in ter PRET] *n. m. f.* • interpreter
Je voudrais devenir interprète.
I would like to become an interpreter.

inutile [ee nü TEEL] *adj. m. f.* • useless; needless
Il est inutile de le chercher. Mon portefeuille n'est pas là!
It's no use looking for it. My billfold is not there!

inviter [~~in~~ vee TAY] *v.* • to invite
  invité(e) *n. m. f.* • guest

j'invite	nous invitons
tu invites	vous invitez
il, elle invite	ils, elles invitent

J'invite tous mes amis chez moi pour une fête.
I'm inviting all my friends to my house for a party.

l'Irlande [eer ~~LAND~~] *n. f.* • Ireland
  irlandais(e) *adj. m. f.* • Irish
  l'Irlandais(e) *n. m. f.* • an Irishman; -woman
Mon collier vient d'Irlande.
My necklace comes from Ireland.

l'Islande [ees ~~LAND~~] *n. f.* • Iceland
  islandais(e) *adj. m. f.* • Icelandic
  l'Islandais(e) *n. m. f.* • an Islander
Nous voyageons en Islande cet été.
We are traveling to Iceland this summer.

Israël [ees rah EL] *n. m.* • Israel
  israélien(ne) *adj. m. f.* • Israeli
  l'Israélite *n. m. f.* • Israelite
  l'Israélien(ne) *n. m. f.* • an Israeli
Nous allons en Israël cet hiver.
We are going to Israel this winter.

l'Italie [ee tah LEE] *n. f.* • Italy
  italien(ne) *adj. m. f.* • Italian
  l'Italien(ne) *n. m. f.* • an Italian
Mon grand-père vient d'Italie.
My grandfather comes from Italy.

J

jaloux(-ouse) [jah LOO (LOOZ)] *adj. m. f.* • jealous
Mon frère est jaloux de moi.
My brother is jealous of me.

jamais [jah MAY] *adv.* • ever; never
 ne.. jamais • never, not ever
 à jamais • forever
Elle ne sort jamais pendant la semaine.
She never goes out during the week.

la jambe [JANB] *n. f.* • leg
J'ai mal à la jambe.
My leg hurts.

le jambon [jan BON] *n. m.* • ham
Je voudrais du jambon, s'il vous plaît.
I would like some ham, please.

janvier [jan VYAY] *n. m.* • January
Au mois de janvier, nous avons beaucoup de neige.
In January, we get lots of snow.

le Japon [jah PON] *n. m.* • Japan
 japonais(e) *adj. m. f.* • Japanese
 le, la Japonais(e) *n. m. f.* • a Japanese (person)
Les autos japonaises sont populaires.
Japanese cars are popular.

le jardin [jahr DIN] *n. m.* • garden
Nous avons beaucoup de fleurs dans notre jardin.
We have lots of flowers in our garden.

jaune [JON] *adj. m. f.* • yellow
Ces tulipes sont jaunes.
These tulips are yellow.

je [JUH] *pron.* • I
Je te vois!
I see you!

jeter [juh TAY] *v.* • to throw
    je jette   nous jetons
    tu jettes   vous jetez
    il, elle jette   ils, elles jettent
Il jette la balle trop loin.
He throws the ball too far.

le jeu [JEUH] *n. m.* • game
  les jeux *pl.*
  le terrain de jeux *m.* • playground
  le jeu de mots • play on words
Ce jeu est trop difficile.
This game is too hard.

jeudi [jeuh DEE] *n. m.* • Thursday
J'ai ma leçon de piano le jeudi.
I have my piano lesson on Thursdays.

jeune [JEUHN] *adj. m. f.* • young
Tu es trop jeune pour conduire.
You are too young to drive.

la joie [JWAH] *n. f.* • joy, delight
Quelle joie de te revoir!
What a joy to see you again!

joli(e) [jo LEE] *adj. m. f.* • pretty; good-looking
Cette robe est jolie, n'est-ce pas?
This dress is pretty, isn't it?

la joue [JOO] *n. f.* • cheek
Ce bébé a de grosses joues.
This baby has fat cheeks.

jouer [joo AY] *v.* • to play
  jouer au..... • to play (any sport)
  jouer du..... • to play (any instrument)
  jouer aux dames • to play checkers
  jouer aux échecs • to play chess

je joue	nous jouons
tu joues	vous jouez
il, elle joue	ils, elles jouent

Maman dit que je joue bien du piano.
Mom says I play the piano well.

le jouet [joo AY] *n. m.* • toy
Ces enfants ont trop de jouets!
These children have too many toys!

le jour [JOOR] *n. m.* • day
  il fait jour • it's daytime; it's light out
  par jour • per day
  tous les jours • every day
  le Jour de l'An • New Year's Day
  un jour de congé • a day off
Quel jour est-ce aujourd'hui?
What day is it today?

le journal [joor NAHL] *n. m.* • newspaper
  les journaux *pl.*
  le, la journaliste *n. m. f.* • journalist; reporter
Quel journal préférez-vous lire?
Which newspaper do you prefer to read?

la journée [joor NAY] *n. f.* • (the whole) day;
  daytime
Nous aimons passer la journée avec nos amis.
We like to spend the day with our friends.

Joyeuses Pâques [jwah yeuh z PAKK] • Happy Easter!

Joyeux Noël! [jwah yeuh no EL] • Merry Christmas!

juillet [jwee YAY] *n. m.* • July
Le quatorze juillet est une grande fête en France.
July fourteenth is a big holiday in France.

juin [JWIN] *n. m.* • June
Ils se marient le trois juin.
They are getting married June third.

le jumeau [jü MO] *n. m.* • twin
　la jumelle *f.*
　les jumeaux *m. pl.* • twins
　les jumelles *f. pl.*
Ma sœur a des jumeaux.
My sister has twins.

la jupe [JÜP] *n. f.* • skirt
Cette jupe est trop courte.
This skirt is too short.

le jus [JÜ] *n. m.* • juice; gravy
Suzanne préfère le jus d'orange pour le petit déjeuner.
Susan prefers orange juice for breakfast.

jusqu'à [jüs KAH] *prep.* • until; up to
Papa travaille jusqu'à six heures du soir.
Dad works until six o'clock at night.

juste [JÜST] *adj. m. f.* • just; fair; correct
Ce n'est pas juste! Paul est toujours le premier.
It isn't fair! Paul is always first.

K

le kangourou [kan goo ROO] *n. m.* • kangaroo
Les kangourous vivent en Australie.
Kangaroos live in Australia.

le kilomètre [kee lo METR] *n. m.* • kilometer
Il y a 100 kilomètres entre ces deux villes.
There are 100 kilometers between these two cities.

le kiosque [kee ÒSK] *n. m.* • kiosk; news-stand
Les kiosques à Paris sont très pittoresques.
The kiosks in Paris are very picturesque.

L

l' *art., pron.*   (see *le*)

la [LAH] *art., pron.*   (see *le*)

là [LAH] *adv.* •   there
  là-bas • over there; down there
  là-haut • up there
Qui est là?
Who is there?

le lac [LAHK] *n. m.* • lake
Le lac Supérieur est un des Grands Lacs.
Lake Superior is one of the Great Lakes.

laid(e) [LE (D)] *adj. m. f.* • ugly
Je pense que c'est une couleur laide.
I think that it is an ugly color.

la laine [LEN] *n. f.* • wool
  en laine • woolen; made of wool
Cette écharpe est en laine.
This scarf is made of wool.

laisser [le SAY] *v.* • to let; to allow, leave
  je laisse   nous laissons
  tu laisses   vous laissez
  il, elle laisse   ils, elles laissent
Le professeur nous laisse partir tôt.
The teacher is letting us leave early.

le lait [LAY] *n. m.* • milk
Je bois du lait avec tous les repas.
I drink milk with all my meals.

la laitue [lay TÜ] *n. f.* • lettuce
Il achète de la laitue pour faire une salade.
He buys lettuce to make a salad.

la lampe [LAHMP] *n. f.* • lamp
  la lampe de poche *f.* • flashlight
Peux-tu allumer la lampe, s'il te plaît?
Can you turn on the lamp, please?

lancer [lan SAY] *v.* • to throw, to fling
  je lance   nous lançons
  tu lances   vous lancez
  il, elle lance   ils, elles lancent
Jean lance son chapeau dans l'air.
John throws his hat in the air.

la langue [LANG] *n. f.* • tongue, language
Combien de langues est-ce qu'elle parle?
How many languages does she speak?

le lapin [lah PIN] *n. m.* • rabbit
Un lapin mange les légumes de notre potager!
A rabbit is eating the vegetables from our garden!

large [LAHRJ] *adj. m. f.* • wide; big; broad
Le Mississippi est très large.
The Mississippi River is very wide.

la larme [LAHRM] *n. f.* • tear
Elle a des larmes aux yeux.
She has tears in her eyes.

le lavabo [lah vah BO] *n. m.* • bathroom sink
Joëlle nettoie le lavabo.
Joëlle cleans the bathroom sink.

laver [lah VAY] *v.* • to wash (a person or thing)
   je lave   nous lavons
   tu laves   vous lavez
   il, elle lave ils, elles lavent
Elle lave la vaisselle.
She is washing dishes.

se laver [suh lah VAY] *v.* • to wash oneself
   je me lave   nous nous lavons
   tu te laves   vous vous lavez
   il, elle se lave ils, elles se lavent
Nous nous lavons les mains avant le repas.
We wash our hands before meals.

le, la [LUH] *def. art., pron. m. f.* • the; him, her, it
  l' *m. f.* before a vowel sound
  les *pl.*
Le père porte l'enfant.
The father is carrying the child.

la leçon [luh SON] *n. f.* • lesson
Mon professeur de français donne aussi des leçons particulières.
My French teacher also gives private lessons.

léger(-ère) [lay JAY(-JEHR)] *adj. m.f.* • light(weight)
C'est léger comme une plume!
It's as light as a feather!

le légume [lay GÜM] *n. m.* • vegetable
Est-ce que ces légumes ont du beurre dessus?
Do these vegetables have butter on them?

lent(e) [LAN (T)] *adj. m. f.* • slow
  lentement *adv.* • slowly
Ce train est lent.
This is a slow train.

le léopard [lay o PAHR] *n. m.* • leopard
Le léopard est un animal dangereux.
The leopard is a dangerous animal.

les [LAY] *art., pron. pl.* (see *le*)

la lettre [LETR] *n. f.* • letter
  la boîte aux lettres *f.* • mailbox
J'aime recevoir des lettres de pays étrangers.
I like to receive letters from foreign countries.

leur [LEUHR] *pron., poss., adj.* • them; to them; their
Ces gens-là n'ont pas leur passeport.
Those people don't have their passports.

lever [luh VAY] *v.* • to raise; to lift
  je lève   nous levons
  tu lèves   vous levez
  il, elle lève   ils, elles lèvent
Que celui qui sait la réponse lève la main!
Whoever knows the answer, raise your hand!

se lever [suh luh VAY] *v.* • to get up; to rise
  je me lève   nous nous levons
  tu te lèves   vous vous levez
  il, elle se lève   ils, elles se lèvent
Je me lève à sept heures le matin.
I get up at seven o'clock in the morning.

la lèvre [LEHVR] *n. f.* • lip
  rouge à lèvres *m.* • lipstick
J'ai les lèvres sèches en hiver.
I have dry lips in the winter.

la liberté [lee ber TAY] *n. f.* • liberty; freedom
Dans ce pays la liberté du culte n'existe pas.
In that country, there is no freedom of religion.

la librairie [lee bre REE] *n. f.* • bookstore
Franck achète tous ses livres à la librairie.
Frank buys all his books at the bookstore.

libre [LEEBR] *adj., m. f.* • free, open, vacant
Ce taxi est libre. Prenons-le!
This taxi is free. Let's take it!

le lieu [LYEUH] *n. m.* • place, spot
  au lieu de • in place of
  avoir lieu • to take place
Ce parc est un lieu très agréable.
This park is a very nice place.

la ligne [LEIÑ] *n. f.* • the line
  La ligne est occupée. • The line (telephone) is busy.
J'écris sur la ligne.
I'm writing on the line.

le lion [LEEON] *n. m.* • lion
On appelle le lion "le roi de la jungle".
The lion is called "King of the Jungle."

lire [LEER] *v.* • to read

je lis	nous lisons
tu lis	vous lisez
il, elle lit	ils, elles lisent

Nadine lit une histoire à sa petite sœur.
Nadine is reading a story to her little sister.

le lit [LEE] *n. m.* • bed
Mon lit est contre le mur.
My bed is against the wall.

le livre [LEEVR] *n. m.* • book
Combien de livres y a-t-il à la bibliothèque?
How many books are there at the library?

la loi [LWAH] *n. f.* • law
Connaissez-vous les lois de notre pays?
Are you familiar with the laws of our country?

loin [LWIN] *adv.* • far
de loin • at a distance
Nos cousins habitent loin de nous.
Our cousins live far from us.

le loisir [lwah ZER] *n. m.* • leisure
les loisirs *n. m. pl.* • leisure time activities, pastime
Faites-le à votre loisir.
Do it at your leisure.

long (longue) [LON (LONG)] *adj. m. f.* • long
Ce pantalon est trop long.
These pants are too long.

louer [loo AY] *v.* • to rent

je loue	nous louons
tu loues	vous louez
il, elle loue	ils, elles louent

Paul et Marie louent des vélos.
Paul and Marie are renting bikes.

le loup [LOO] *n. m.* • wolf
As-tu peur des loups?
Are you afraid of wolves?

lourd(e) [LOOR (D)] *adj. m. f.* • heavy
Cette boîte est trop lourde pour moi.
This box is too heavy for me.

la luge [LÜJ] *n. f.* • sled
La luge descend la colline très rapidement!
The sled goes down the hill very fast!

lui [LWEE] *pron.* • him; to him; her; to her
Je viens, mais pas lui.
I am coming, but he's not.

la lumière [lü MYEHR] *n. f.* • light
J'ai besoin de lumière pour lire.
I need light to read.

lundi [lun DEE] *n. m.* • Monday
Lundi je vais nager.
Monday I'm going swimming.

la lune [LÜN] *n. f.* • moon
  la lune de miel *f.* • honeymoon
  le clair de lune *m.* • moonlight
La lune est claire ce soir.
The moon is clear tonight.

les lunettes [lü NET] *n. f. pl.* • glasses
Je vois mieux avec mes lunettes.
I see better with my glasses.

le lycée [lee SAY] *n. m.* • high school
Cette année il va au lycée.
This year he goes to high school.

M

ma [MAH] (see *mon*)

la machine [mah SHEEN] *n. f.* • machine
machine à laver *f.* • washing machine
machine à écrire *f.* • typewriter
A quoi sert cette machine?
What is this machine used for?

madame [mah DAHM] *n. f.* • Mrs.; ma'am
mesdames *pl.* • ladies
Madame LeClerc est notre voisine.
Mrs. LeClerc is our neighbor.

mademoiselle [mah dmwah ZEL] *n. f.* • Miss
mesdemoiselles *pl.* • young ladies
Puis-je vous présenter Mademoiselle Belli, mon professeur de piano?
May I introduce Miss Belli, my piano teacher, to you?

le magasin [mah gah ZIN] *n. m.* • store
grand magasin *m.* • department store
Je vais souvent dans les magasins le samedi.
I often go to the stores on Saturday.

le magnétophone [mah ñay to FÒN] *n. m.* •
tape recorder
J'écoute de la musique sur mon magnétophone.
I'm listening to music on the tape recorder.

le magnétoscope [mah ñay to SKOP] *n. m.* •
video-cassette recorder (VCR)
Non, je ne te prête pas mon magnétoscope.
No, I am not lending you my V.C.R.

magnifique [mah ñee FEEK] *adj. m. f.* •
magnificent; splendid
La vue de cette fenêtre est magnifique!
The view from this window is magnificent!

mai [MAY] *n. m.* • May
Mai est un très beau mois.
May is a very pretty month.

maigre [MEHGR] *adj.* • thin, skinny
Ce pauvre chien est si maigre!
This poor dog is so thin!

maigrir [meh GREER] *v.* • to lose weight, to grow thin
je maigris   nous maigrissons
tu maigris   vous maigrissez
il, elle maigrit   ils, elles maigrissent
Si on veut maigrir, on suit un régime.
If you want to lose weight, you go on a diet,

le maillot (de bain) [mah YO] *n. m.* • bathing suit
N'oublie pas d'apporter ton maillot!
Don't forget to bring your bathing suit!

la main [MIN] *n. f.* • hand
main droite • right hand
main gauche • left hand
Il a les mains dans ses poches.
He has his hands in his pockets.

maintenant [mint NAN] *adv.* • now
On commence maintenant!
We're starting now!

le maire [MEHR] *n. m.* • mayor
la mairie *f.* • town hall
Mon oncle est maire de cette ville.
My uncle is mayor of this town.

mais [MEH] *conj.* • but
Je veux y aller, mais il fait trop froid.
I want to go there, but it is too cold.

le maïs [mah EES] *n. m.* • corn
Ce maïs vient de notre potager.
This corn comes from our garden.

la maison [may ZON] *n. f.* • house; home
   la maison de poupée *f.* • dollhouse
Il y a sept pièces dans ma maison.
There are seven rooms in my house.

le maître [MEHTR] *n. m.* • master; teacher
   la maîtresse *f.* • teacher
Cette maîtresse est très stricte.
This teacher is very strict.

mal [MAHL] *n. m., adv.* • pain; wrong; badly; ill
   mal au cœur • nausea
   mal à la tête • headache
   avoir mal à..... • to have a sore.....; to hurt; to
   have pain
   avoir le mal du pays • to be homesick
Je ne peux plus marcher. J'ai mal aux pieds.
I can't walk any more. My feet hurt.

le, la malade [mah LAHD] *n., adj. m. f.* • sick
   la maladie *n. f.* • sickness, disease
Mon frère n'est pas souvent malade.
My brother isn't sick very often.

malheureux(-euse) [mah leuh REUH (-REUHZ)]
   adj. m. f. • unhappy
   malheureusement *adv.* • unfortunately
Pourquoi es-tu si malheureuse?
Why are you so unhappy?

la malle [MAHL] *n. f.* • trunk
J'aime regarder dans les vieilles malles.
I like to look in old trunks.

la maman [ma MAN] *n. f.* • mom, mama, mother
"Maman, qu'est-ce qu'on a pour le dîner?"
"Mom, what are we having for dinner?"

la manche [MANSH] *n. f.* • sleeve
la Manche • the English Channel
La manche de ma chemise est trop courte.
My shirtsleeve is too short.

le manège [mah NEHJ] *n. m.* • merry-go-round
Il y a un manège à la foire.
There is a merry-go-round at the fair.

manger [man JAY] *v.* • to eat

je mange	nous mangeons
tu manges	vous mangez
il, elle mange	ils, elles mangent

Je mange une pomme chaque jour.
I eat an apple every day.

le manteau [man TO] *n. m.* • coat
manteaux *pl.*
Ce manteau est en laine.
This coat is made of wool.

le marchand [mahr SHAN] *n. m.* • merchant; tradesman
marchandise *n. f.* • merchandise
As-tu vu "Le Marchand de Venice" par William Shakespeare?
Have you seen "The Merchant of Venice" by William Shakespeare?

le marché [mahr SHAY] *n. m.* • market
bon marché • cheap, inexpensive
Claude va au marché pour acheter des légumes.
Claude is going to the market to buy vegetables.

marcher [mahr SHAY] *v.* • to walk; to run; to operate (machine)

    je marche   nous marchons
    tu marches   vous marchez
    il, elle marche   ils, elles marchent

Cette voiture marche bien.
This car runs well.

mardi [mahr DEE] *n. m.* • Tuesday
Nous allons à la piscine mardi.
We're going to the swimming pool Tuesday.

le mari [mah REE] *n. m.* • husband
Comment s'appelle son mari?
What is her husband's name?

le mariage [mah RYAHJ] *n. m.* • marriage; wedding
    le marié *n. m.* • bridegroom
    la mariée *n. f.* • bride
    marier *v.* • to marry
    se marier *v.* • to get married
Le mariage a lieu à l'église.
The wedding takes place at church.

le marin [mah RIN] *n. m.* • sailor
Les marins sont sur le navire.
The sailors are on the ship.

marron [mah RON] *adj., invar.* • brown
Le marron n'est pas une couleur à la mode.
Brown is not a fashionable color.

mars [MAHRS] *n. m.* • March; Mars
Il fait du vent au mois de mars.
It is windy in March.

le marteau [mahr TO] *n. m.* • hammer
Papa ne trouve pas son marteau.
Dad can't find his hammer.

le match [MATCH] *n. m.* • game
Nous allons à tous les matchs de football de notre école.
We're going to all our school's soccer games.

les mathématiques [mah tay mah TEEK]
n. f. pl. • mathematics
Mon père enseigne les mathématiques.
My dad teaches math.

le matin [mah TIN] *n. m.* • morning
du matin • a.m.
tous les matins • every morning
la matinée *n. f.* • (the whole) morning
faire la grasse matinée *v.* • to sleep late
le réveil-matin • the alarm clock.
Je me lève à six heures tous les matins.
I get up at six o'clock every morning.

mauvais(e) [mo VAY (VEZ)] *adj. m. f.* • bad;
wicked; nasty
Il fait mauvais. • It's bad out.
La récolte a été mauvaise cette année.
The harvest was bad this year.

me [MUH] *pron.* • me; to me; myself
Est-ce que tu me vois?
Do you see me?

le mécanicien [may kah nee SYIN] *n. m.* • mechanic
Mon frère est mécanicien.
My brother is a mechanic.

méchant(e) [may SHAN (T)] *adj. m. f.* •
naughty; mean
Attention! Ce chien est méchant.
Watch out! That dog is mean.

le médecin [mayd SIN] *n. m.* • doctor
la médecine *n. f.* • medicine
le médicament *n. m.* • medicine
Grand-mère achète ses médicaments dans cette pharmacie.
Grandma buys her medicine at this pharmacy.

meilleur(e) [may YEUHR] *adj. m. f.* • better
le meilleur • the best
Lequel est meilleur, le broccoli ou les choux-fleurs?
Which is better, broccoli or cauliflower?

mélanger [may lan JAY] *v.* • to mix

je mélange	nous mélangeons
tu mélanges	vous mélangez
il, elle mélange	ils, elles mélangent

Elle mélange la pâte pour faire un gâteau.
She mixes the batter to make a cake.

le membre [MANBR] *n. m.* • member
Il y a trente membres dans notre club.
There are thirty members in our club.

même [MEM] *adj., adv.* • same; even
tout de même • all the same
Ce n'est pas la même chose.
It's not the same thing.

la mémoire [may MWAHR] *n. f.* • memory
Avez-vous bonne mémoire?
Do you have a good memory?

le ménage [may NAHJ] *n. m.* • housework
   faire le ménage *v.* • to do the housework
   ménagère *f.* • housekeeper; housewife
Toute la famille fait le ménage toutes les semaines.
The whole family does the housework every week.

mener [muh NAY] *v.* • to lead; to guide; to drive
   je mène   nous menons
   tu mènes   vous menez
   il, elle mène   ils, elles mènent
Le petit garçon mène les vaches à la grange.
The little boy drives the cows to the barn.

le mensonge [man SONJ] *n. m.* • lie
Est-ce un mensonge ou la vérité?
Is it a lie or the truth?

le menteur [man TEUHR] *n. m.* • liar
   menteuse *f.*
Je ne la crois pas parce qu'elle est menteuse.
I don't believe her because she is a liar.

le menton [man TON] *n. m.* • chin
Il a un bleu sur le menton.
He has a bruise on his chin.

le menu [muh NÜ] *n. m.* • menu
Qu'est-ce qu'il y a de bon sur le menu?
What good things are on the menu?

la mer [MEHR] *n. f.* • sea
Mes amis ont une villa au bord de la mer.
My friends have a villa near the sea.

merci [mer SEE] *n. m.* • thank you
   Merci beaucoup. • Thank you very much.
On dit "Merci" quand on reçoit un cadeau.
We say "Thank you" when we receive a present.

mercredi [mer kruh DEE] *n. m.* • Wednesday
Mercredi il y a un examen.
Wednesday there is a test.

la mère [MEHR] *n. f.* • mother
Ma mère s'appelle Sylvie.
My mother's name is Sylvia.

mes [MAY] (see *mon*)

mesdames [may DAHM] (see *madame*)

mesdemoiselles [mey dmwah ZEL] (see *mademoiselle*)

messieurs [may SYEUH] (see *monsieur*)

le message [me SAHJ] *n. m.* • message
Y a-t-il un message pour Monsieur LaChance au bureau?
Is there a message for Mr. LaChance at the office?

met [ME] il, elle met (see *mettre*)

le métal [may TAHL] *n. m.* • metal
L'argent est un métal.
Silver is a metal.

la météo(rologie) [may tay O] *n. f.* •
 weather report
Je veux regarder la météo à la télé ce soir.
I want to watch the weather report on T.V. tonight.

le métier [may TYAY] *n. m.* • profession, trade
Quel métier allez-vous choisir?
What profession are you going to choose?

le métro [may TRO] *n. m.* • subway
On descend cet escalier pour aller au métro.
You go down this stairway to go to the subway.

mets [ME] je, tu mets (see *mettre*)

mettent [MET] ils, elles mettent (see *mettre*)

mettez [me TAY] vous mettez (see *mettre*)

mettons [me TON] nous mettons (see *mettre*)

mettre [METR] *v.* • to put; to put on; to place
  mettre le couvert • to set the table
  mettre en colère • to anger, to madden
  se mettre en colère • to become angry
    je mets   nous mettons
    tu mets   vous mettez
    il, elle met   ils, elles mettent
Je mets un pullover parce qu'il fait frais.
I put on a sweater because it is cool out.

les meubles [MEUHBL] *n. m. pl.* • furniture
Françoise choisit des meubles pour sa chambre.
Françoise is choosing furniture for her room.

le Mexique [mek SEEK] *n. m.* • Mexico
  mexicain(e) *adj. m. f.* • Mexican
  Mexicain(e) *n. m. f.* • a Mexican
Cette poterie vient du Mexique.
This pottery comes from Mexico.

midi [mee DEE] *n. m.* • noon
Nous mangeons à midi.
We eat at noon.

le miel [MYEL] *n. m.* • honey
Je mets du miel sur mon pain.
I put honey on my bread.

mien(ne) [MY~~IN~~ (~~EN~~)] *poss. pron. m. f.* • mine
Voilà ton crayon. Où est le mien?
Here is your pencil. Where is mine?

mieux [MYEUH] *adv.* • better
  le mieux • the best
  aimer mieux • to prefer
Marc joue mieux que moi.
Mark plays better than me.

mignon(-onne) [mee Ñ~~ON~~ (ÑÒN)] *adj. m. f.* •
  cute; darling
Ce petit chaton est si mignon!
This little kitten is so cute!

milieu [mee LYEUH] *n. m.* • middle
  au milieu de • in the middle of
Ne t'arrête pas au milieu de la rue.
Don't stop in the middle of the street.

le militaire [mee lee TEHR] *n. m.* • soldier
Ces militaires vont marcher dans le défilé.
These soldiers are going to march in the parade.

mille [MEEL] *adj., n. m.* • thousand; mile
Il y a mille élèves dans cette école.
There are a thousand students in this school.

le million [mee LY~~ON~~] *n. m.* • million
Il y a un million de mouches dans la maison!
There are a million flies in the house!

mince [M~~I~~NS] *adj. m. f.* • thin, slim
Ta mère est mince!
Your mother is thin!

mine [MEEN] *n. f.* • appearance; look
  avoir bonne mine • to look well
Vous avez bonne mine aujourd'hui!
You are looking well today!

minuit [mee NWEE] *n. m.* • midnight
Elle ne se couche jamais avant minuit.
She never goes to bed before midnight.

la minute [mee NÜT] *n. f.* • minute
Je te verrai dans cinq minutes.
I will see you in five minutes.

le miroir [mee RWAHR] *n. m.* • mirror
Est-ce qu'il y a un miroir dans le couloir?
Is there a mirror in the hall?

la mode [mòd] *n. f.* • fashion
  à la mode • fashionable
Aujourd'hui, c'est la mode des jupes courtes.
Today, short skirts are in fashion.

moi [MWAH] *pron.* • me; to me
  C'est à moi. • It is mine.
  moi-même • myself
C'est tout pour moi?
It's all for me?

moins [MW~~I~~N] *adv.* • less
  le moins • the least
  au moins, du moins • at least
  à moins que • unless
Tu as moins de bonbons que moi.
You have less candy than I.

le mois [MWAH] *n. m.* • month
Mars est le troisième mois de l'année.
March is the third month of the year.

la moitié [mwah TYAY] *n. f.* • half
Veux-tu l'autre moitié de ma pomme?
Do you want the other half of my apple?

le moment [mo MAN] *n. m.* • moment
Pouvez-vous attendre un moment?
Can you wait a moment?

mon [MON] *poss., adj. m.* • my
  ma *f.*
  mes *pl.*
Je perds toujours mes clés.
I am always loosing my keys.

le monde [MOND] *n. m.* • world
Mon professeur va faire le tour du monde.
My teacher is going to go around the world.

la monnaie [mo NAY] *n. f.* • change (coins), money
Je n'ai pas de monnaie pour cette machine!
I don't have change for this machine!

monsieur [meuh SYEUH] *n. m.* • sir, mister;
  gentleman
  messieurs *m. pl.* • gentlemen
  mesdames et messieurs • ladies and gentlemen
Monsieur! Vous oubliez votre chapeau!
Sir! You are forgetting your hat!

la montagne [mon TAHÑ] *n. f.* • mountain
  à la montagne • to (in) the mountains
On va faire du ski à la montagne.
We're going to go skiing in the mountains.

monter [mon TAY] *v.* • to climb, to go up
  monter dans *v.* • to get on (bus)
  monter à cheval *v.* • to ride a horse

je monte	nous montons
tu montes	vous montez
il, elle monte	ils, elles montent

Je monte l'escalier pour aller dans ma chambre.
I climb the stairs to go to my room.

montre [MONTR] *n. f.* • (wrist)watch
J'oublie toujours ma montre.
I always forget my watch.

montrer [mon TRAY] *v.* • to show

je montre	nous montrons
tu montres	vous montrez
il, elle montre	ils, elles montrent

Montre-moi tes dessins.
Show me your drawings.

se moquer (de) [suh mo KAY] *v.* • to make fun of; to laugh at

je me moque	nous nous moquons
tu te moques	vous vous moquez
il, elle se moque	ils, elles se moquent

Ce n'est pas gentil de se moquer des gens.
It's not nice to make fun of people.

le morceau [mòr SO] *n. m.* • piece
Il mange un morceau de pain.
He's eating a piece of bread.

mordre [MÒRDR] *v.* • to bite

je mors	nous mordons
tu mors	vous mordez
il, elle mord	ils, elles mordent

Faites attention! Ce chien mord!
Watch out! This dog bites!

mort(e) [MÒR(T)] *adj., n. m. f.* • dead; death
Cet oiseau est mort.
This bird is dead.

le mot [MO] *n. m.* • word
Combien de mots y a-t-il dans cette phrase?
How many words are there in this sentence?

le moteur [mo TEUHR] *n. m.* • motor, engine
Cette voiture a un moteur puissant.
This car has a powerful engine.

la moto(cyclette) [mo to see KLET] *n. f.* •
motorcycle
Attention! Il y a un accident de moto sur la route!
Be careful! There is a motorcycle accident on the road!

la mouche [MOOSH] *n. f.* • fly (insect)
Toutes ces mouches sont énervantes!
All these flies are annoying!

le mouchoir [moo SHWAHR] *n. m.* • handkerchief
Il met le mouchoir dans sa poche.
He puts the handkerchief in his pocket.

mouillé(e) [moo YAY] *adj. m. f.* • wet
Quand il pleut, l'herbe est mouillée.
When it rains, the grass is wet.

mourir [moo REER] *v.* • to die
je meurs	nous mourons
tu meurs	vous mourez
il, elle meurt	ils, elles meurent

Quand est-ce qu'on va manger? Je meurs de faim.
When are we going to eat? I am starving.

le moustique [moo STEEK] *n. m.* • mosquito
Personne n'aime les moustiques!
Nobody likes mosquitos!

la moutarde [moo TAHRD] *n. f.* • mustard
J'aime de la moutarde sur mon sandwich.
I like mustard on my sandwich.

le mouton [moo TON] *n. m.* • sheep
Le berger mène ses moutons dans le pâturage.
The shepherd is driving his sheep into the pasture.

le mur [MÜR] *n. m.* • wall
Il y a un miroir suspendu au mur.
There is a mirror hanging on the wall.

mûr(e) [MÜR] *adj. m. f.* • ripe
Ce melon n'est pas encore mûr.
This melon isn't ripe yet.

le musée [mü ZAY] *n. m.* • museum
Quel musée voulez-vous visiter aujourd'hui?
Which museum do you want to visit today?

le musicien [mü zee SYIN] *n. m.* • musician
Combien de musiciens y a-t-il dans cet orchestre?
How many musicians are there in this orchestra?

la musique [mü ZEEK] *n. f.* • music
Nous aimons la musique classique.
We like classical music.

N

nager [nah JAY] *v.* • to swim

je nage	nous nageons
tu nages	vous nagez
il, elle nage	ils, elles nagent

Où nagez-vous en été?
Where do you swim in the summer?

naître [NEHTR] *v.* • to be born
né(e) *p. p.* conjugated with être
Je suis né le 14 juillet.
I was born on July 14.

la nappe [NAHP] *n. f.* • tablecloth
Est-ce que cette nappe est propre?
Is this tablecloth clean?

la nation [nah SYON] *n. f.* • nation
Les Nations Unies *n. f. pl.* • United Nations
L'histoire de cette nation est très intéressante.
This nation's history is very interesting.

national(e) [nah syo NAHL] *adj. m. f.* • national
la nationalité *n. f.* • nationality
La fête nationale en France est le quatorze juillet.
The national holiday in France is the fourteenth of July.

naturel(le) [nah tü REL] *adj. m. f.* • natural
naturellement *adv.* • naturally; of course
Il est naturel que les enfants pleurent quand ils ont mal.
It's natural that children cry when they are hurt.

le navire [nah VEER] *n. m.* • ship
Ce navire s'appelle "Die Lorelei."
This ship is called "Die Lorelei."

ne [NUH] *adv.* • no; not
  ne.....jamais • never
  ne.....pas • not
  ne.....personne • nobody; not anyone
  ne.....plus • no longer; not any more
  ne.....que • only
  ne.....rien • nothing; not anything
Je ne veux pas de légumes.
I do not want any vegetables.

nécessaire [nay se SEHR] *adj.* • necessary
Il est nécessaire de partir maintenant.
It's necessary to leave now.

la neige [NEHJ] *n. f.* • snow
  neiger *v.* • to snow
  il neige • it is snowing
  le bonhomme de neige • snowman
La neige couvre la route.
Snow covers the road.

n'est-ce pas? [nes PAH] • interrogative tag isn't
  it?; don't we?; isn't that true?; don't you agree? etc.
Ce café est bon, n'est-ce pas?
This coffee is good, isn't it?

nettoyer [ne twah YAY] *v.* • to clean
  je nettoie   nous nettoyons
  tu nettoies   vous nettoyez
  il, elle nettoie   ils, elles nettoient
Nous nettoyons notre chambre.
We are cleaning our room.

neuf [NEUHF] *adj., n. m.* • nine
[NEUHV] pronunciation before a vowel sound
Il y a neuf livres sur cette étagère.
There are nine books on this shelf.

neuf (neuve) [NEUHF (NEUHV)] *adj. m. f.* •
new, brand-new
Cette auto est neuve.
This car is new.

le neveu [nuh VEUH] *n. m.* • nephew
neveux *pl.*
Mon neveu s'appelle Daniel.
My nephew's name is Daniel.

le nez [NAY] *n. m.* • nose
Mon chien a le nez froid.
My dog has a cold nose.

ni [NEE] *conj.* • nor; neither
Il ne veut ni dessert, ni café.
He wants neither dessert nor coffee.

le nid [NEE] *n. m.* • nest
Est-ce qu'il y a un nid sur cette branche?
Is there a nest on this branch?

la nièce [NYES] *n. f.* • niece
Ma nièce habite au Canada.
My niece lives in Canada.

le niveau [nee VO] *n. m.* • level; standard
Ce niveau de français est difficile.
This level of French is difficult.

Noël [no EL] *n. m.* • Christmas
   Père Noël *n. m.* • Santa Claus
Nous allons chez Grand-mère pour Noël.
We are going to Grandmother's for Christmas.

le nœud [NEUHD] *n. m.* • knot; bow
Il y a trois nœuds dans cette corde!
There are three knots in this rope!

noir(e) [NWAHR] *adj. m. f.* • black
Mes voisins ont quatre chats noirs.
My neighbors have four black cats.

la noix [NWAH] *n. f.* • nut
Nous aimons aller ramasser des noix dans les bois.
We like to go gathering nuts in the woods.

le nom [NON] *n. m.* • name
Quel est le nom de votre école?
What is your school's name?

le nombre [NONBR] *n. m.* • number
   nombreux(-euse) *adj. m. f.* • numerous
Ecrivez les nombres de un à dix.
Write the numbers from one to ten.

non [NON] *adv.* • no; not
Non, ce n'est pas possible!
No, it isn't possible!

le nord [NÒR] *n. m.* • north
L'océan est au nord d'ici.
The ocean is north of here.

normal(e) [nòr MAHL] *adj. m. f.* • normal, usual
Le temps que nous avons n'est pas normal.
The weather we're having isn't normal.

la Norvège [nòr VEHJ] *n. f.* • Norway
   norvégien(ne) *adj. m. f.* • Norwegian
   Norvégien(ne) *n. m. f.* • a Norwegian
La Norvège est à l'ouest de la Suède.
Norway is west of Sweden.

nos [NO] *poss., adj. pl.* • our (see *notre*)

la note [NÒT] *n. f.* • grade (school mark); bill
   (hotel); musical note
Elle reçoit toujours une bonne note en anglais.
She always gets a good grade in English.

notre [NOTR] *poss.adj.* • our
   nos *pl.*
Ce n'est pas de notre faute!
It's not our fault!

la nourriture [noo ree TÜR] *n. f.* • food
Dominique achète de la nourriture pour le week-end.
Dominique is buying food for the weekend.

nous [NOO] *pron.* • we; us, to us
   chez nous • at our house; at home
Nous allons en France cet été.
We are going to France this summer.

nouveau(-velle) [noo VO (-VEL)] *adj. m. f.* • new
   nouvel *m.* before a vowel sound
   nouveaux *m. pl.*
   nouvelles *f. pl.*
Leur nouvelle maison est très belle.
Their new house is very beautiful.

la nouvelle [noo VEL] *n. f.* • news
Cette nouvelle est très inattendue!
This news is very unexpected!

novembre [no VANBR] *n. m.* • November
Mon fils est né en novembre.
My son was born in November.

le nuage [nü AHJ] *n. m.* • cloud
  nuageux(-euse) *adj. m. f.* • cloudy
Le ciel est couvert de nuages.
The sky is overcast with clouds.

Le ciel est nuageux aujourd'hui.
The sky is cloudy today.

la nuit [NWEE] *n. f.* • night
  Bonne nuit. • Good night.
Je regarde les étoiles pendant la nuit.
I look at the stars at night.

le numéro [nü may RO] *n. m.* • number
  le numéro de téléphone • phone number
Nous sommes à la page numéro quatre.
We are on page number four.

O

obéir [o bay EER] *v.* • to obey
  j'obéis   nous obéissons
  tu obéis   vous obéissez
  il, elle obéit   ils, elles obéissent
Cet enfant n'obéit pas à la maîtresse.
This child doesn't obey the teacher.

l'objet [òb JAY] *n. m.* • object, thing; subject
Quel est l'objet de cette discussion?
What is the object of this discussion?

l'occasion   [o kah ZYON]   *n. f.*   •   opportunity, chance
J'ai l'occasion d'aller en France cet été.
I have the opportunity to go to France this summer.

occupé(e)   [o kü PAY]   *adj. m. f.*   •   occupied, busy
Ma mère m'aide même si elle est occupée.
My mother helps me even if she is busy.

l'océan   [ò say AN]   *n. m.*   •   ocean, sea
Lequel est le plus vaste, l'océan Atlantique ou l'océan
    Pacifique?
Which is bigger, the Atlantic Ocean or the Pacific?

octobre   [òk TOBR]   *n. m.*   •   October
En octobre nous jouons au football.
In October we play soccer.

l'odeur   [o DEUHR]   *n. f.*   •   odor, scent, smell
Virginie fait une tarte. Quelle bonne odeur!
Virginia is baking a pie. What a good smell!

l'œil   [OEY]   *n. m.*   •   eye
  les yeux   *pl.*   •   eyes
  un coup d'œil   *m.*   •   glance
Sa sœur Marie a de jolis yeux bleus.
His sister Mary has beautiful blue eyes.

l'œuf   [EUHF]   *n. m.*   •   egg
  les œufs   *pl.*
  les œufs sur le plat   •   fried eggs
  l'œuf à la coque   •   boiled egg
  l'œuf dur   •   hard boiled egg
  des œufs brouillés   •   scrambled eggs
Voulez-vous un œuf ou deux?
Do you want one egg or two?

officiel(le) [o fee SYEL] *adj. m. f.* • official
C'est une visite officielle du président.
It's an official visit from the president.

offrir (à) (de) [o FREER] *v.* • to give; to offer; to offer to
    j'offre   nous offrons
    tu offres   vous offrez
    il, elle offre   ils, elles offrent
Mon ami m'offre un cadeau.
My friend is giving me a present.

l'oignon [ò ÑON] *n. m.* • onion
Mon père déteste les oignons.
My father hates onions.

l'oiseau [wah ZO] *n. m.* • bird
  oiseaux *pl.*
Beaucoup d'oiseaux font leurs nids dans nos arbres.
Many birds make their nests in our trees.

l'ombre [ONBR] *n. m.* • shadow; shade
Asseyons-nous à l'ombre de cet arbre.
Let's sit down in the shade of this tree.

l'omelette [òm LET] *n. f.* • omelet
L'omelette au jambon est une specialité de ce restaurant.
Ham omelet is a specialty of this restaurant.

on [ON] *indef. pron.* • one; people; they; we; you
  on dit • it is said
En France, on parle français.
In France, people (they) speak French.

l'oncle [ONKL] *n. m.* • uncle
Mon oncle n'habite pas loin de chez nous.
My uncle doesn't live far from our house.

l'ongle [ONGL] *n. m.* • (finger)nail
  vernis à ongles *m.* • fingernail polish
Ses ongles sont trop longs.
His fingernails are too long.

onze [ONZ] *adj., n. m.* • eleven
Il y a onze vaches dans l'étable.
There are eleven cows in the barn.

l'opéra [o pay RAH] *n. m.* • opera; opera house
Tu connais l'opéra de Bizet "Carmen"?
Do you know Bizet's opera "Carmen"?

l'or [ÒR] *n. m.* • gold
  en or • made of gold
Je voudrais une chaîne en or.
I would like a gold chain.

l'orage [o RAHJ] *n. m.* • storm
Le chat a peur de l'orage.
The cat is afraid of the storm.

l'orange [o RANJ] *n. f. adj.* • orange
  l'orangeade *n. f.* • orangeade
Mon frère va acheter des oranges au supermarché!
My brother is going to buy some oranges at the supermarket!

l'orchestre [òr KESTR] *n. m.* • orchestra
  le chef d'orchestre *n. m.* • conductor
L'orchestre de cette ville est excellent.
This city's orchestra is excellent.

ordinaire [òr dee NEHR] *adj. m. f.* • ordinary;
  usual
J'aime les plats ordinaires.
I like ordinary dishes.

l'ordinateur [òr dee nah TEUHR] *n. m.* • computer
  l'opérateur de l'ordinateur • computer operator
Nous avons un ordinateur à la maison.
We have a computer at home.

l'oreille [ò RAY] *n. f.* • ear
  la boucle d'oreille *n. f.* • earring
  l'oreiller *n. m.* • pillow
L'éléphant d'Afrique a des oreilles énormes.
The African elephant has huge ears.

organiser [òr gah nee ZAY] *v.* • to organize
    j'organise   nous organisons
    tu organises   vous organisez
    il, elle organise   ils, elles organisent
Qui organise la boum?
Who is organizing the party?

original(e) [ò ree jee NAHL] *adj. m. f.* • original
Martin a toujours des idées orginales.
Martin always has original ideas.

l'orteil [òr TAY] *n. m.* • toe
Ses orteils font des impressions dans le sable.
His toes make prints in the sand.

l'os [OS] *n. m.* • bone
  os *pl.*
Combien d'os y a-t-il dans le corps humain?
How many bones are there in the human body?

oser [o ZAY] *v.* • to dare
    j'ose   nous osons
    tu oses   vous osez
    il, elle ose   ils, elles osent
Les élèves n'osent pas parler.
The students don't dare speak.

ou [OO] *conj.* • or; either
Le matin vous prenez du chocolat ou du café?
In the morning do you have chocolate or coffee?

où [OO] *adv.* • where
 d'où • from where
Voilà la maison où je suis né.
Here is the house where I was born.

oublier [oo blee AY] *v.* • to forget
    j'oublie   nous oublions
    tu oublies   vous oubliez
    il, elle oublie   ils, elles oublient
Il n'oublie jamais ses devoirs!
He never forgets his homework!

l'ouest [WEST] *n. m.* • west
Le soleil se couche à l'ouest.
The sun sets in the west.

oui [WEE] *adv.* • yes
Papa ne dit pas oui très souvent.
Dad doesn't say yes very often.

l'ours [OORS] *n. m.* • bear
Y a-t-il des ours dans cette forêt?
Are there bears in this forest?

ouvert(e) [oo VEHR (T)] *adj. m. f.* • open
Les magasins ne sont pas encore ouverts.
The stores aren't open yet.

l'ouvrier(-ère) [oo vree AY(-EHR)] *n. m. f.* •
    worker, laborer
Mon père est ouvrier dans cette usine.
My father is a worker in this factory.

ouvrir [oo VREER] *v.* • to open

j'ouvre	nous ouvrons
tu ouvres	vous ouvrez
il, elle ouvre	ils, elles ouvrent

Il fait chaud. Ouvrez la fenêtre.
It is hot. Open the window.

P

le Pacifique [pah see FEEK] *n. m.* • Pacific Ocean
Hawaï est dans l'océan Pacifique.
Hawaii is in the Pacific Ocean.

la page [PAHJ] *n. f.* • page
Le professeur dit, "Faites les exercices à la page 25."
The teacher says, "Do the exercises on page 25."

le pain [PIN] *n. m.* • bread, loaf
petit pain *m.* • roll
pain grillé *m.* • toast
On achète du pain à la boulangerie.
You buy bread at the bakery.

la paire [PEHR] *n. f.* • pair
J'ai trois paires de chaussures.
I have three pairs of shoes.

la paix [PAY] *n. f.* • peace; quiet
Essaie de vivre en paix avec tes voisins.
Try to live in peace with your neighbors.

le palais [pah LAY] *n. m.* • palace
Le palais de Versailles est magnifique.
The palace of Versailles is magnificent.

le pamplemousse [pan pluh MOOS] *n. m.* •
  grapefruit
Je mange souvent un pamplemousse pour le petit déjeuner.
I often eat a grapefruit for breakfast.

la pancarte [pan KAHRT] *n. f.* • sign
Cette pancarte dit "Défense de fumer".
This sign says: "No smoking."

le panier [pah NYAY] *n. m.* • basket
Ne mettez pas tous vos œufs dans le même panier!
Don't put all your eggs in the same basket!

la panne [PAHN] *n. f.* • breakdown (car)
  être en panne *v.* • to have a breakdown
  en panne • out of order
Son auto est toujours en panne.
Her car is always breaking down.

le pantalon [pan tah LON] *n. m.* • pants, trousers
Ce pantalon est trop court.
These pants are too short.

le papa [pah PAH] *n. m.* • dad, daddy
Mon papa est architecte.
My dad is an architect.

le papier [pah PYAY] *n. m.* • paper
Il y a du papier sur le bureau.
There is some paper on the desk.

le papillon [pah pee YON] *n. m.* • butterfly
Jaqueline dessine un papillon.
Jaqueline is drawing a butterfly.

le paquebot [pahk BO] *n. m.* • ocean liner, steamship
Le paquebot sort du port de Marseille.
The ocean liner is leaving the port of Marseille.

le paquet [pah KAY] *n. m.* • package, parcel
Il envoie un paquet à sa sœur pour Noël.
He's sending a package to his sister for Christmas.

par [PAHR] *prep.* • by; through
  par avion • air mail
  par exemple • for example
  par hasard • by chance
  par ici • this way
  par jour • per day
  regarder par • to look out of
Il faut sortir par cette porte-là.
You have to go out by that door.

le parachute [pah rah SHÜT] *n. m.* • parachute
Est-ce que ce parachute est en nylon?
Is this parachute made of nylon?

le paradis [pah rah DEE] *n. m.* • paradise; heaven
Cette colonie de vacances est le paradis!
This vacation camp is paradise!

le paragraphe [pah rah GRAHF] *n. m.* • paragraph
Le professeur dit: "Lisez jusqu'à la fin du paragraphe".
The professor says: "Read to the end of the paragraph."

le parapluie [pah rah PLWEE] *n. m.* • umbrella
Il pleut, alors je prends mon parapluie.
It is raining, so I'm taking my umbrella.

le parc [PAHRK] *n. m.* • park
Allons faire un tour dans le parc.
Let's go walk around the park.

parce que [pahr SKEUH] *conj.* • because
Je reste à la maison parce que je suis malade.
I am staying home because I am sick.

pardon [pahr DON] *n. m.* • pardon, excuse me
Pardon, je ne comprends pas.
Excuse me, I don't understand.

pareil(le) [pah RAY] *adj. m. f.* • alike, similar
Nos chaussures sont pareilles.
Our shoes are alike.

les parents [pah RAN] *n. m. pl.* • parents; relatives
Mes parents s'appellent Claire et Alain.
My parents' names are Claire and Alan.

paresseux(-euse) [pah re SEUH (SEUHZ)]
  adj. m. f. • lazy
Elle est trop paresseuse pour étudier.
She is too lazy to study.

parfait(e) [pahr FAY (FET)] *adj. m. f.* • perfect
C'est la réponse parfaite!
It's the perfect answer!

parfois [pahr FWAH] *adv.* • sometimes; at times
Parfois, nous dessinons sur le tableau.
Sometimes, we draw on the blackboard.

le parfum [pahr FUN] *n. m.* • perfume; flavor
  (ice cream)
Je vais offrir ce parfum à ma grand-mère.
I am going to give this perfume to my grandmother.

parler [pahr LAY] *v.* • to speak
  parler à • to speak to
  parler de • to speak of; about

je parle	nous parlons
tu parles	vous parlez
il, elle parle	ils, elles parlent

Tout le monde parle en même temps!
Everyone is speaking at once!

parmi [pahr MEE] *prep.* • among
Est-ce qu'il y a un médecin parmi vous?
Is there a doctor among you?

partager [pahr tah JAY] *v.* • to share; to divide

je partage	nous partageons
tu partages	vous partagez
il, elle partage	ils, elles partagent

Nous partageons ce sandwich.
We are sharing this sandwich.

par terre [pahr TAHR] *adv.* • on the ground; the floor
Laisse la balle par terre.
Keep the ball on the ground.

la partie [pahr TEE] *n. f.* • game
  faire une partie • play a game
Faisons une partie de cartes.
Let's play a game of cards.

partir [pahr TEER] *v.* • to leave; to go

je pars	nous partons
tu pars	vous partez
il, elle part	ils, elles partent

A quelle heure est-ce qu'on part?
What time are we leaving?

partout [pahr TOO] *adv.* • everywhere; all over
Il y a des mouches partout!
There are flies everywhere!

pas [PAH] *adv.* • not; no (see *ne—pas*)
  pas du tout • not at all
Vous sortez ce soir? Pas moi!
You are going out tonight? Not me!

le passé [pah SAY] *n. m.* • past
passé(e) *adj. m. f.* • dated; past
Je ne m'intéresse pas à son passé
I am not interested in his past.

passer [pah SAY] *v.* • to pass; to spend (time); to cross
 je passe   nous passons
 tu passes   vous passez
 il, elle passe   ils, elles passent
Nous passons l'été à la campagne.
We spend the summer in the country.

le passeport [pahs PÒR] *n. m.* • passport
Il faut avoir un passeport si on veut quitter le pays.
You must have a passport if you want to leave the country.

la pastèque [pahs TEK] *n. f.* • watermelon
La pastèque pèse dix livres.
The watermelon weighs ten pounds.

patient(e) [pah SYAN (T)] *adj. m. f.* • patient
patience *n. f.* • patience
La mère est très patiente avec ses enfants.
The mother is very patient with her children.

le patin [pah TIN] *n. m.* • skate
les patins à glace *n. m. pl.* • ice skates
les patins à roulettes *n. m. pl.* • roller skates
patiner *v.* • to skate
Nous allons patiner à la patinoire.
We're going skating at the skating rink.

la pâtisserie [pah tee SREE] *n. f.* • pastry;
 pastry shop
J'adore la pâtisserie française.
I love French pastry.

le patron [pah TRON] *n. m.* • boss
patronne *f.*
Mon patron est très gentil.
My boss is very nice.

la patte [PAHT] *n. f.* • paw
Le chien a mal à la patte.
The dog has a sore paw.

pauvre [POVR] *adj. m. f.* • poor
Cette famille pauvre n'a pas de maison.
This poor family doesn't have a house.

payer [pay YAY] *v.* • to pay
    je paye   nous payons
    tu payes   vous payez
    il, elle paye   ils, elles payent
Papa paye l'addition au restaurant.
Dad pays the check in the restaurant.

le pays [pay EE] *n. m.* • country
paysage *n. m.* • scenery
Mon pays est très loin d'ici.
My country is very far from here.

la peau [PO] *n. f.* • skin
Le bébé a la peau douce.
The baby has soft skin.

la pêche [PEHSH] *n. f.* • fishing
aller à la pêche *v.* • to go fishing
Je vais à la pêche avec mon père.
I'm going fishing with my father.

la pêche [PEHSH] *n. f.* • peach
Les pêches sont mûres.
The peaches are ripe.

le peigne [PEÑ] *n. m.* • comb
Je mets mon peigne dans mon sac.
I put my comb in my purse.

se peigner [suh pe ÑAY] *v.* • to comb one's hair
   je me peigne   nous nous peignons
   tu te peignes   vous vous peignez
   il, elle se peigne   ils, elles se peignent
Elle se peigne tout le temps.
She is always combing her hair.

peindre [PINDR] *v.* • to paint
   je peins   nous peignons
   tu peins   vous peignez
   il, elle peint   ils, elles peignent
L'artiste peint un tableau.
The artist is painting a picture.

la peine [PEN] *n. f.* • pain; grief; trouble
  Ça vaut la peine. • It's worth it.
  Ce n'est pas la peine • It's not worth it
Ça me fait de la peine de te voir si triste.
It troubles me to see you so sad.

la pelle [PEL] *n. f.* • shovel
Prends une pelle pour remplir ce trou avec de la terre.
Take a shovel to fill the hole with dirt.

pendant [pan DAN] *prep.* • during
  pendant que • while
Ma sœur joue du piano pendant que j'étudie.
My sister plays piano while I study.

penser [pã SAY] *v.* • to think
  penser à • to think about
  penser de • to think of
  pensée *n. f.* • thought

je pense	nous pensons
tu penses	vous pensez
il, elle pense	ils, elles pensent

Je pense que je vais téléphoner à Marie.
I think that I am going to call Marie.

perdre [PERDR] *v.* • to lose

je perds	nous perdons
tu perds	vous perdez
il, elle perd	ils, elles perdent

Je perds toujours mes clés.
I always lose my keys.

le père [PEHR] *n. m.* • father
Mon père est très gentil.
My father is very nice.

permettre [per METR] *v.* • to permit, to allow, to let
  la permission *n. f.* • permission

je permets	nous permettons
tu permets	vous permettez
il, elle permet	ils, elles permettent

Ma mère me permet de me coucher tard le week-end.
My mother allows me to go to bed late on weekends.

le perroquet [pe rò KAY] *n. m.* • parrot
Ce perroquet a de jolies plumes!
This parrot has pretty feathers!

la perruche [pe RÜSH] *n. f.* • parakeet
La perruche chante dans sa cage.
The parakeet is singing in its cage.

la personne [per SON] *n. f.* • person
  personnes *pl.* • people
  ne....personne • no one, nobody
Je parle à la personne à côté de moi.
I'm speaking to the person next to me.

petit(e) [puh TEE (T)] *adj. m. f.* • little, small; short
  le petit déjeuner • breakfast
  les petits pois *m. pl.* • peas
  la petite-fille *f.* • grand-daughter
  le petit-fils *m.* • grandson
Le petit garçon mange beaucoup.
The small boy eats a lot.

peu [PEUII] *adv.* • (a) little; few
  coûter peu *v.* • to be inexpensive
  peu de • few; not many
  un peu de • a little
Je voudrais un peu de café, s'il vous plaît.
I would like a little coffee, please.

la peur [PEUHR] *n. f.* • fear, dread, fright
  avoir peur (de) *v.* • to be afraid (of)
  faire peur à *v.* • to frighten, to scare
Ma sœur a peur du tonnerre.
My sister is afraid of thunder.

peut [PEUH] il, elle peut (see *pouvoir*)

peut-être [peuh TETR] *adv.* • perhaps, maybe
Nous allons peut-être au cinéma ce soir.
Maybe we'll go to the movies tonight.

peuvent [PEUHV] ils, elles peuvent (see *pouvoir*)

peux [PEUH] je, tu peux (see *pouvoir*)

la pharmacie [fahr mah SEE] *n. f.* • pharmacy;
   drugstore
   le, la pharmacien(ne) *n. m. f.* • pharmacist
Grand-mère achète ses médicaments à la pharmacie.
Grandmother buys her medicine at the pharmacy.

la photo [fo TO] *n. f.* • photo(graph); picture
   le photographe *n. m.* • photographer
Patricia prend des photos avec son appareil.
Patricia is taking some pictures with her camera.

la phrase [FRAHZ] *n. f.* • sentence
Cette phrase est trop longue.
This sentence is too long.

la physique [fee ZEEK] *n. f.* • physics
Ma sœur étudie la physique à l'université.
My sister is studying physics in college.

le piano [pyah NO] *n. m.* • piano
   jouer du piano • to play the piano
Dans notre famille tout le monde joue du piano.
In our family everyone plays piano.

la pièce [PYES] *n. f.* • room; play (theatre)
   monter une pièce *v.* • to put on a play
Combien de pièces y a-t-il dans cette maison?
How many rooms are there in this house?

le pied [PYAY] *n. m.* • foot
   à pied • by foot
   avoir mal au pied • to have a sore foot
   pieds nus • barefoot
   le coup de pied • kick
L'éléphant a de grands pieds.
The elephant has big feet.

la pierre [PYER] *n. f.* • stone
Laurent lance une pierre dans le lac.
Lawrence throws a stone into the lake.

le pilote [pee LÒT] *n. m.* • pilot
Mon frère veut être pilote.
My brother wants to be a pilot.

le pinceau [pin SO] *n. m.* • paintbrush
Quelqu'un doit nettoyer ces pinceaux.
Someone must clean these paintbrushes.

le pique-nique [peek NEEK] *n. m.* • picnic
Nous faisons un pique-nique samedi.
Saturday we are going on a picnic.

piquer [pee KAY] *v.* • to sting; to bite (insect)
   je pique   nous piquons
   tu piques   vous piquez
   il, elle pique   ils, elles piquent
  la piqure *n. f.* • sting; shot (medicine)
Les abeilles piquent!
Bees sting!

la piscine [pee SEEN] *n. f.* • swimming pool
Quand il fait chaud, nous allons à la piscine.
When it is hot, we go to the swimming pool.

la piste [PEEST] *n. f.* • track; race-course
  piste de ski *f.* • ski run
Les coureurs courent sur la piste.
The runners are running on the track.

le placard [plah KAHR] *n. m.* • cupboard; closet
Mets toutes tes affaires dans le placard.
Put all your things in the closet.

la place [PLAS] *n. f.* • place; seat; setting (table); job
Voilà ma place dans la salle de classe.
Here is my seat in the classroom.

le plafond [plah FON] *n. m.* • ceiling
Il y a une mouche sur le plafond.
There is a fly on the ceiling.

la plage [PLAHJ] *n. f.* • beach
Les enfants construisent un château de sable sur la plage.
The children are building a sand castle on the beach.

se plaindre [suh PLENDR] *v.* • to complain
je me plains   nous nous plaignons
tu te plains   vous vous plaignez
il, elle se plaint   ils, elles se plaignent
Ils se plaignent tout le temps.
They are always complaining.

le plaisir [play ZEER] *n. m.* • pleasure, delight
  avec plaisir • with pleasure
Quel plaisir de vous revoir!
What a pleasure to see you again!

plaît [PLAY] *v.* • please
  s'il vous plaît • if you please
  s'il te plaît • (familiar form)
Pouvez-vous me passer le sel, s'il vous plaît?
Can you pass me the salt, please?

le plancher [plan SHAY] *n. m.* • floor
Marie balaye le plancher.
Marie is sweeping the floor.

la planète [plah NET] *n. f.* • planet
Mars est une planète.
Mars is a planet.

la plante [PLANT] *n. f.* • plant
Ces plantes ont besoin d'être au soleil.
These plants need to be in the sun.

le plat [PLAH] *n. m.* • dish; platter
Elle met la viande sur le plat.
She puts the meat on the platter.

plat(e) [PLAH(T)] *adj. m. f.* • flat, level
Cette région est plate.
This area is flat.

le plateau [plah TO] *n. m.* • tray; plateau
Sylvie met les verres sur le plateau.
Sylvia is putting the glasses on the tray.

plein(e) [PLIN (EN)] *adj. m. f.* • full; filled
 plein jour • broad daylight
 plein hiver • in the dead of winter
L'avion est plein de passagers.
The plane is full of passengers.

pleurer [pleuh RAY] *v.* • to cry
 je pleure   nous pleurons
 tu pleures   vous pleurez
 il, elle pleure   ils, elles pleurent
Elle pleure parce qu'elle est triste!
She is crying because she is sad!

pleut [PLEUH] *v.* • il pleut – it is raining
 (see *pleuvoir*)

pleuvoir [pleuh VWAHR] *v.* • to rain
J'espère qu'il ne va pas pleuvoir.
I hope it's not going to rain.

plier [plee AY] *v.* • to fold
    je plie   nous plions
    tu plies   vous pliez
    il, elle plie   ils, elles plient
L'arbre plie sous le vent.
The tree bends under the wind.

plonger [plon JAY] *v.* • to dive; to plunge
    je plonge   nous plongeons
    tu plonges   vous plongez
    il, elle plonge   ils, elles plongent
David plonge dans la piscine.
David dives into the pool.

la pluie [PLWEE] *n. f.* • rain
La pluie est bonne pour le jardin.
The rain is good for the garden.

la plume [PLÜM] *n. f.* • feather; quill pen
Cet oiseau a de jolies plumes.
This bird has pretty feathers.

la plupart [plü PAHR] *n. f.* • the most, the majority
La plupart des gens aiment cette musique.
Most people like this music.

plus [PLÜ] *adv.* • more
  ne....plus • no longer
  au plus • at most
  non plus • neither, either
  de plus en plus • more and more
  plus tard • later
Ma sœur est plus intelligente que moi.
My sister is more intelligent than me.

plusieurs [plü ZYEUHR] *adj., pron.* • several
Ils ont plusieurs voitures.
They have several cars.

le pneu [PNEUH] *n. m.* • tire (automobile)
J'ai besoin de quatre pneus pour ma voiture.
I need four tires for my car.

la poche [PÒSH] *n. f.* • pocket
  livre de poche *m.* • paperback book
Mon mouchoir est dans ma poche.
My handkerchief is in my pocket.

le poème [po EM] *n. m.* • poem
  poète *n. m.* • poet
J'aime ce poème par Jacques Prévert.
I like this poem by Jacques Prévert.

le poids [PWAH] *n. m.* • weight
Pouvez-vous deviner le poids de ce carton?
Can you guess the weight of this box?

pointu(e) [pwin TÜ] *adj. m. f.* • pointed, sharp
J'aime écrire avec un crayon pointu.
I like to write with a sharp pencil.

la poire [PWAHR] *n. f.* • pear
Il y a des pommes et des poires sur la table.
There are some apples and pears on the table.

les pois [PWAH] *n. m. pl.* • peas
  les petits pois • green peas
Ces petits pois viennent de mon potager.
These green peas come from my garden.

le poison [pwah ZON] *n. m.* • poison
Le poison est dangereux.
Poison is dangerous.

le poisson [pwah SON] *n. m.* • fish
  le poisson rouge • goldfish
Maman prépare du poisson pour le dîner.
Mom is preparing fish for dinner.

le poivre [PWAHVR] *n. m.* • pepper
Est-ce qu'il y a du poivre sur la table?
Is there any pepper on the table?

poli(e) [po LEE] *adj. m. f.* • polite
Il n'est pas du tout poli. Il se moque de tout le monde.
He is not at all polite; he makes fun of everyone.

la police [po LEES] *n. f.* • police
  l'agent de police *m.* • policeman
  le policier *m.* • detective; policeman
  le film policier *m.* • detective movie
  le roman policier *m.* • detective novel
On a eu un accident. Appelez la police!
Somebody had an accident. Call the police!

la Pologne [po LOÑ] *n. f.* • Poland
  polonais(e) *adj. m. f.* • Polish
  Polonais(e) *n. m. f.* • a Pole
Varsovie est la capitale de la Pologne.
Warsaw is the capital of Poland.

la pomme [PÒM] *n. f.* • apple
  la pomme de terre • potato
  la tarte aux pommes • apple pie
  les pommes frites *f. pl.* • French fries
  le jus de pomme *m.* • apple juice
Je vais couper cette pomme en quarts.
I am going to cut this apple into fourths.

la pompe [PoñP] *n. f.* • pump
  la pompe à essence • gasoline pump.
  la pompe à incendie • fire truck
J'ai une crevaison. Où est ma pompe à bicyclette?
I have a flat tire. Where is my bicycle pump?

le pompier [poñ PYAY] *n. m.* • fireman
Les pompiers sont très courageux.
Firemen are very brave.

le pont [P~~ON~~] *n. m.* • bridge
Combien de ponts y a-t-il dans cette ville?
How many bridges are there in this city?

le porc [PÒR] *n. m.* • pork
 le rôti de porc *m.* • roast pork
 les côtelettes de porc *f. pl.* • pork chops
Voulez-vous du porc ou du veau?
Do you want pork or veal?

la porte [PÒRT] *n. f.* • door
 la porte d'entrée • the entrance door
 la porte de sortie • the exit door
Il y a quelqu'un à la porte.
There is someone at the door.

le portefeuille [pòrt FEUHY] *n. m.* • billfold,
 wallet
Mon portefeuille est à la maison.
My billfold is at home.

porter [pòr TAY] *v.* • to carry; to wear
Le porteur porte les bagages.
The porter is carrying the luggage.

se porter [suh pòr TAY] *v.* • to be (health); to feel
 se porter bien • to be in good health
 se porter mal • to be in bad health
  je me porte   nous nous portons
  tu te portes   vous vous portez
  il, elle se porte   ils, elles se portent
Comment vous portez-vous?
How are you?

le Portugal [pòr tü GAHL] *n. m.* • Portugal
 portugais(e) *adj. m. f.* • Portuguese
 Portugaise(e) *n. m. f.* • a Portuguese
Le Portugal est à l'ouest de l'Espagne.
Portugal is west of Spain.

poser [po ZAY] *v.* • to ask (question); to put down
   je pose   nous posons
   tu poses   vous posez
   il, elle pose   ils, elles posent
Jacques pose la boîte sur la table.
Jacques puts the box down on the tabl?.

possible [po SEEBL] *adj. m. f.* • possible
C'est la meilleure solution possible.
It is the best possible solution.

la poste [POST] *n. f.* • post office
  le bureau de poste *m.* • post office
  la carte postale *f.* • postcard
  mettre une lettre à la poste *v.* • to mail a letter
Mon neveu travaille à la poste.
My nephew works at the post office.

le poste d'essence [pòs tah e SANS] *n. m.* • gas station
J'achète toujours de l'essence à ce poste d'essence.
I always buy gas at this gas station.

le potage [po TAHJ] *n. m.* • soup
  le potager *m.* • vegetable garden
Ce potage est très chaud!
This soup is very hot!

la poubelle [poo BEL] *n. f.* • garbage can; waste-basket
Il faut vider les poubelles toutes les semaines.
You have to empty the garbage cans every week.

la poule [POOL] *n. f.* • hen
  le poulet *n. m.* • chicken
Ce poulet est délicieux!
This chicken is delicious!

la poupée [poo PAY] *n. f.* • doll
Ma sœur met ses poupées sur son lit.
My sister puts her dolls on her bed.

pour [POOR] *prep.* • for; in order to
Il étudie pour recevoir une bonne note.
He studies in order to receive a good grade.

le pourboire [poor BWAHR] *n. m.* • tip, gratuity
On laisse un pourboire pour la serveuse.
We leave a tip for the waitress.

pourquoi [poor KWAH] *adv.* • why
Pourquoi aimes-tu ce garçon?
Why do you like this boy?

pourtant [poor TAN] *adv.* • yet; still; however
Elle mange une banane, pourtant elle préfère les oranges!
She is eating a banana, yet she prefers oranges!

pousser [poo SAY] *v.* • to push; to grow

je pousse	nous poussons
tu pousses	vous poussez
il, elle pousse	ils, elles poussent

Elle pousse sa chaise sous la table.
She pushes her chair under the table.

pouvez [poo VAY] vous pouvez (see *pouvoir*)

pouvoir [poo VWAHR] *v.* • to be able to, can; may

je peux	nous pouvons
tu peux	vous pouvez
il, elle peut	ils, elles peuvent

Nous pouvons faire ce travail pour vous.
We can do this work for you.

pouvons [poo V~~ON~~]   nous pouvons   •   (see *pouvoir*)

pratique *adj. m. f.*   •   practical; convenient
Il est pratique d'avoir un ordinateur personnel chez soi.
It's pratical to have a personal computer at home.

précieux(-euse) [pray SYEUH (-SYEUHZ)]
  adj. m. f.   •   precious; valuable
Ces bijoux sont précieux.
These jewels are precious.

préférer [pray fay RAY]   *v.*   •   to prefer
  je préfère   nous préférons
  tu préfères   vous préférez
  il, elle préfère   ils, elles préfèrent
Préférez-vous de la glace ou du gâteau?
Do you prefer ice cream or cake?

premier(-ère) [pruh MYAY(-MYER)] *adj. m. f.* • first
Je suis la première personne dans la queue.
I am the first person in line.

prendre [PR~~AN~~DR] *v.* • to take; to have (meal)
  prendre quelque chose *v.* • to have
    something to eat
    je prends   nous prenons
    tu prends   vous prenez
    il, elle prend   ils, elles prennent
Elles prennent un taxi pour aller à la gare.
They are taking a taxi to the station.

préparer [pray pah RAY] *v.* • to prepare
  se préparer *v.* • to prepare oneself; to get ready
    je prépare   nous préparons
    tu prépares   vous préparez
    il, elle prépare   ils, elles préparent
Monique prépare le repas ce soir.
Monique is preparing the meal tonight.

près (de) [PRE (duh)] *adv., prep.* • near, close by
à peu près • almost
Le terrain de football est près de l'école.
The soccer field is near the school.

présent(e) [pray ZAN (T)] *adj. m. f.* • present
Tous les élèves sont présents?
Are all the students present?

présenter [pray zan TAY] *v.* • to introduce, to
present

je présente	nous présentons
tu présentes	vous présentez
il, elle présente	ils, elles présentent

Mlle Simmonet, je vous présente ma mère. Maman, voici Mlle
Simmonet, mon professeur de français.
*Miss Simmonet I'd like you to meet my mother. Mom, this is
Miss Simmonet, my French teacher.*

le président [pray zee DAN] *n. m.* • president
M Mitterrand est le président de la Republique française.
Mr. Miterrand is the President of the French Republic.

presque [PRESK] *adv.* • almost, nearly
Nous sommes presque là!
We are almost there!

pressé(e) [pre SAY] *adj. m. f.* • in a hurry
Jean est pressé parce qu'il est en retard.
John is in a hurry because he is late.

prêt(e) [PRE (T)] *adj. m. f.* • ready
Sabine n'est jamais prête à l'heure.
Sabine is never ready on time.

prêter [pre TAY] *v.* • to lend, to loan

je prête	nous prêtons
tu prêtes	vous prêtez
il, elle prête	ils, elles prêtent

Peux-tu me prêter un crayon, s'il te plaît?
Can you please lend me a pencil?

la preuve [PREUHV] *n. f.* • proof, evidence; test
On présente des preuves évidentes de sa culpabilité.
They are presenting clear proof of his guilt.

prier [pree] *v.* • to beg; to pray
   je vous prie • please!

je prie	nous prions
tu pries	vous priez
il, elle prie	ils, elles prient

Je vous prie de vous asseoir.
Please, sit down.

le prince [PRINS] *n. m.* • prince
   la princesse *f.* • princess
Le prince est très populaire.
The prince is very popular.

le printemps [prin TAN] *n. m.* • spring
Mes parents voyagent au printemps.
My parents travel in the spring.

la prison [pree ZON] *n. f.* • prison, jail
   aller en prison *v.* • to go to prison
   le prisonnier *n. m.* • prisoner
Il y a quatre prisons dans notre état.
There are four prisons in our state.

le prix [PREE] *n. m.* • price, cost; prize
Quel est le prix de ce pullover?
What is the price of this sweater?

le problème [pro BLEM] *n. m.* • problem
Géraldine raconte ses problèmes à tout le monde.
Geraldine tells her problems to everyone.

prochain(e) [pro SHIN (SHEN)] *adj. m. f.* • next
La prochaine fois, nous gagnerons le match!
Next time, we'll win the game!

le professeur [prò fe SEUHR] *n. m.* • teacher;
professor
le prof • teacher
Le professeur de science est une femme.
The science teacher is a woman.

la profession [prò fe SYON] *n. f.* • profession
Quelle est votre profession?
What is your profession?

profond(e) [prò FON (D)] *adj. m. f.* • deep; profound
Est-ce que ce ruisseau est profond?
Is this stream deep?

le progrès [prò GRE] *n. m. pl.* • progress; headway
faire des progrès *v.* • to make progress
Je fais des progrès en français.
I am making progress in French.

le projet [prò JAY] *n. m.* • plan
Pierre a des grands projets pour son avenir.
Pierre has great plans for his future.

la promenade [pròm NAHD] *n. f.* • walk; stroll
faire une promenade *v.* • to take a walk
Elle fait une promenade avec son chien.
She is taking a walk with her dog.

se promener [suh prò muh NAY] *v.* • to go for a
walk; to walk

je me promène	nous nous promenons
tu te promènes	vous vous promenez
il, elle se promène	ils, elles se promènent

Nous aimons nous promener dans les bois.
We like to take walks in the woods.

promettre [prò MEHTR] *v.* • to promise
la promesse *n. f.* • promise

je promets	nous promettons
tu promets	vous promettez
il, elle promet	ils, elles promettent

Est-ce que tu promets de manger tes légumes?
Do you promise to eat your vegetables?

prononcer [prò non SAY] *v.* • to pronounce

je prononce	nous prononçons
tu prononces	vous prononcez
il, elle prononce	ils, elles prononcent

Comment est-ce qu'on prononce ce mot?
How do you pronounce this word?

propre [PRÒPR] *adj. m. f.* • clean; own
Notre hôtel est modeste, mais il est très propre.
Our hotel is not very fancy, but it is very clean.

prouver [proo VAY] *v.* • to prove

je prouve	nous prouvons
tu prouves	vous prouvez
il, elle prouve	ils, elles prouvent

L'avocat prouve que l'accusé est coupable.
The lawyer is proving that the defendant is guilty.

la province [prò VINS] *n. f.* • province
Combien de provinces y a-t-il au Canada?
How many provinces are there in Canada?

la psychologie [psee kò lò jee] *n. f.* • psychology
   le, la psychologue *n. m. f.* • psychologist
Ma sœur étudie la psychologie à l'université.
My sister is studying psychology at the university.

public(-ique) [pü BLEEK] *adj. m. f.* • public
Le métro est un moyen de transport public.
The subway is a means of public transportation.

la publicité [pü blee see TAY] *n. f.* • publicity; advertising
   faire de la publicité • to advertise
Il y a beaucoup de publicité dans les journaux.
There is a lot of advertising in the newspaper.

puis [PWEE] *adv.* • then; next
Lisa finit son travail, puis elle rentre chez elle.
Lisa is finishing her work, then she is going home.

pullover [pül o VER] *n. m.* • sweater (pullover)
   pull *m.* • sweater
Je mets mon pull parce que j'ai froid.
I am putting on my sweater because I am cold.

punir [pü NEER] *v.* • to punish

je punis	nous punissons
tu punis	vous punissez
il, elle punit	ils, elles punissent

Le professeur nous punit quand nous sommes en retard.
The teacher punishes us when we are late.

le pupitre [pü PEETR] *n. m.* • student desk
Il y a un pupitre pour chaque élève.
There is a desk for each student.

pur(e) [PÜR] *adj. m. f.* • pure; innocent
L'eau des montagnes est pure.
Mountain water is pure.

la purée [pü RAY] *n. f.* • puree; mash
  la purée de pommes de terre *f.* • mashed
    potatoes
  la purée de pommes *f.* • applesauce
En automne, Grand-mère fait de la purée de pommes.
In the fall, Grandma makes applesauce.

le pyjama [pee jah MAH] *n. m.* • pajamas
Ce pyjama est trop chaud pour l'été!
These pajamas are too hot for summer!

Q

quand [KAN] *conj.* • when
Quand venez-vous?
When are you coming?

la quantité [kan tee TAY] *n. f.* • quantity;
  amount
Il y a une grande quantité de livres dans la bibliothèque.
There is a large quantity of books in the library.

quarante [kah RANT] *n. m. adj. m. f.* • forty
Mon père a quarante ans.
My father is forty years old.

le quart [KAHR] *n. m.* • quarter
Je l'attends depuis un quart d'heure.
I have been waiting for him for a quarter of an hour.

le quartier [kahr TYAY] *n. m.* • quarter; dis-
  trict; neighborhood
Mon amie habite dans un quartier chic.
My friend lives in a stylish neighborhood.

quatorze [kah TÒRZ] *n. m. adj. m. f.* • fourteen
Mon frère a quatorze ans.
My brother is fourteen years old.

quatre [KAHTR] *n. m. adj. m. f.* • four
  quatre-vingt-dix *m.* • ninety
  quatre-vingts *m.* • eighty
Nous avons quatre petits chiens.
We have four puppies.

que [KUH] *rel. pron.* • whom; that; which; what
  qu' before a vowel sound
  ne...que • only
  Qu'avez-vous? • What's the matter?
Le programme que je regarde est ennuyeux.
The program that I am watching is boring.

quel [KEL] *adj. m.* • what; which; what a
  quelle *adj. f.*
  Quel dommage! • What a pity!
  à quelle heure? • what time?
  de quelle couleur? • what color?
  Quelle heure est-il? • What time is it?
  Quel temps fait-il? • What is the weather like?
  Quel jour est-ce? • What day is it?
Quel film va-t-on voir?
What movie are we going to see?

quelque [KEL kuh] *adj.* • some; any
  quelques *pl.* • a few
  quelque chose *pron.* • something
  quelquefois • sometimes
  quelque part • somewhere
  quelqu'un *m.* • someone
Je voudrais quelques fleurs, s'il vous plaît.
I would like a few flowers, please.

la querelle [Kuh REL] *n. f.* • quarrel
Je n'aime pas avoir une querelle avec une amie.
I don't like to have a quarrel with a friend.

la question [kes TYON] *n. f.* • question
  poser une question • to ask a question
Nous avons beaucoup de questions sur ce sujet.
We have many questions on this subject.

la queue [KEUH] *n. f.* • tail
  faire la queue *v.* • to stand in line
Le cerf-volant a une longue queue.
The kite has a long tail.

qui [KEE] *rel. pron., interr. pron.* • who; which; that
  à qui • to whom
  quiconque • whoever
Qui est là?
Who is there?

quinze [KINZ] *n. m. adj. m. f.* • fifteen
Nous partons en vacances le quinze juillet.
We are leaving on vacation July fifteenth.

quitter [kee TAY] *v.* • to leave

je quitte	nous quittons
tu quittes	vous quittez
il, elle quitte	ils, elles quittent

Nous quittons Paris demain.
We are leaving Paris tomorrow.

quoi [KWAH] *rel. pron., interr. pron.* • what
  Pas de quoi. • You're welcome.
A quoi est-ce que tu penses?
What are you thinking of?

R

raconter   [rah ~~kon~~ TAY]   *v.*   •   to tell
   je raconte   nous racontons
   tu racontes   vous racontez
   il, elle raconte   ils, elles racontent
Grand-père raconte de bonnes histoires.
Grandfather tells good stories.

le radis   [rah DEE]   *n. m.*   •   radish
Je voudrais quelques radis.
I would like a few radishes.

la radio   [rah DYO]   *n. f.*   •   radio
Mon frère écoute la radio.
My brother is listening to the radio.

le ragoût   [rah GOO]   *n. m.*   •   stew
Maman met des tomates dans le ragoût.
Mom is putting tomatoes in the stew.

le raisin   [re ~~ZIN~~]   *n. m.*   •   grapes
  les raisins secs   *n. m. pl.*   •   raisins
On fait le vin avec du raisin.
They make wine with grapes.

la raison   [re ~~ZON~~]   *n. f.*   •   reason; sense
  avoir raison   *v.*   •   to be right
  avoir tort   *v.*   •   to be wrong
  raisonnable   *adj.*   •   reasonable; right
Elle est malade. C'est une bonne raison pour rester à la maison.
She is sick. It is a good reason to stay home.

ramasser [rah mah SAY] *v.* • to gather; to pick up

je ramasse	nous ramassons
tu ramasses	vous ramassez
il, elle ramasse	ils, elles ramassent

Nous ramassons les papiers qui sont par terre.
We are picking up the papers that are on the floor.

ramener [rahm NAY] *v.* • to bring back; to take back home

je ramène	nous ramenons
tu ramènes	vous ramenez
il, elle ramène	ils, elles ramènent

Quand l'enfant est fatigué, ses parents le ramènent à la maison.
When the child is tired, his parents take him home.

le rang [RAN] *n. m.* • row
Ils s'asseyent au premier rang.
They are sitting in the first row.

rapide [rah PEED] *adj. m. f.* • rapid, fast
Ce train est rapide!
This train is fast!

se rappeler [suh rah PLAY] *v.* • to remember

je me rappelle	nous nous rappelons
tu te rappelles	vous vous rappelez
il, elle se rappelle	ils, elles se rappellent

Je me rappelle mon premier vélo.
I remember my first bike.

rapporter [rah pòr TAY] *v.* • to bring back; to take back

je rapporte	nous rapportons
tu rapportes	vous rapportez
il, elle rapporte	ils, elles rapportent

Il rapporte toujours ce qu'il emprunte.
He always brings back what he borrows.

rare [RAHR] *adj.* • rare
Voici une pierre très rare.
Here is a very rare stone.

le rat [RAH] *n. m.* • rat
Je crois qu'il y a des rats dans la grange.
I believe there are rats in the barn.

rater [rah TAY] *v.* • to fail; to miss (train)
   je rate   nous ratons
   tu rates   vous ratez
   il, elle rate   ils, elles ratent
Dépêchez-vous! Nous ne voulons pas rater le train!
Hurry up! We don't want to miss the train!

récent(e) [ray SAN (T)] *adj. m. f.* • recent
Avez-vous un journal récent?
Do you have a recent newspaper?

la recette [ruh SET] *n. f.* • recipe
Avez-vous une bonne recette pour le poulet?
Do you have a good chicken recipe?

recevoir [ruh suh VWAHR] *v.* • to receive
   je reçois   nous recevons
   tu reçois   vous recevez
   il, elle reçoit   ils, elles reçoivent
Il reçoit une lettre tous les lundis.
He receives a letter every Monday.

reconnaître [ruh kò NEHTR] *v.* • to recognize
   je reconnais   nous reconnaissons
   tu reconnais   vous reconnaissez
   il, elle reconnaît   ils, elles reconnaissent
Nous reconnaissons cette photo.
We recognize this picture.

le réfrigérateur   [ray free jay rah TEUHR]   *n. m.* •
  refrigerator
Le lait est dans le réfrigérateur.
The milk is in the refrigerator.

regarder   [ruh gahr DAY]   *v.* •   to look; to look at;
  to watch
  Cela ne vous regarde pas. •   It's none of your
    business.
  se regarder •   to look at oneself
  regarder par •   to look out of
    je regarde   nous regardons
    tu regardes   vous regardez
    il, elle regarde   ils, elles regardent
On regarde les nouvelles à la télé à midi.
We watch the news on T.V. at noon.

le régime   [ray JEEM]   *n. m.* •   diet
  au régime •   on a diet
Mon père est toujours au régime.
My dad is still on a diet.

la région   [ray JYON]   *n. f.* •   region; area; district
La Provence est une région dans le Sud de la France.
Provence is a region in the South of France.

la règle   [REGL]   *n. f.* •   ruler; rule
Je dois mesurer ce papier avec ma règle.
I must measure this paper with my ruler.

regretter   [ruh gre TAY]   *v.* •   to regret, to be sorry
    je regrette   nous regrettons
    tu regrettes   vous regrettez
    il, elle regrette   ils, elles regrettent
Martine le regrette, mais elle ne peut pas venir.
Martine is sorry but she can't come.

la reine [REHN] *n. f.* • queen
La reine habite dans un château.
The queen lives in a castle.

remarquable [ruh mahr KAHBL] *adj. m. f.* •
  remarkable; outstanding
Ce film est vraiment remarquable. Tu dois le voir!
This movie is really outstanding. You must see it!

le remerciement [ruh mer see MAN] *n. m.* • thanks
Je lui dois beaucoup de remerciements
I owe him many thanks.

remercier [ruh mer SYAY] *v.* • to thank
    je remercie   nous remercions
    tu remercies   vous remerciez
    il, elle remercie   ils, elles remercient
Je remercie nos hôtes de leur bon acceuil.
I thank our hosts for their hospitability.

remplir [ran PLEER] *v.* • to fill, to fill up
    je remplis   nous remplissons
    tu remplis   vous remplissez
    il, elle remplit   ils, elles remplissent
Gérard remplit son verre d'eau.
Gerald is filling his glass with water.

remuer [ruh MWAY] *v.* • to stir; to move; to shake
    je remue   nous remuons
    tu remues   vous remuez
    il, elle remue   ils, elles remuent
Cet enfant remue tout le temps.
That child is always moving.

le renard [ruh NAHR] *n. m.* • fox
Le renard est très malin.
The fox is very sly.

rencontrer [ra̶n̶ k̶o̶n̶ TRAY] *v.* • to meet, to run into
se rencontrer *v.* • to meet each other
je rencontre	nous rencontrons
tu rencontres	vous rencontrez
il, elle rencontre	ils, elles rencontrent

Il rencontre des problèmes avec son devoir de math.
He's running into problems with his math homework.

le rendez-vous [ra̶n̶ day VOO] *n. m.* •
appointment; rendez-vous; date
J'ai rendez-vous chez le dentiste à deux heures.
I have a dentist appointment at two o'clock.

rendre [R̶A̶N̶DR] *v.* • to give back; to return
se rendre *v.* • to surrender; to go
se rendre compte de *v.* • to realize, to be aware of
je rends	nous rendons
tu rends	vous rendez
il, elle rend	ils, elles rendent

Je rends ces livres à la bibliothèque.
I'm returning these books to the library.

renoncer [ruh no̶n̶ SAY] *v.* • to renounce, to swear off
je renonce	nous renonçons
tu renonces	vous renoncez
il, elle renonce	ils, elles renoncent

Il renonce à sa vie de crime.
He renounces his life of crime.

les renseignments [ra̶n̶ señ M̶A̶N̶] *n. m. pl.* •
information
le bureau de renseignments *m.* • information booth
se renseigner *v.* • to inform oneself; to inquire
J'ai besoin de renseignments. Pouvez-vous m'aider?
I need information. Can you help me?

rentrer [ran TRAY] *v.* • to come back; to go back;
   la rentrée *n. f.* • beginning of the school year
    je rentre   nous rentrons
    tu rentres   vous rentrez
    il, elle rentre   ils, elles rentrent
Je rentre à onze heures du soir.
I'm coming back at eleven o'clock at night.

renverser [ran ver SAY] *v.* • to spill; to overturn
    je renverse   nous renversons
    tu renverses   vous renversez
    il, elle renverse   ils, elles renversent
L'enfant renverse son verre de lait.
The child spills his glass of milk.

renvoyer [ran vwah YAY] *v.* • to send back; to fire
    je renvoie   nous renvoyons
    tu renvoies   vous renvoyez
    il, elle renvoie   ils, elles renvoient
Nous renvoyons les choses que nous ne voulons pas.
We send back the things we don't want.

réparer [ray pah RAY] *v.* • to repair, to fix
    je répare   nous réparons
    tu répares   vous réparez
    il, elle répare   ils, elles réparent
Le mécanicien répare la voiture.
The mechanic is fixing the car.

le repas [ruh PAH] *n. m.* • meal
Nous prenons un repas léger le soir.
We have a light meal at night.

repasser [ruh pah SAY] *v.* • to iron
    je repasse   nous repassons
    tu repasses   vous repassez
    il, elle repasse   ils, elles repassent
Maman repasse la plupart de nos vêtements.
Mom irons most of our clothes.

répéter [ray pay TAY] *v.* • to repeat
    je répète   nous répétons
    tu répètes   vous répétez
    il, elle répète   ils, elles répètent
Nous répétons les phrases en français.
We repeat the sentences in French.

répondre (à) [ray PONDR] *v.* • to answer, to reply
  la réponse *n. f.* • answer; reply
    je réponds   nous répondons
    tu réponds   vous répondez
    il, elle répond   ils, elles répondent
Serge répond à toutes les questions du professeur.
Serge answers all the teacher's questions.

se reposer [suh ruh po ZAY] *v.* • to rest
    je me repose   nous nous reposons
    tu te reposes   vous vous reposez
    il, elle se repose   ils, elles se reposent
Après ce travail dur, je voudrais me reposer.
After this hard work, I would like to rest.

la résidence [ray zee DANS] *n. f.* • residence, house
Où est sa résidence?
Where is his house?

la responsabilité [re spon sah bee lee TAY] *n. f.* •
responsibilité
C'est la responsabilité de mon frère de donner à manger au chien.
It's my brother's responsibility to feed the dog.

ressembler [ruh san BLAY] *v.* • to resemble, to
look like
  se ressembler *v.* • to look alike
    je ressemble   nous ressemblons
    tu ressembles   vous ressemblez
    il, elle ressemble   ils, elles ressemblent
On dit qu'elle ressemble à sa tante.
They say she looks like her aunt.

le restaurant [res tò RAN] *n. m.* • restaurant
Nous allons à notre restaurant favori ce soir.
We are going to our favorite restaurant tonight.

rester [re STAY] *v.* • to remain, to stay
je reste   nous restons
tu restes   vous restez
il, elle reste   ils, elles restent
Nos cousins restent avec nous pendant les vacances.
Our cousins are staying with us during the vacation.

le reste [REST] *n. m.* • rest; remainder
Il espère passer le reste de sa vie au Canada.
He hopes to spend the rest of his life in Canada.

retard [ruh TAHR] *n. m.* • delay; lateness
être en retard *v.* • to be late
Excusez-moi. Je suis en retard.
Excuse me. I am late.

retourner [ruh toor NAY] *v.* • to return, to go back
je retourne   nous retournons
tu retournes   vous retournez
il, elle retourne   ils, elles retournent
Je retourne au magasin cet après-midi.
I am returning to the store this afternoon.

retrouver [ruh troo VAY] *v.* • to find again; to meet again.
je retrouve   nous retrouvons
tu retrouves   vous retrouvez
il, elle retrouve   ils, elles retrouvent
Au commencement de l'année scolaire, je retrouve mes copains.
At the beginning of the school year, I meet my friends again.

réussir [ray ü SEER] *v.* • to succeed
  réussir à un examen *v.* • to pass a test
    je réussis   nous réussissons
    tu réussis   vous réussissez
    il, elle réussit   ils, elles réussissent
Mon frère réussit toujours à trouver du travail pour l'été.
My brother is always successful in finding a summer job.

le réveil(-matin) [ray VAY (-mah TEN)] *n. m.* •
  alarm clock
  se réveiller *v.* • to wake up
Le réveil sonne trop tôt!
The alarm clock rings too early!

revenir [ruh VNEER] *v.* • to come back
    je reviens   nous revenons
    tu reviens   vous revenez
    il, elle revient   ils, elles reviennent
Je reviens à l'heure du déjeuner!
I'll come back at lunch time!

rêver [re VAY] *v.* • to dream
  le rêve *n. m.* • dream
    je rêve   nous rêvons
    tu rêves   vous rêvez
    il, elle rêve   ils, elles rêvent
Mon amie rêve d'aller en France.
My friend dreams of going to France.

revoir [ruh VWAHR] *v.* • to see again, to meet again
  au revoir • good-bye
    je revois   nous revoyons
    tu revois   vous revoyez
    il, elle revoit   ils, elles revoient
Quand est-ce que je peux te revoir?
When may I see you again?

la revue [ruh VÜ] *n. f.* • magazine
Je suis abonnée à plusieurs revues.
I subscribe to several magazines.

le rez-de-chaussée [rayd sho SAY] *n. m.* • ground floor
Nous prenons l'ascenseur au rez-de-chaussée.
We take the elevator on the ground floor.

le rhinocéros [ree nò say RÒS] *n. m.* • rhinoceros
Ils ont vu le rhinocéros au zoo.
They saw the rhinoceros at the zoo.

le rhume [RÜM] *n. m.* • cold (illness)
Ce n'est pas amusant d'avoir un rhume.
It's not any fun to have a cold.

riche [REESH] *adj.* • rich, wealthy
J'ai un oncle riche.
I have a rich uncle.

le rideau [ree DO] *n. m.* • curtain
  rideaux *pl.*
La nuit, on ferme les rideaux.
At night, we close the curtains.

rien [RYIN] *n. m.* • nothing
  Ça ne fait rien • It doesn't matter.
  De rien • Don't mention it. You're welcome.
  ne...rien • nothing
Il n'y a rien dans le réfrigérateur!
There is nothing in the refrigerator!

rire [REER] *v.* • to laugh
  le rire *n. m.* • laugh; laughter

je ris	nous rions
tu ris	vous riez
il, elle rit	ils, elles rient

Nous rions beaucoup parce que cette émission est très drôle.
We're laughing a lot because this show is very funny.

risquer [rees KAY] *v.* • to risk; to run the risk of
 je risque   nous risquons
 tu risques   vous risquez
 il, elle risque   ils, elles risquent
Ne risquez pas votre vie.
Don't risk your life.

la rivière [ree VYEHR] *n. f.* • river
Il faut remonter la rivière en bateau.
We have to go back up the river by boat.

le riz [REE] *n. m.* • rice
Aimez-vous le riz au lait?
Do you like rice pudding?

la robe [RÒB] *n. f.* • dress
Cette robe est trop petite.
This dress is too small.

le rocher [ro SHAY] *n. m.* • rock
Les enfants grimpent sur les rochers.
The children are climbing on the rocks.

le rock [RÒK] *n. m.* • rock music
Mon frère écoute toujours le rock.
My brother always listens to rock music.

le roi [RWAH] *n. m.* • king
Le roi et la reine règnent ensemble.
The king and queen rule together.

le rôle [ROL] *n. m.* • role, part (theatre)
 le rôle principal • the lead (in a play)
Quel rôle jouez-vous dans la pièce?
What role are you playing in the play?

le roman [ro MAN] *n. m.* • novel
  le roman policier *m.* • detective novel
Aimez-vous lire des romans?
Do you like to read novels?

rond(e) [RON (D)] *adj. m. f.* • round, circular
  en rond • in a circle
La terre est ronde.
The earth is round.

le rosbif [ròz BEEF] *n. m.* • roast beef
Quand nous avons des invités, nous servons du rosbif.
When we have company, we serve roast beef.

la rose [ROZ] *n. f. adj. m. f.* • rose; pink
J'aime le parfum des roses!
I like the scent of roses!

le rôti [ro TEE] *n. m.* • roast
  rôtir *v.* • to roast
  le rôti de bœuf *m.* • roast beef
  le rôti de porc *m.* • roast pork
Julia prépare un rôti pour nos invités.
Julia is preparing a roast for our guests.

la roue [ROO] *n. f.* • wheel
Est-ce que les roues de bicyclette sont chères?
Are bicycle wheels expensive?

rouge [ROOJ] *adj. m. f.* • red
  le rouge à lèvres • lipstick
  rougir *v.* • to blush
Le livre rouge est à moi.
The red book is mine.

rouler [roo LAY] *v.* • to roll, go
    je roule   nous roulons
    tu roules   vous roulez
    il, elle roule   ils, elles roulent
Mon vélo roule vite dans la rue.
My bike goes fast on the street.

rousse [ROOS] (see *roux*)

la route [ROOT] *n. f.* • road; route
  la grand-route *f.* • highway
  en route • on the way
Il y a beaucoup de circulation sur cette route.
There is a lot of traffic on this road.

roux (rousse) [ROO (ROOS)] *n., adj. m. f.* • red-haired; a red-head
Ma sœur est rousse et mon frère est roux aussi.
My sister is a red-head and my brother is also a red-head.

le ruban [rü BAN] *n. m.* • ribbon
Ce ruban n'est pas assez long.
This ribbon isn't long enough.

la rue [RÜ] *n. f.* • street
Comment s'appelle la rue où tu habites?
What's the name of the street where you live?

les ruines [RWEEN] *n. f. pl.* • ruins
Nous allons visiter des ruines romaines en Italie.
We are going to visit Roman ruins in Italy.

le ruisseau [rwee SO] *n. m.* • brook, stream
Il y a un joli ruisseau derrière notre maison.
There is a pretty stream behind our house.

rusé(e) [rü ZAY] *adj. m. f.* • cunning, crafty, sly
On dit que le renard est rusé.
They say that foxes are cunning.

la Russie [rü SEE] *n. f.* • Russia
russe *adj. m. f.* • Russian
Russe *n. m. f.* • a Russian
La Russie est un pays énorme.
Russia is a gigantic country.

S

sa [SAII] (see *son*)

le sable [SAHBL] *n. m.* • sand
Nous jouons dans le sable à la plage.
We play in the sand at the beach.

le sac [SAHK] *n. m.* • purse; bag; pocketbook
sac à main *m.* • handbag
sac de couchage *m.* • sleeping bag
sac à dos *m.* • backpack
Cette dame a un joli sac.
This lady has an attractive handbag.

sage [SAHJ] *adj. m. f.* • wise; good; well-behaved
On récompense les enfants sages.
Good children are rewarded.

saignant(e) [se ÑAN (T)] *adj. m. f.* • rare
(doneness of meat)
Qui voudrait un steak saignant?
Who would like a rare steak?

sain(e) [S~~IN~~ (SEN)] *adj. m. f.* • healthy (good for the health)
   sain et sauf • safe and sound
Il faut séparer les gens sains des malades.
The healthy people must be separated from the sick.

sais [SAY] je, tu sais (see *savoir*)

la saison [say Z~~ON~~] *n. f.* • season
Quelle saison préférez-vous?
Which season do you like best?

sait [SAY] il, elle sait (see *savoir*)

la salade [sah LAHD] *n. f.* • salad
   salade niçoise *f.* • Niçoise salad
Je voudrais une salade verte avec une sauce vinaigrette.
I would like a tossed salad with vinaigrette dressing.

sale [SAHL] *adj. m. f.* • dirty
Tes chaussures sont sales.
Your shoes are dirty.

la salle [SAHL] *n. f.* • (large) room
   la salle de classe *f.* • classroom
   la salle à manger *f.* • dining room
   la salle de bains *f.* • bathroom
   la salle de séjour *f.* • living room
Le professeur est dans la salle de classe.
The teacher is in the classroom.

le salon [sah L~~ON~~] *n. m.* • living room
Nous recevons nos invités au salon.
We entertain our friends in the living room.

salut [sah LÜ] *n. m.* • hi!, hello; good-bye
Je dis, "Salut!" quand je vois un copain.
I say, "Hi!" when I see a friend.

samedi [sahm DEE] *n. m.* • Saturday
Nous allons à une boum chez Sophie samedi soir.
We are going to a party at Sophie's Saturday night.

la sandale [san-DHAL] *n. f.* • sandal
En été beaucoup de gens portent des sandales.
In summer many people wear sandals.

le sandwich [san DWEECH] *n. m.* • sandwich
Veux-tu partager mon sandwich?
Do you want to share my sandwich?

le sang [SAN] *n. m.* • blood
  saigner *v.* • to bleed
Paul a une blessure, il y a du sang partout!
Paul is hurt; there is blood everywhere!

sans [SAN] *prep.* • without
Je sors sans mon manteau parce qu'il fait beau.
I am going out without my coat because it's nice out.

la santé [san TAY] *n. f.* • health
La bonne santé est une chose précieuse.
Good health is a precious thing.

le sapin [sah PIN] *n. m.* • fir-tree; spruce;
Christmas tree
A Noël, nous mettons un sapin au salon.
At Christmas, we put a Christmas tree in the living room.

la sauce [SOS] *n. f.* • sauce; gravy; (salad) dressing
Je voudrais un peu de sauce, s'il vous plaît.
I would like some gravy, please.

la saucisse [so SEES] *n. f.* • sausage
Ces saucisses viennent de la charcuterie rue de Sèze.
These sausages come from the delicatessen in Sèze Street.

sauf [SOF] *prep.* • except
Tout le monde y va sauf moi!
Everyone is going except me!

sauter [so TAY] *v.* • to jump, to leap
　sauter à la corde *v.* • to jump rope
　saute-mouton *m.* • leap-frog
　sauter une ligne *v.* • to skip a line
　　je saute　　　　　　nous sautons
　　tu sautes　　　　　　vous sautez
　　il, elle saute　　　　ils, elles sautent
Ces enfants sautent et courent.
These children are jumping and running.

la sauterelle [so TREL] *n. f.* • grasshopper
L'enfant a peur des sauterelles.
The child is afraid of grasshoppers.

sauvage [so VAHJ] *adj. m. f.* • wild, savage
Il y a beaucoup d'animaux sauvages dans la jungle.
There are many wild animals in the jungle.

sauver [so VAY] *v.* • to save, to rescue
　se sauver *v.* • to escape; to run away
　　je sauve　　　　　　nous sauvons
　　tu sauves　　　　　　vous sauvez
　　il, elle sauve　　　　ils, elles sauvent
Les pompiers sauvent les gens de l'incendie.
The firemen are saving the people from the fire.

savant(e) [sah VAN (T)] *n. m. f.* • scientist
Les savants étudient les problèmes de la pollution.
Scientists are studying the problems of pollution.

savent [SAHV] ils, elles savent (see *savoir*)

savez [sah VAY] vous savez (see *savoir*)

savoir [sah VWAHR] *v.* • to know; to know how
  je sais   nous savons
  tu sais   vous savez
  il, elle sait   ils, elles savent
Je sais faire la cuisine.
I know how to cook.

le savon [sah VON] *n. m.* • soap
  savonnette *n. f.* • bar of soap
J'ai du savon dans les yeux.
I have soap in my eyes.

savons [sah VON] nous savons (see *savoir*)

la science [see ANS] *n. f.* • science
  scientifique *adj.* • scientific
  les sciences sociales *n. f. pl.* • social studies
Aimez-vous étudier les sciences?
Do you like to study sciences?

scolaire [sko LEHR] *adj. m. f.* • school
  l'année scolaire *f.* • the school year
L'année scolaire est presque finie!
The school year is almost over!

se [SUH] *refl.pron. m. f.* • himself; herself; itself;
  themselves
Ils se lèvent à sept heures.
They get up at seven.

le seau [SO] *n. m.* • pail, bucket
  seaux *pl.*
Le fermier donne un seau de maïs à la vache.
The farmer is giving a bucket of corn to the cow.

sec [SEK] *adj. m.* • dry
  sèche *f.*
Est-ce que ces serviettes sont sèches?
Are these towels dry?

sécher [say SHAY] *v.* • to dry
  le sèche-cheveux *n. m.* • hair-dryer
  le séchoir *n. m.* • dryer (clothes)
    je sèche   nous sèchons
    tu sèches   vous sèchez
    il, elle sèche   ils, elles sèchent
Je me sèche les cheveux avec un sèche-cheveux.
I dry my hair with a hair-dryer.

secours [suh KOOR] *n. m.* • help, assistance, aid
  Au secours! • Help!
Si on a besoin d'aide, on crie, "Au secours!"
If you need help, you yell, "Help!"

le secret [suh KRAY] *n. m.* • secret
Cet homme a beaucoup de secrets.
This man has many secrets.

le, la secrétaire [suh kray TEHR] *n. m. f.* • secretary
Ma tante est secrétaire dans ce bureau.
My aunt is a secretary in this office.

seize [SEZ] *n. m., adj. m. f.* • sixteen
Il y a assez de gâteau pour seize personnes.
There is enough cake for sixteen people.

le sel [SEL] *n. m.* • salt
Je mets du sel sur les pommes de terre.
I put salt on potatoes.

selon [suh LON] *prep.* • according to
Selon la carte, il faut tourner à gauche.
According to the map, we have to turn left.

la semaine [Suh MEN] *n. f.* • week
Son anniversaire est dans deux semaines.
His birthday is in two weeks.

le semestre [suh MESTR] *n. m.* • semester
Combien de cours as-tu ce semestre?
How many courses do you have this semester?

le Sénégal [say nay GAHL] *n. m.* • Senegal
  sénégalais(e) *adj., m. f.* • Senegalese
  Sénégalais(e) *n. m. f.* • a Senegalese.
Dakar est la capitale du Sénégal.
Dakar is the capital of Senegal.

le sens [SANS] *n. m.* • sense; meaning; direction
  le bon sens *m.* • common sense
  sens unique *m.* • one-way (street)
Le sens de ce mot n'est pas clair.
The meaning of this word isn't clear.

sensationnel(le) [san sah syo NEL] *adj. m. f.* •
  sensational
Cette pièce est sensationnelle!
This play is sensational!

le sentier [san TYAY] *n. m.* • path; lane
Il y a plusieurs sentiers dans les bois.
There are several paths in the woods.

le sentiment [san tee MAN] *n. m.* • feeling; affection
Il ne montre pas très souvent ses sentiments.
He doesn't often show his feelings.

sentir [san TEER] *v.* • to feel; to smell

je sens	nous sentons
tu sens	vous sentez
il, elle sent	ils, elles sentent

Ces fleurs sentent si bon!
These flowers smell so good!

séparer [say pah RAY] *v.* • to separate

je sépare	nous séparons
tu sépares	vous séparez
il, elle sépare	ils, elles séparent

Nadine sépare les journaux récents des vieux.
Nadine is separating the recent newspapers from the old ones.

sept [SET] *n. m., adj. m. f.* • seven
Mon frère a sept ans.
My brother is seven years old.

septembre [sep TANBR] *n. m.* • September
Mes grands-parents vont en vacances en septembre.
My grandparents are going on vacation in September.

sérieux(-euse) [say RYEUH (-RYEUHZ)] *adj. m.*
f. • serious
Ce problème est très sérieux.
This problem is very serious.

le serpent [ser PAN] *n. m.* • snake
Nous étudions les serpents dans la classe de biologie.
We are studying snakes in biology class.

serrer [se RAY] *v.* • to squeeze, to tighten
serrer la main *v.* • to shake hands

je serre	nous serrons
tu serres	vous serrez
il, elle serre	ils, elles serrent

Tiens! Je maigris. Je peux serrer ma ceinture d'un cran de plus.
Hey! I am losing weight. I can tighten my belt a notch more.

le serveur [ser VEUHR] *n. m.* • waiter
la serveuse • waitress
On laisse un pourboire pour la serveuse.
We leave a tip for the waitress.

le service [ser VEES] *n. m.* • service
  à votre service • at your service
  service compris • tip included
Le service dans ce restaurant est très bon.
The service in this restaurant is very good.

la serviette [ser VYET] *n. f.* • napkin; towel;
  briefcase
Cette serviette est toute mouillée!
This towel is all wet!

servir [ser VEER] *v.* • to serve
  se servir *v.* • to help yourself
    je sers   nous servons
    tu scrs   vous servez
    il, elle sert   ils, elles servent
Notre hôtesse sert un dessert délicieux.
Our hostess is serving a delicious dessert.

ses [SAY] • (see *son*)

seul(e) [SEUHL] *adj. m. f.* • alone; only
  seulement *adv.* • only
Voici la seule fleur au jardin.
Here is the only flower in the garden.

le shampooing [shan PWIN] *n. m.* • shampoo
N'oublie pas de mettre le shampooing dans ta valise.
Don't forget to take the shampoo when you are packing.

le short [SHÒRT] *n. m.* • shorts
En été, tout le monde aime porter un short.
In the summer, everyone likes to wear shorts.

si [SEE] *conj.* • if, whether
  adv. • yes (after a negative question); so
Je ne sais pas si je peux aller à New York.
I don't know if I can go to New York.

le siège [SYEHJ] *n. m.* • seat
   le siège avant • front seat of a car
   le siège arrière • back seat of a car
Est-ce que ce siège est libre?
Is this seat taken?

le sien [SY~~IN~~] *poss. pron. m.* • his; hers; its
   la sienne *f.*
Ce n'est pas mon livre, c'est le sien.
It is not my book, it is his.

siffler [see FLAY] *v.* • to whistle
   je siffle   nous sifflons
   tu siffles   vous sifflez
   il, elle siffle   ils, elles sifflent
On entend au loin siffler le train qui vient de Paris.
The train from Paris is heard whistling in the distance.

la signification [see ñee fee kah SY~~ON~~] *n. f.* • meaning
Quelle est la signification de ce mot?
What is the meaning of this word?

le silence [see L~~AN~~S] *n. m.* • silence, quiet
   silencieux(-euse) *adj. m. f.* • silent, quiet
Quand nous faisons trop de bruit, le professeur dit, "Silence!"
When we are too noisy, the teacher says, "Quiet!"

sincère [s~~in~~ SEHR] *adj. m. f.* • sincere
Cet homme a l'air sincère.
This man seems sincere.

le singe [S~~IN~~J] *n. m.* • monkey
C'est amusant de regarder les singes.
It's fun to watch the monkeys.

la situation [see tü ah SY~~ON~~] *n. f.* • situation
Quelle est la situation politique en France maintenant?
What is the political situation in France now?

six [SEES] *n. m. adj. m. f.* • six
Claudette invite six amies à sa fête d'anniversaire.
Claudette is inviting six friends to her birthday party.

le ski [SKEE] *n. m.* • skiing
  faire du ski *v.* • to ski
  faire du ski nautique *v.* • to water ski
  la piste de ski • the ski run
  le skieur • the skier
Ils font du ski chaque hiver dans les Alpes.
They go skiing each winter in the Alps.

social(e) [sò SYAHL] *adj. m. f.* • social
  les sciences sociales *n. f. pl.* • social studies
Le Président donne un discours sur ce problème social.
The President is giving a speech on this social problem.

le soda [so DAH] *n. m.* • soda
J'ai soif. Je voudrais boire un soda.
I'm thirsty. I would like to drink a soda.

la sœur [SEUHR] *n. f.* • sister
Sa sœur s'appelle Anne.
His sister's name is Anne.

la soif [SWAHF] *n. f.* • thirst
  avoir soif *v.* • to be thirsty
Puis-je avoir de l'eau? J'ai soif.
May I have some water? I'm thirsty.

le soin [SWIN] *n. m.* • care
  avec soin • carefully
  soigner *v.* • to take care of; to nurse
  prendre soin *v.* • to take care that; to nurse; to
    be careful
Le bon soin des malades est important.
The good care of patients is important.

le soir [SWAHR] *n. m.* • evening, night
  soirée *n. f.* • evening; evening party
  ce soir • tonight; this evening
Ils sortent toujours le samedi soir.
They always go out on Saturday night.

soixante [swah SANT] *n. m., adj. m. f.* • sixty
Ma grand-mère a soixante ans.
My grandmother is sixty years old.

soixante-dix [swah san DEES] *n. m., adj. m. f.* •
  seventy
Dans cet autocar il y a de la place pour soixante-dix personnes.
In this excursion bus there is room for seventy people.

le soldat [sòl DAH] *n. m.* • soldier
Le soldat porte un fusil.
The soldier is carrying a gun.

le soleil [so LAY] *n. m.* • sun
  le coup de soleil *n. m.* • sunburn
  Il fait du soleil. • It's sunny out.
  les lunettes de soleil *f. pl.* • sunglasses
Le chat dort au soleil.
The cat is sleeping in the sun.

le sommeil [so MAY] *n. m.* • sleep; sleepiness
  avoir sommeil *v.* • to be sleepy
J'ai besoin de sept heures de sommeil chaque nuit.
I need seven hours of sleep each night.

sommes [SÒM] nous sommes (see *être*)

son [SON] *poss., adj. m.* • his; her; its
  sa *f.*
  ses *pl.*
Son père l'attend.
His father is waiting for him.

le son [SON] *n. m.* • sound
Il n'y a pas un son dans la maison.
There isn't a single sound in the house.

sonner [sò NAY] *v.* • to ring; to strike (clock)
    je sonne   nous sonnons
    tu sonnes   vous sonnez
    il, elle sonne   ils, elles sonnent
Marie! On sonne à la porte!
Marie! Someone is ringing the doorbell!

sont [SON] ils, elles sont (see *être*)

la sorte [SÒRT] *n. f.* • sort; kind; type
Quelle sorte de voiture veux-tu acheter?
What kind of car do you want to buy?

sortir [sòr TEER] *v.* • to go out; to leave; to exit
  la sortie *n. f.* • exit
    je sors   nous sortons
    tu sors   vous sortez
    il, elle sort   ils, elles sortent
La foule sort du cinéma.
The crowd is leaving the movie theater.

le souci [soo SEE] *n. m.* • anxiety, worry
  sans soucis • carefree
Elle n'a jamais de soucis.
She never has any worries.

la soucoupe [soo KOOP] *n. f.* • saucer
  la soucoupe volante • flying saucer
On met la tasse sur la soucoupe.
One puts the cup on the saucer.

soudain(e) [soo DIN (DEN)] *adj. m. f.* • sudden
Il prend toujours des décisions soudaines.
He always makes sudden decisions.

souffler [soo FLAY] *v.* • to blow
    je souffle   nous soufflons
    tu souffles   vous soufflez
    il, elle souffle   ils, elles soufflent
Soufflez la bougie!
Blow out the candle!

souhaiter [sweh TAY] *v.* • to wish, to desire
  le souhait *n. m.* • wish
    je souhaite   nous souhaitons
    tu souhaites   vous souhaitez
    il, elle souhaite   ils, elles souhaitent
Je vous souhaite bon voyage!
I wish you a good trip!

le soulier [soo LYAY] *n. m.* • shoe
Quelle est ta pointure de souliers?
What is your shoe size?

la soupe [SOOP] *n. f.* • soup
Je voudrais de la soupe aux tomates.
I would like some tomato soup.

le sourcil [soor SEE] *n. m.* • eyebrow
Quand Marie est surprise, elle lève les sourcils.
When Mary is surprised, she raises her eyebrows.

sourd(e) [SOOR (D)] *adj. m. f.* • deaf
Mon grand-père est un peu sourd.
My grandfather is a little deaf.

le sourire [soo REER] *n.* • smile
Elle a un joli sourire.
She has a pretty smile.

la souris [soo REE] *n. f.* • mouse
Ma mère a peur des souris.
Mother is afraid of mice.

sous [SOO] *prep.* • under, beneath, below
   le sous-titre *m.* • subtitle
   les sous-vêtements *m. pl.* • underwear
Le garage est sous ma chambre.
The garage is under my room.

le souvenir [soov NEER] *n. m.* • recollection,
memory; souvenir
   se souvenir de *v.* • to remember; to recall
Pierre a de bons souvenirs de ses vacances.
Pierre has good memories of his vacation.

souvent [soo VAN] *adv.* • often
Ils vont souvent aux matchs de hockey.
They go to hockey games often.

le speaker [spee KEUHR] *n. m.* • speaker; T.V.,
radio announcer
   la speakerine *f.*
Roger Dubois est un speaker populaire.
Roger Dubois is a popular announcer.

la spécialité [spay syah lee TAY] *n. f.* •
speciality
La specialité de ma mère est le rôti de bœuf.
My mother's speciality is roast beef.

le sport [SPÒR] *n. m.* • sport
   sportif *adj.* • sports loving, athletic
   sportive *f.*
Ce sport est dangereux.
This sport is dangerous.

le stade [STAHD] *n. m.* • stadium
A quelle heure faut-il arriver au stade?
What time should we get to the stadium?

strict(e) [STREEKT] *adj. m. f.* • strict
Le professeur de français est strict.
The French teacher is strict.

stupide [stü PEED] *adj. m. f.* • stupid
Ce film est stupide.
This is a stupid movie.

le stylo [stee LO] *n. m.* • pen
le stylo à bille *m.* • ball-point pen
Ce stylo n'écrit pas bien.
This pen doesn't write very well.

le succès [sük SE] *n. m.* • success
Cette pièce a beaucoup de succès à Londres maintenant.
This play is very successful in London now.

le sucre [SÜKR] *n. m.* • sugar
Je mets du sucre dans mon café.
I put sugar in my coffee.

le sud [SÜD] *n. m.* • south
Elles voyagent dans le sud de la France en Juin.
They are traveling in the south of France in June.

suis [SWEE] je suis (see *être*)

la Suède *n. f.* • Sweden
suédois(e) *adj. m. f.* • Swedish
Suédois(e) *n. m. f.* • a Swede
On fait du ski en Suède.
They ski in Sweden.

la Suisse [SWEES] *n. f.* • Switzerland
suisse *adj. m. f.* • Swiss
Suisse *n. m. f.* • a Swiss
On parle français en Suisse.
They speak French in Switzerland.

la suite [SWEET] *n. f.* • continuation, what comes next
tout de suite • immediately, right away
Dites-moi la suite de cette histoire.
Tell me what comes next in this story.

suivre [SWEEVR] *v.* • to follow; to take (course)
à suivre • to be continued

je suis	nous suivons
tu suis	vous suivez
il, elle suit	ils, elles suivent

Mon petit chien me suit partout.
My puppy follows me everywhere.

le supermarché [sü per mahr SHAY] *n. m.* • supermarket
On va au supermarché une fois par semaine.
We go to the supermarket once a week.

sur [SÜR] *prep.* • on; onto; above
Il y a de la neige sur le toit.
There is snow on the roof.

sûr(e) [SÜR] *adj. m. f.* • sure, certain
bien sûr • of course
Es-tu sûr que Jean ne parle pas espagnol?
Are you sure that John doesn't speak Spanish?

surprendre [sür PRANDR] *v.* • to surprise
la surprise *n. f.* • surprise

je surprends	nous surprenons
tu surprends	vous surprenez
il, elle surprend	ils, elles surprennent

Ses réponses nous surprennent.
His answers surprise us.

surtout [sür TOO] *adv.* • especially; above all
Il n'est pas amusant d'être malade, surtout en été.
It's no fun to be sick, especially in the summer.

surveiller [sür vay YAY] *v.* • to supervise, to
    watch over

je surveille	nous surveillons
tu surveilles	vous surveillez
il, elle surveille	ils, elles surveillent

Le roi surveille son royaume.
The king watches over his kingdom.

sympa(thique) [sin PAH] *adj. m. f.* • likeable;
    nice
La nouvelle fille est très sympa.
The new girl is very nice.

T

ta [TAH] (see *ton*)

la table [TAHBL] *n. f.* • table
Mets les assiettes sur la table.
Put the plates on the table.

le tableau [tah BLO] *n. m.* • chalkboard; painting
    tableaux *pl.*
Le professeur écrit le vocabulaire sur le tableau.
The teacher writes the vocabulary on the blackboard.

le tablier [tah blee AY] *n. m.* • apron
Ce chef porte un grand tablier.
This chef wears a huge apron.

la tache [TAHSH] *n. f.* • spot, stain
    tacheté(e) *adj. m. f.* • spotted
Je pense que cette tache est permanente.
I think that this spot is permanent.

la taille [TAHY] *n. f.* • waist; size
Les tailles en Europe sont différentes.
The sizes in Europe are different.

le tailleur [tah YEUHR] *n. m.* • tailor
Le tailleur fait un complet.
The tailor is making a suit.

se taire [suh TEHR] *v.* • to be quiet
 je me tais   nous nous taisons
 tu te tais   vous vous taisez
 il, elle se tait   ils, elles se taisent
Les élèves se taisent quand le professeur entre.
The students become quiet when the teacher comes in.

le tambour [tan BOOR] *n. m.* • drum
Mon frère joue du tambour.
My brother plays the drums.

tant [TAN] *adv.* • so much; so many; as much; as many
 tant pis • too bad
Il y a tant de fourmis dans la maison!
There are so many ants in the house!

la tante [TANT] *n. f.* • aunt
J'ai trois tantes et deux oncles.
I have three aunts and two uncles.

le tapis [tah PEE] *n. m.* • carpet; rug
Je passe l'aspirateur sur le tapis le lundi.
I vacuum the rug on Mondays.

taquiner [tah kee NAY] *v.* • to tease
 je taquine   nous taquinons
 tu taquines   vous taquinez
 il, elle taquine   ils, elles taquinent
Pierre, ne taquine pas le chat!
Pierre, don't tease the cat!

tard [TAHR] *adv.* • late
  plus tard • later
  tôt ou tard • sooner or later
  Il se fait tard. • It's getting late.
Il est trop tard pour avoir un goûter.
It is too late to have a snack.

la tarte [TAHRT] *n. f.* • pie
  tartine à la confiture *n. f.* • bread and jam
Comme dessert, il y a une tarte aux pommes.
For dessert, there is apple pie.

le tas [TAH] *n. m.* • pile; heap; a lot
Nous avons un tas de choses à faire.
We have a lot of things to do.

la tasse [TAHS] *n. f.* • cup
Ces tasses et ces soucoupes viennent de France.
These cups and saucers come from France.

le taxi [tahk SEE] *n. m.* • taxi
Prenons un taxi au lieu du métro.
Let's take a taxi instead of the subway.

te [TUH] *pers. pron. (informal)* • you; to you; yourself
Il te dit la vérité.
He is telling you the truth.

la télé (vision) [tay LAY] *n. f.* • TV (television)
Qu'est-ce qu'il y a à la télé ce soir?
What's on TV tonight?

le téléphone [tay lay FÒN] *n. m.* • (tele)phone
  au téléphone • on the phone
  téléphoner *v.* • to phone, to call (on the phone)
Le téléphone sonne tout le temps.
The telephone is always ringing.

la télévision [tay lay vee ZYON] *n. f.* • television
  le téléviseur *n. m.* • television set
A quelle heure regardes-tu la télévision?
What time do you watch television?

tellement [tel MAN] *adv.* • so much; so
Il y a tellement de neige que nous ne pouvons pas sortir.
There is so much snow that we can't go out.

le temps [TAN] *n. m.* • time; weather
  de temps en temps • sometimes
  à temps • in time
  en même temps • at the same time
  Quel temps fait-il? • What's the weather like?
Maman a toujours le temps de nous lire une histoire.
Mom always has time to read us a story.

tenir [tuhNEER] v. • to hold
  tenir à • to be anxious to; to care about
    je tiens   nous tenons
    tu tiens   vous tenez
    il, elle tient   ils, elles tiennent
Il tient un paquet sous le bras.
He is holding a package under his arm.

le tennis [te NEES] *n. m.* • tennis
  jouer au tennis • to play tennis
Christine apprend à jouer au tennis.
Christine is learning to play tennis.

la tente [TANT] *n. f.* • tent
Quand on fait du camping, on apporte une tente.
When you go camping, you take a tent.

le terrain de jeux [te rin duh JEUH] *n. m.* •
  playground; sportsground
Les enfants jouent sur le terrain de jeux.
The children are playing on the playground.

la terrasse [te RAHS] *n. f.* • terrace
 la terrasse de café *f.* • sidewalk cafe
Nous prenons quelque chose à boire à une terrasse de café.
We are having something to drink at a sidewalk cafe.

la terre [TEHR] *n. f.* • earth; ground; land
Le chien creuse un trou dans la terre.
The dog is digging a hole in the ground.

terrible [te REEBL] *adj. m. f.* • terrible; terrific; awful
 l'enfant terrible • little terror
Cette tempête est terrible!
The storm is terrible!

tes [TAY] (see *ton*)

la tête *n. f.* • head
 têtu(e) *adj.* • stubborn
Quand ils entrent dans la pièce, le chien lève la tête.
When they come in the room, the dog raises his head.

le texte [TEKST] *n. m.* • text
Pour demain il faut expliquer le texte à la page 100.
For tomorrow we have to analyze the text on page 100.

le thé [TAY] *n. m.* • tea
Le thé est trop chaud.
The tea is too hot.

le théâtre [tay AHTR] *n. m.* • theater
Nous allons voir une pièce au théâtre.
We are going to see a play at the theater.

le thème [TEHM] *n. m.* • subject; translation
 from one's native language to a foreign language.
J'écris un thème pour la classe de français.
I am writing a translation for French class.

le tigre [TEEGR] *n. m.* • tiger
Le tigre est féroce.
The tiger is ferocious.

timide [tee MEED] *adj. m. f.* • shy, timid
La biche est timide.
The doe is shy.

le timbre [TINBR] *n. m.* • stamp (postage)
Henri colle un timbre sur l'enveloppe.
Henry sticks a stamp on the envelope.

tirer [tee RAY] *v.* • to pull; to drag
je tire   nous tirons
tu tires   vous tirez
il, elle tire   ils, elles tirent
Il tire la corde pour sonner la cloche.
He pulls the rope to ring the bell.

le tiroir [teer WAHR] *n. m.* • drawer
Les ciseaux sont dans le tiroir.
The scissors are in the drawer.

toi [TWAH] *pron.* • you (informal)
Ce cadeau est pour toi.
This present is for you.

le toit [TWAH] *n. m.* • roof
Des oiseaux sont perchés sur le toit.
Birds are perching on the roof.

la tomate [to MAHT] *n. f.* • tomato
Je voudrais une salade de tomates.
I would like a tomato salad.

tomber [ton BAY] *v.* • to fall

je tombe	nous tombons
tu tombes	vous tombez
il, elle tombe	ils, elles tombent

Fais attention! Tu vas tomber sur la glace!
Be careful! You are going to fall on the ice!

ton [TON] *poss. adj. m.* • your (informal)
 ta *f.*
 tes *pl.*
Où habite ton frère?
Where does your brother live?

le tonnerre [tò NEHR] *n. m.* • thunder
 le coup de tonnerre *m.* • clap of thunder
Les enfants ont peur du tonnerre.
The children are afraid of thunder.

tort [TÒR] *n. m.* • wrong; mistake
 avoir tort *v.* • to be wrong
Michel n'aime pas avoir tort.
Michael doesn't like to be wrong.

la tortue [tor TÜ] *n. f.* • turtle, tortoise
Il y a une tortue géante au zoo.
There is a giant turtle at the zoo.

tôt [TO] *adv.* • early
 tôt ou tard • sooner or later
 le plus tôt possible • as soon as possible
Je préfère arriver trop tôt.
I prefer to be early.

toucher [too SHAY] *v.* • to touch

je touche	nous touchons
tu touches	vous touchez
il, elle touche	ils, elles touchent

Ne touchez pas le radiateur. Il est chaud.
Don't touch the radiator. It's hot.

toujours [too JOOR] *adv.* • always; still; forever
Ce vieux bâtiment est toujours là.
This old building is still there.

la tour [TOOR] *n. f.* • tower
La Tour Eiffel est très connue.
The Eiffel Tower is very well known.

le tour [TOOR] *n. m.* • tour; trip; turn
Demain nous allons faire le tour de la ville.
Tomorrow, we will take a tour of the town.

le, la touriste [too REEST] *n. m. f.* • tourist
  le tourisme *n. m.* • tourism
Les touristes visitent les musées.
The tourists are visiting the museums.

le tourne-disque [toor nuh DEESK] *n. m.* • record player
Géraldine joue ses disques sur son tourne-disque.
Geraldine plays her records on her record player.

tourner [toor NAY] *v.* • to turn

je tourne	nous tournons
tu tournes	vous tournez
il, elle tourne	ils, elles tournent

Il faut tourner à gauche à la rue de Créqui.
You have to turn left at Créqui Street.

tous [TOO] (see *tout*)

tout(e) [TOO] *adj. m. f.* • all
  tous(-tes) *m. f. pl.*
  tous les jours • everyday
  tout le monde • everyone
  tous les deux • both
  après tout • after all
  pas du tout • not at all
Où sont tous mes crayons?
Where are all my pencils?

traduire [trah DWEER] *v.* • to translate
  le traducteur *n. m.* • translator
  la traductrice *n. f.* • translator
    je traduis   nous traduisons
    tu traduis   vous traduisez
    il, elle traduit   ils, elles traduisent
Traduisez les phrases nos 1 à 5.
Translate sentences nos. 1-5.

le traîneau [tre NO] *n. m.* • sled
  traîneaux *pl.*
Le traîneau descend vite la colline.
The sled goes down the hill fast.

la tranche [TRANSH] *n. f.* • slice
Je voudrais une tranche de jambon, s'il vous plaît.
I would like a slice of ham, please.

tranquille [tran KEEL] *adj. m. f.* • quiet, calm,
  tranquil
Tout est si tranquille à la campagne.
Everything is so quiet in the country.

le transport [tran SPòR] *n. m.* • transportation
Ma bicyclette est mon moyen de transport!
My bicycle is my means of transportation!

le travail [trah VAHY] *n. m.* • work
Mes parents vont au travail à sept heures du matin.
My parents go to work at 7:00 a.m.

travailler [trah vah YAY] *v.* • to work
    je travaille   nous travaillons
    tu travailles   vous travaillez
    il, elle travaille   ils, elle travaillent
Son père travaille dans une usine.
His father works in a factory.

traverser [trah ver SAY] *v.* • to cross; to go through
    je traverse   nous traversons
    tu traverses   vous traversez
    il, elle traverse   ils, elles traversent
La petite fille traverse la rue.
The little girl is crossing the street.

treize [TREZ] *n. m., adj. m. f.* • thirteen
Mon frère est numéro treize dans son équipe.
My brother is number thirteen on his team.

trente [TRANT] *n. m., adj. m. f.* • thirty
Il y a trente élèves dans ma classe.
There are thirty students in my class.

très [TRE] *adv.* • very; quite
Ces montagnes sont très hautes.
These mountains are very high.

le trésor [tray ZOR] *n. m.* • treasure
Parfois on découvre des trésors au fond de l'océan.
Sometimes treasures are discovered at the bottom of the ocean.

tricher [tree SHAY] *v.* • to cheat
    je triche   nous trichons
    tu triches   vous trichez
    il, elle triche   ils, elles trichent
Je ne joue pas avec Henri parce qu'il triche.
I don't play with Henri because he cheats.

tricoter [tree ko TAY] *v.* • to knit
  le tricot *n. m.* • sweater; pullover
    je tricote   nous tricotons
    tu tricotes   vous tricotez
    il, elle tricote   ils, elles tricotent
Ma grand-mère tricote un pullover pour chaque membre de la famille.
My grandmother is knitting a sweater for each member of the family.

triste [TREEST] *adj. m. f.* • sad, unhappy
Je suis triste quand il pleut.
I am sad when it rains.

trois [TRWAH] *n. m., adj. m. f.* • three
Trois élèves sont absents aujourd'hui.
Three students are absent today.

tromper [tron PAY] *v.* • to deceive; to cheat
  se tromper *v.* • to be mistaken
     je trompe   nous trompons
     tu trompes   vous trompez
     il, elle trompe   ils, elles trompent
Le professeur ne se trompe pas souvent.
The teacher isn't often mistaken.

la trompette [tron PET] *n. f.* • trumpet
Son frère joue de la trompette.
Her brother plays the trumpet.

trop (de) [TRO (duh)] *adv.* • too (much); too (many)
Il y a trop de poussière dans le garage.
There is too much dust in the garage.

le trottoir [trah TWAHR] *n. m.* • sidewalk
On marche sur le trottoir, pas dans la rue.
You walk on the sidewalk, not in the street.

le trou [TROO] *n. m.* • hole
Il y a un trou dans ma chaussette.
There is a hole in my sock.

trouver [troo VAY] *v.* • to find; to think
  se trouver *v.* • to be located
     je trouve   nous trouvons
     tu trouves   vous trouvez
     il, elle trouve   ils, elles trouvent
Paul trouve le devoir difficile.
Paul finds the homework hard.

tu [TÜ] *pers. pron. (informal)* • you
Tu es mon meilleur ami.
You are my best friend.

tuer [tü AY] *v.* • to kill
    je tue   nous tuons
    tu tues   vous tuez
    il, elle tue   ils, elles tuent
On tue les insectes avec de l'insecticide.
One kills insects with insecticide.

le tunnel [tü NEL] *n. m.* • tunnel
On a construit un tunnel sous la Manche.
They have built a tunnel under the English Channel.

typiquement [tee peek MAN] *adv.* • typically
Typiquement, il fait chaud en été.
Typically, it is hot in the summer.

U

un, une [UN, ÜN] *indef. art. m. f.* • one; a, an
Voici une chaise.
Here is a chair.

uni(e) [ü NEE] *adj. m. f.* • united
La France est membre des Nations Unies.
France belongs to the United Nations.

l'uniforme [ü nee FÒRM] *n. m.* • uniform
Le soldat porte un uniforme.
The soldier is wearing a uniform.

unique [ü NEEK] *adj. m. f.* • only; unique
  fils (fille) unique • only son (daughter)
  le sens unique • one way (street)
Il n'y a pas de professeur comme vous. Vous êtes unique!
There are no other teachers like you. You're unique!

unir [ü NEER] *v.* • to unite
  s'unir • to unite with one another

j'unis	nous unissons
tu unis	vous unissez
il, elle unit	ils, elles unissent

La Paix unit les anciens ennemis.
Peace unites ex-enemies.

l'unité [ü nee TAY] *n. f.* • unit; unity
Le gramme est une unité de poids.
The gram is a unit of weight.

l'univers [ü nee VEHR] *n. m.* • universe
Dans mon cours d'astronomie, on étudie la structure de l'univers.
In my astronomy class, we're studying the structure of the universe.

l'université [ü nee ver see TAY] *n. f.* • university
Il y a trois universités dans mon état.
There are three universities in my state.

usé(e) [ü ZAY] *adj. m. f.* • used; worn; worn out
Ce vieux manteau est tout usé.
This old coat is all worn out.

l'usine [ü ZEEN] *n. f.* • factory
On fabrique des autos dans cette usine.
They make cars in this factory.

utile [ü TEEL] *adj. m. f.* • useful
Ces nouvelles inventions sont très utiles.
These new inventions are very useful.

V

va [VAH] il, elle va (see *aller*)

les vacances [vah KANS] *n. f. pl.* • vacation
   les grandes vacances *f. pl.* • summer vacation
   en vacances • on vacation
   passer des vacances • to spend a vacation
   prendre des vacances • to take a vacation
En été, nous avons trois mois de vacances.
In summer, we have three months of vacation.

la vache [VAHSH] *n. f.* • cow
Il y a beaucoup de vaches dans ces paturages.
There are a lot of cows in these pastures.

la vague [VAHG] *n. f.* • wave (ocean)
Les vagues sont très hautes pendant la tempête.
The waves are very high during the storm.

vais [VAY] je vais (see *aller*)

la vaisselle [ve SEL] *n. f.* • dishes
   faire la vaisselle *v.* • to wash the dishes
Marc met la vaisselle dans le placard.
Mark is putting the dishes in the cupboard.

la valise [vah LEEZ] *n. f.* • suitcase
   faire sa valise *v.* • to pack one's suitcase
Je mets mes valises dans le coffre-arrière.
I put my suitcases in the trunk.

la vallée [vah LAY] *n. f.* • valley
Mes cousins habitent dans cette vallée.
My cousins live in this valley.

valoir [vah LWAHR] *v.* • to be worth
  Ça vaut la peine. • It's worth it.
    je vaux   nous valons
    tu vaux   vous valez
    il vaut   ils valent
Ce collier vaut 200 dollars.
This necklace is worth 200 dollars.

le vampire [van PEER] *n. m.* • vampire
Les vampires! Ça n'existe pas!
Vampires! They don't exist.

la vanille [vah NEEY] *n. f.* • vanilla
Il faut de la vanille pour cette recette.
You need vanilla for this recipe.

la variété [vah ree ay TAY] *n. f.* • variety
Il y a une grande variété de biscuits sur ce plateau.
There is a big variety of cookies on this tray.

vas [VAH] tu vas (see *aller*)

le veau [VO] *n. m.* • calf; veal
Ce veau a de grands yeux doux.
This calf has big, gentle eyes.

la vedette [ve DET] *n. f.* • star (celebrity)
Qui est ta vedette de cinéma favorite.
Who is your favorite movie star?

la veille [VAY] *n. f.* • eve, the night before
  la veille de Noël • Christmas Eve
La veille de notre voyage, je vais dire au revoir à tous mes amis.
The night before our trip, I'm going to say good-bye to all my friends.

le vélo [vay LO] *n. m.* • bike
 le vélo-moteur *n. m.* • motor-bike
Mon frère va trop vite sur son vélo.
My brother goes too fast on his bike.

le vendeur [van DEUHR] *n. m.* • salesman; salesclerk
 la vendeuse *f.* • saleswoman
Je vais poser une question à la vendeuse.
I'm going to ask the saleswoman a question.

vendre [VANDR] *v.* • to sell
    je vends   nous vendons
    tu vends   vous vendez
    il, elle vend   ils, elles vendent
L'artiste vend ses tableaux.
The artist sells his paintings.

vendredi [van druh DEE] *n. m.* • Friday
Vendredi nous avons un examen d'anglais.
Friday we have an English test.

venez [vuh NAY] vous venez (see *venir*)

venir [vuh NEER] *v.* • to come
 venir de (+ infinitive) • to have just
    je viens   nous venons
    tu viens   vous venez
    il, elle vient   ils, elles viennent
Les invités viennent à huit heures.
The guests are coming at eight o'clock.

venons [vuh NON] nous venons (see *venir*)

le vent [VAN] *n. m.* • wind
 Il fait du vent. • It is windy.
Il y a beaucoup de vent aujourd'hui.
There is a lot of wind today.

le ventilateur [v~~an~~ tee lah TEUHR]   *n. m.*   •   fan
Ce ventilateur ne marche pas.
This fan doesn't work.

le ventre   [V~~AN~~TR]   *n. m.*   •   stomach, tummy
   avoir mal au ventre   *v.*   •   to have a stomach-ache
Quand on mange trop, on a mal au ventre.
When you eat too much, you have a stomach-ache.

le ver   [VEHR]   *n. m.*   •   worm
   ver de terre   *n. m.*   •   earthworm
Quand on va à la pêche, on apporte des vers de terre.
When you go fishing, you take earthworms.

vérifier   [vay ree FYAY]   *v.*   •   to check; to verify
   je vérifie   nous vérifions
   tu vérifies   vous vérifiez
   il, elle vérifie   ils, elles vérifient
La police vérifie mon permis de conduire.
The police are checking my driver's license.

la vérité   [vay ree TAY]   *n. f.*   •   truth
Il faut toujours dire la vérité.
One must always tell the truth.

le verre   [VEHR]   *n. m.*   •   glass
   en verre   •   made of glass
Je voudrais un verre d'eau, s'il vous plaît.
I would like a glass of water, please.

vers   [VEHR]   *prep.*   •   toward(s); to; about
Le chien vient vers moi.
The dog is coming towards me.

verser [ver SAY] *v.* • to pour

je verse	nous versons
tu verses	vous versez
il, elle verse	ils, elles versent

Il verse du lait dans son bol.
He pours milk in his bowl.

vert(e) [VEHR (T)] *adj. m. f.* • green
Ces pommes sont trop vertes.
These apples are too green.

le vertige [ver TEEJ] *n. m.* • dizziness
  avoir le vertige *v.* • to feel dizzy
Grimper sur une échelle me donne le vertige.
Climbing a ladder makes me dizzy.

la veste [VEST] *n. f.* • jacket
Jean-Pierre met sa veste dans l'armoire.
Jean-Pierre puts his jacket in the wardrobe.

les vêtements [vet MAN] *n. m. pl.* • clothes,
  clothing
Je dois laver mes vêtements avant de sortir.
I must wash my clothes before going out.

veulent [VEUHL] ils, elles veulent (see *vouloir*)

veut [VEUH] il, elle veut (see *vouloir*)

veux [VEUH] tu veux (see *vouloir*)

la viande [vee AND] *n. f.* • meat
Je vais à la boucherie pour acheter de la viande.
I am going to the butcher shop to buy some meat.

vide [VEED] *adj. m. f.* • empty
  vider *v.* • to empty
Mon réfrigérateur est vide.
My refrigerator is empty.

la vie [VEE] *n. f.* • life
  gagner sa vie *v.* • to earn a living
Je vaudrais passer une partie de ma vie en France.
I would like to spend part of my life in France.

vieil [VYAY] (see *vieux*)

vieille [VYAY] (see *vieux*)

viennent [VYEN] ils, elles viennent (see *venir*)

viens [VYEN] je, tu viens (see *venir*)

vient [VYEN] il, elle vient (see *venir*)

vieux [VYEUH] *adj. m.* • old
  vieil(le) *m. f.* • before a vowel sound
C'est une vieille chanson, mais je l'aime bien.
This is an old song, but I like it.

la vigne [VEEÑ] *n. f.* • vine; vineyard
  le vignoble *n. m.* • vineyard
Il y a beaucoup de vignes en France.
There are lots of vineyards in France.

le village [vee LAHJ] *n. m.* • village
J'aime ce village.
I like this village.

la ville [VEEL] *n. f.* • town; city
  l'hôtel de ville *m.* • city hall
Voulez-vous habiter dans une grande ville?
Do you want to live in a big city?

236

le vin [VĬN] *n. m.* • wine
Le serveur ouvre la bouteille de vin.
The waiter is opening the bottle of wine.

vingt [VĬN] *n. m., adj. m. f.* • twenty
Le bébé a vingt dents.
The baby has twenty teeth.

violet (te) [vee o LAY (-LET)] *n. m., adj. m.*
f. • violet, purple (color)
la violette *n. f.* • violet (flower)
Le violet est la couleur favorite de ma grand-mère.
Violet is my grandmother's favorite color.

le violon [vee o LǑN] *n. m.* • violin
le violoncelle *n. m.* • cello
Si on joue du violon, on peut être dans un orchestre.
If you play the violin, you can be in an orchestra.

le visage [vee ZAHJ] *n. m.* • face
Je ne peux pas voir son visage.
I can't see his face.

visiter [vee zee TAY] *v.* • to visit (a place)
faire une visite à *v.* • to visit (someone)
    je visite   nous visitons
    tu visites   vous visitez
    il, elle visite   ils, elles visitent
Demain nous visitons le Musée du Louvre.
Tomorrow we visit the Louvre Museum.

vite [VEET] *adj., adv.* • fast, speedy, quickly
vite! • quick! hurry!
la vitesse *n. f.* • speed
Le train va vite.
The train is going fast.

la vitrine [vee TREEN] *n. f.* • store window
   faire les vitrines *v.* • to window shop
J'aime la robe qui est dans cette vitrine.
I like the dress that is in this store window.

vivre [VEEVR] *v.* • to live, to be alive
   je vis   nous vivons
   tu vis   vous vivez
   il, elle vit   ils, elles vivent
Les éléphants vivent longtemps.
Elephants live a long time.

le vocabulaire [vò kah bü LEHR] *n. m.* •
   vocabulary
Dans la classe de français nous apprenons beaucoup de
   vocabulaire.
In French class we learn a lot of vocabulary.

voici [vwah SEE] *prep.* • here is; here are
Voici les papiers que vous voulez.
Here are the papers that you want.

voient [VWAH] ils, elles voient (see *voir*)

voilà [vwah LAH] *adv.* • there is; there are
Voilà l'autobus que nous allons prendre.
There's the bus we're going to take.

voir [VWAHR] *v.* • to see
   faire voir • to show
   je vois   nous voyons
   tu vois   vous voyez
   il, elle voit   ils, elles voient
Je vois la circulation qui passe.
I see the traffic going by.

vois [VWAH] je, tu vois (see *voir*)

le, la voisin(e)   [vwah ZĬN (-ZEEN)]   *n. m. f.*   •
neighbor
le voisinage   *n. m.*   •   neighborhood
Nous dînons chez nos voisins ce soir.
We are dining at our neighbors' tonight.

voit   [VWAH]   il, elle voit   (see *voir*)

la voiture   [vwah TÜR]   *n. f.*   •   car
  la voiture d'occasion   *n. f.*   •   used car
Je voudrais une voiture rouge.
I would like a red car.

la voix   [VWAH]   *n. f.*   •   voice
  à haute voix   •   out loud
  à voix basse   *n.*   •   in a low voice
Elle a une belle voix.
She has a beautiful voice.

la volaille   [vò LAHY]   *n. f.*   •   poultry, fowl
Est-ce qu'il y a de la volaille au menu?
Is there poultry on the menu?

le vol   [VÒL]   *n. m.*   •   flight; robbery
Mon vol part à midi.
My flight leaves at noon.

voler   [vò LAY]   *v.*   •   to fly; to steal
    je vole   nous volons
    tu voles   vous volez
    il, elle vole   ils, elles volent
Les oiseaux volent dans le ciel.
The birds are flying in the sky.

le voleur   [vò LEUHR]   *n. m.*   •   thief, robber
Connais-tu l'histoire des trois voleurs?
Do you know the story of the three robbers?

vont [VO~~N~~] ils, elles vont (see *aller*)

vos [VO] *poss. adj. pl.* • your (see *votre*)
  votre *poss. adj.* • your
  vos *poss. adj. pl.* • your
Où est votre place?
Where is your seat?

voulez [voo LAY] vous voulez (see *vouloir*)

vouloir [voo LWAHR] *v.* • to want
  je voudrais • I would like
  vouloir dire • to mean
      je veux   nous voulons
      tu veux   vous voulez
      il, elle veut   ils, elles veulent
Nous voulons sortir ce soir.
We want to go out tonight.

voulons [voo L~~ON~~] nous voulons (see *vouloir*)

vous [VOO] *pron.* • you; to you; yourself
Vous êtes très gentil.
You are very nice.

voyager [vwah yah JAY] *v.* • to travel
  le voyage *n. m.* • trip
  faire un voyage *v.* • to take a trip
  voyageur *n. m.* • traveler
      je voyage   nous voyageons
      tu voyages   vous voyagez
      il, elle voyage   ils, elles voyagent
Je voyage toujours avec une seule valise.
I always travel with only one suitcase.

voyez [vwah YAY] vous voyez (see *voir*)

voyons [vwah Y~~ON~~] nous voyons (see *voir*)

vrai(e) [VRAY] *adj. m. f.* • true; real
   vraiment *adv.* • really
C'est une histoire vraie!
It's a true story!

W

le wagon [vah GON] *n. m.* • car (train)
   le wagon-lit *m.* • sleeping car (train)
   le wagon-restaurant *m.* • dining car
Où est le wagon à bagages?
Where is the baggage car?

le week-end [wee KEND] *n. m.* • weekend
Nous allons chez nos grands-parents ce week-end.
We are going to our grandparents' this weekend.

X

le xylophone [ksee lò FÒN] *n. m.* • xylophone
Je connais l'homme qui joue du xylophone dans l'orchestre.
I know the man who plays the xylophone in the orchestra.

Y

y [EE] *adv.* • there
   il y a • there is; there are
   Ça y est. • It's done.
   Vous y êtes? • Do you follow?; Are you with me?
Martine y va trois fois par mois.
Martine goes there three times a month.

le yaourt [yah OORT] *n. m.* • yogurt
Quels parfums de yaourt aimez-vous?
What flavors of yogurt do you like?

les yeux [YEUH] *n. m. pl.* • eyes (see œil)

Z

le zèbre [ZEBR] *n. m.* • zebra
Les zèbres sont extrèmement rapides.
Zebras are extremely fast.

zéro [zay RO] *n. m.* • zero
Combien de zéros y a-t-il dans un million?
How many zeros are in a million?

la zone [ZON] *n. f.* • zone
Nous habitons dans la zone tempérée.
We live in the temperate zone.

le zoo [ZOO] *n. m.* • zoo
  le jardin zoologique *n. m.* • zoo
Nous pouvons passer toute la journée au zoo.
We can spend the whole day at the zoo.

Illustrations/*Illustrations*

les lunettes de soleil
sunglasses

le blouson
jacket

la ceinture
belt

le tablier
apron

les boucles d'oreilles
earrings

le collier
necklace

l'écharpe
scarf

la robe
dress

le maillot
swimsuit

le chemisier
blouse

Clothing—Les vêtements

la chaussette
sock

les sandales
sandals

l'imperméable
raincoat

le fil
thread

le sac à main
purse

le bouton
button

la jupe
skirt

le tricot
shirt

le soulier
shoe

le parapluie
umbrella

la cravate
tie

le pantalon
pants

Clothing—Les vêtements

l'agrafeuse
stapler

la carte
map

la règle
ruler

la gomme
eraser

la craie
chalk

le livre
book

le stylo à bile
ball-point pen

la carte postale
post card

l'enveloppe
envelope

décembre

	1	2	3	4	5
6	7	8	9	10	11	12
13	14	15	16	17	18	19
20	21	22	23	24	25	26
27	28	29	30	31		

le cahier
notebook

le timbre-poste
postage stamp

le calendrier
calendar

le crayon
pencil

la feuille de papier
piece of paper

The Office—Le bureau

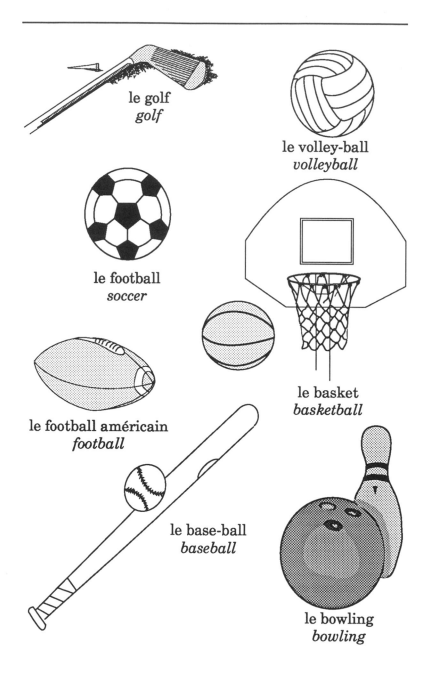

le golf
golf

le volley-ball
volleyball

le football
soccer

le football américain
football

le basket
basketball

le base-ball
baseball

le bowling
bowling

Sports—Les sports

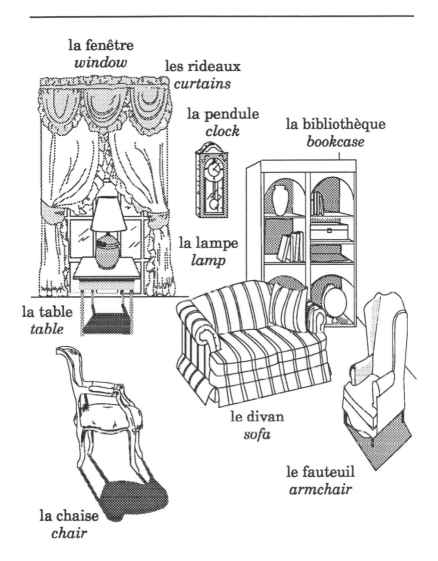

la fenêtre
window

les rideaux
curtains

la pendule
clock

la bibliothèque
bookcase

la lampe
lamp

la table
table

le divan
sofa

le fauteuil
armchair

la chaise
chair

Living Room—Le salon

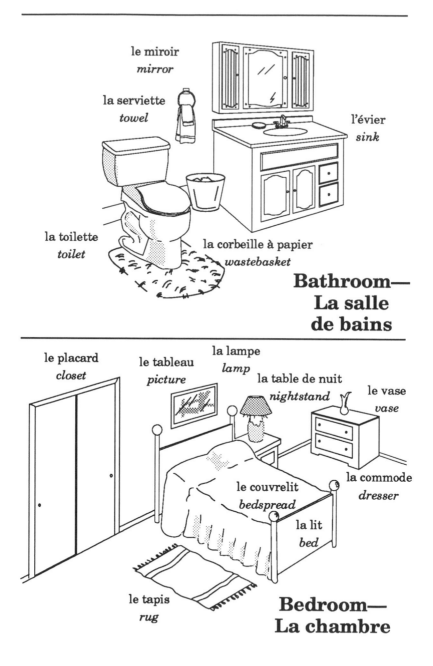

le miroir
mirror

la serviette
towel

l'évier
sink

la toilette
toilet

la corbeille à papier
wastebasket

Bathroom—
La salle
de bains

le placard
closet

le tableau
picture

la lampe
lamp

la table de nuit
nightstand

le vase
vase

le couvrelit
bedspread

la commode
dresser

la lit
bed

le tapis
rug

Bedroom—
La chambre

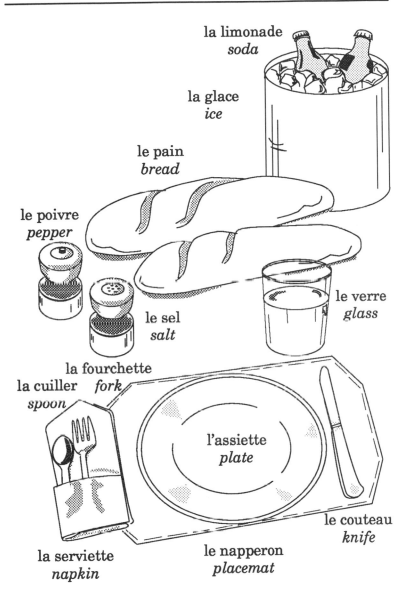

la limonade
soda

la glace
ice

le pain
bread

le poivre
pepper

le sel
salt

le verre
glass

la fourchette
fork

la cuiller
spoon

l'assiette
plate

le couteau
knife

la serviette
napkin

le napperon
placemat

Place Setting—Le couvert

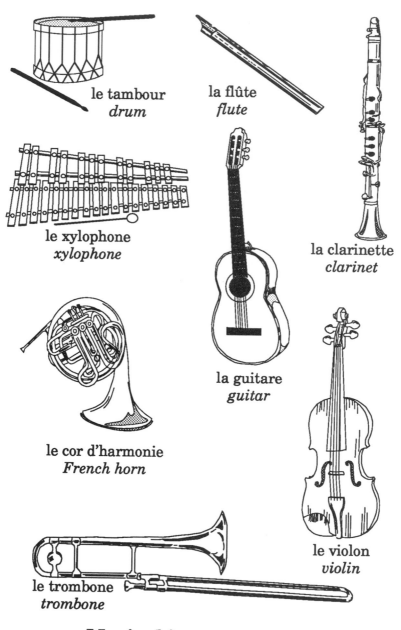

le tambour
drum

la flûte
flute

le xylophone
xylophone

la clarinette
clarinet

le cor d'harmonie
French horn

la guitare
guitar

le violon
violin

le trombone
trombone

Musical instruments—
Les instruments de musique

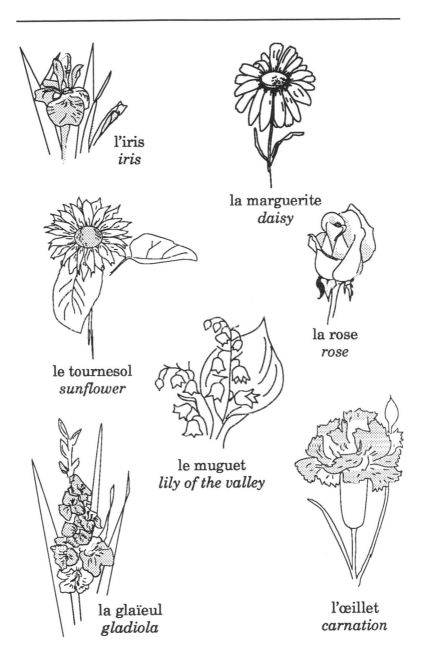

l'iris
iris

la marguerite
daisy

le tournesol
sunflower

la rose
rose

le muguet
lily of the valley

la glaïeul
gladiola

l'œillet
carnation

Flowers—Les fleurs

le concombre
cucumber

les petits pois
peas

la tomate
tomato

la carotte
carrot

l'oignon
onion

le radis
radish

le maïs
corn

la pomme de terre
potato

le poivron
pepper

Vegetables—Les légumes

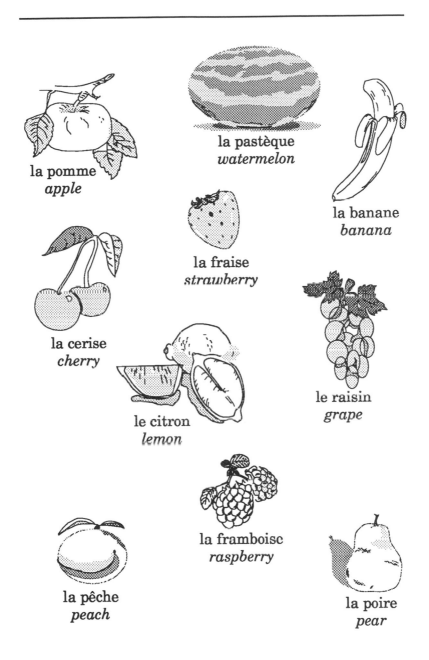

la pastèque
watermelon

la pomme
apple

la banane
banana

la fraise
strawberry

la cerise
cherry

le raisin
grape

le citron
lemon

la framboise
raspberry

la pêche
peach

la poire
pear

Fruits—Les fruits

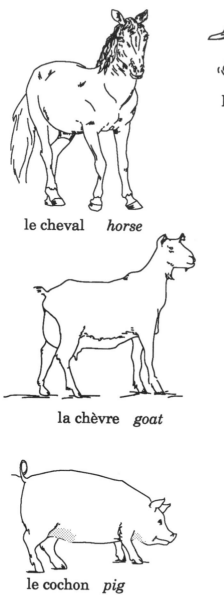

le cheval *horse*

le canard *duck*

le coq *rooster*

la chèvre *goat*

l'oie *goose*

le cochon *pig*

l'âne *donkey*

Farm Animals—
Les animaux de la ferme

le cardinal
cardinal

le perroquet
parrot

le dindon
turkey

l'aigle
eagle

le cygne
swan

le faucon
hawk

le hibou
owl

Birds—Les oiseaux

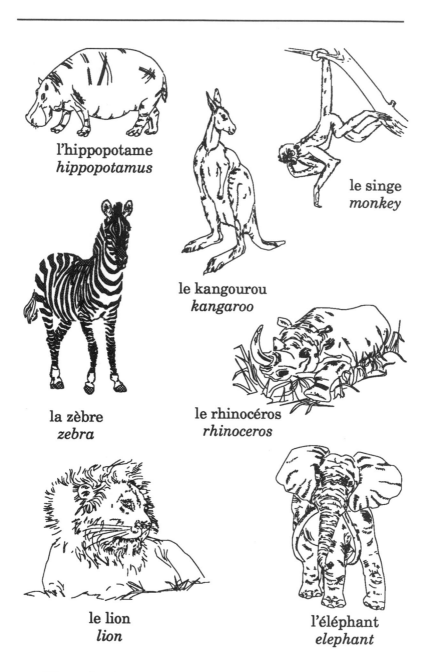

l'hippopotame
hippopotamus

le singe
monkey

le kangourou
kangaroo

la zèbre
zebra

le rhinocéros
rhinoceros

le lion
lion

l'éléphant
elephant

Zoo Animals—Les animaux du zoo

le castor
beaver

le cerf
deer

le renard
fox

l'écureuil
squirrel

le raton laveur
raccoon

Wild Animals—Les animaux sauvages

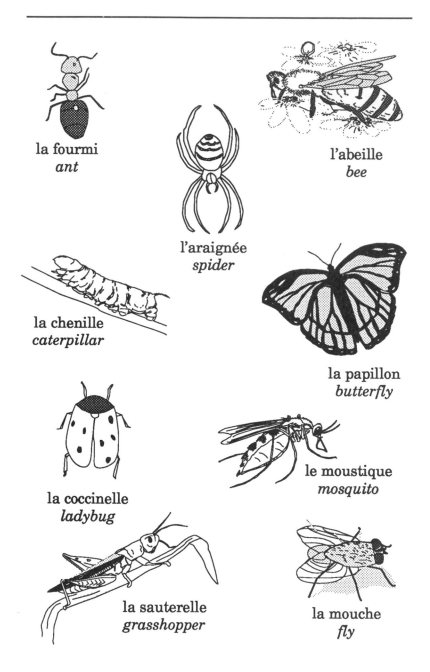

la fourmi
ant

l'araignée
spider

l'abeille
bee

la chenille
caterpillar

la papillon
butterfly

la coccinelle
ladybug

le moustique
mosquito

la sauterelle
grasshopper

la mouche
fly

Insects—Les insectes

le poisson *fish*

le serpent
snake

la tortue
turtle

la souris *mouse*

le chat *cat*

le chien *dog*

le lapin *rabbit*

Pets—Animaux domestiques

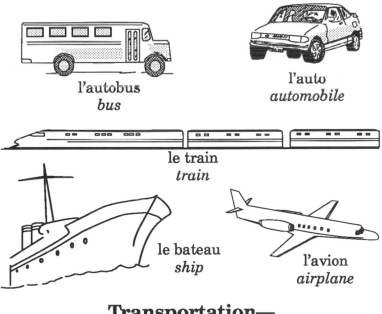

l'autobus
bus

l'auto
automobile

le train
train

le bateau
ship

l'avion
airplane

Transportation—
Les moyens de transport

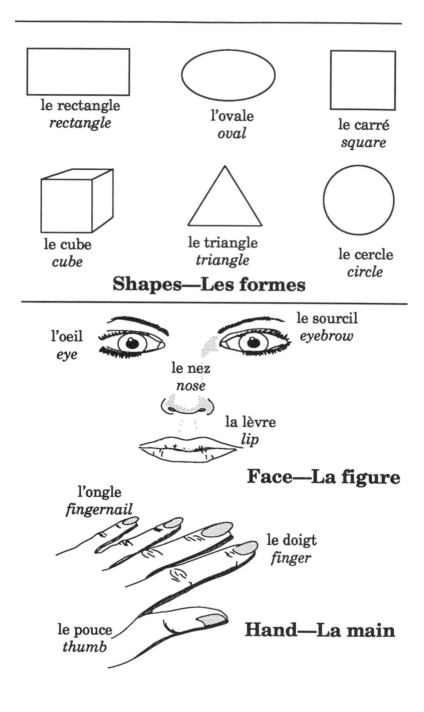

le rectangle
rectangle

l'ovale
oval

le carré
square

le cube
cube

le triangle
triangle

le cercle
circle

Shapes—Les formes

l'oeil
eye

le sourcil
eyebrow

le nez
nose

la lèvre
lip

Face—La figure

l'ongle
fingernail

le doigt
finger

le pouce
thumb

Hand—La main

English—French/*Anglais—Français*

A

a [e], [uh] *indef. art.* • un, une (m. f.)
I have a daughter and a son.
J'ai une fille et un fils.

about [uh BOWT] *adv.* • environ
It's about three o'clock.
Il est environ trois heures.

above [uh BUHV] *prep.* • au-dessus de
  above all • surtout
My room is above the kitchen.
Ma chambre est au-dessus de la cuisine.

absence [AAB sehns] *n.* • l'absence (f.)
He has too many absences.
Il a trop d'absences.

absent [AAB sehnt] *adj.* • absent(e) (m. f.)
Half the class is absent today.
La moitié de la classe est absente aujourd'hui.

accent [AAK sehnt] *n.* • l'accent (m.)
The accent is on the first syllable.
L'accent est sur la première syllabe.

to accept [tou uhk SEHPT] *v.* • accepter
We accept the responsibility for it.
Nous en acceptons la responsabilité.

according to   [uh K<O>R di<NG> tou]   *prep.*   •
   selon
According to the newspaper, it is going to rain.
Selon le journal, il va pleuvoir.

across   [uh KR<O>S]   *prep.*   •   en face de
They live across from the school.
Ils habitent en face de l'école.

actor   [AAK teur]   *n.*   •   l'acteur (m.)
   actress   *n.*   •   l'actrice (f.)
He is a good actor.
C'est un bon acteur.

to add   [tou AAD]   *v.*   •   ajouter
We're adding a place setting on the table.
Nous ajoutons un couvert sur la table.

address   [uh DREHS]   *n.*   •   l'adresse (f.)
What is your address?
Quelle est votre adresse?

admit   [aad MÏT]   *v.*   •   admettre
They admit their errors!
Ils admettent leurs erreurs!

adolescence   [aad o LEHS uhns]   *n.*   •
   l'adolescence (f.)
   adolescent   *n.*   •   l'adolescent(e) (m. f.)
Adolescence is an important stage of life.
L'adolescence est une étape importante dans la vie.

to adopt   [tou uh D<O>PT]   *v.*   •   adopter
The young couple is adopting a baby.
Le jeune couple adopte un bébé.

adventure [aad VEHN tsheur] *n.* • l'aventure (f.)
Crossing the Atlantic in a sailboat is a great adventure!
Traverser l'Atlantique en bateau à voile est une aventure
  extraordinaire!

adviser [aad VAY zeur] *n.* • le conseiller (m.)
Mr. Jones is my adviser.
Monsieur Jones est mon conseiller.

advertisement [aad veur TAYZ muhnt] *n.* • la
  publicité (f.)
  want ads *n.* • les petites annonces (f.)
There are a lot of advertisements in this magazine.
Il y a beaucoup de publicités dans cette revue.

afraid [uh FRED] *adj.* • effrayé(e) (m. f.)
  to be afraid of • avoir peur de
He is afraid of spiders.
Il a peur des araignées.

after [AAF teur] *prep.* • après
I'm going to leave after you.
Je vais partir après toi.

afternoon [aaf teur NOUN] *n.* • l'après-midi (m.)
I feel tired in the afternoon.
Je me sens fatigué l'après-midi.

afterwards [AAF teur weurds] *adv.* • après
We eat dinner, then afterwards we have dessert.
Nous dînons, puis après, nous prenons un dessert.

again [uh GEHN] *adv.* • encore une fois
  never again • jamais plus
Do that again!
Faites ça encore une fois!

against [uh GEHNST] *prep.* • contre
The other team is against us.
L'autre équipe est contre nous.

age [EJ] *n.* • l'âge (m.)
What is your age?
Quel âge as-tu?

to agree [tou uh GRI] *v.* • s'entendre, être d'accord
They agree on everything.
Ils s'entendent sur tout.

ahead (of) [uh HEHD] *adv.* • avant
She always arrives ahead of me.
Elle arrive toujours avant moi.

air [EHR] *n.* • l'air (m.)
  airline *n.* • la ligne aérienne (f.)
  airline steward/ess *n.* • l'hôte/sse (m. f.) de l'air
  by air mail • par avion
There is too much smoke in the air.
Il y a trop de fumée dans l'air.

air-conditioned [ehr cuhn DICH uhnd] *adj.* •
  climatisé(e) (m. f.)
  air-conditioning *n.* • la climatisation (f.)
This movie theater is air-conditioned.
Cette salle de cinéma est climatisée.

airplane [EHR plen] *n.* • l'avion (m.)
  in an airplane • en avion
We're going to France by airplane.
Nous allons en France en avion.

airport [EHR p<o>rt] *n.* • l'aéroport (m.)
It's fun to go to the airport.
C' est amusant d'aller à l'aéroport.

alarm clock   [uh LARM kl\<o>k]   *n.*   •
le réveil (m.), le réveille-matin (m.)
My alarm clock rings too early.
Mon réveil sonne trop tôt.

alike   [uh LAYK]   *adj.*   •   semblable (m. f.)
These dresses are alike.
Ces robes sont semblables.

all   [AL]   *adj.*   •   tout(e) (m. f.) tous (m. pl.) toutes (f. pl.)
  all at once   •   tout d'un coup
  all over   •   partout
  all right (OK)   •   d'accord
  not at all   •   pas du tout
We are all here.
Nous sommes tous ici.

almost   [AL most]   *adv.*   •   presque
It's almost time to go.
Il est presque l'heure de partir.

alone   [uh LON]   *adj.*   •   seul(e) (m. f.)
I am alone in the house.
Je suis seul dans la maison.

along   [uh L\<O>\<NG>]   *prep.*   •   le long de
  alongside   •   à côté de
There are trees all along the avenue.
Il y a des arbres tout le long de l'avenue.

aloud   [uh LOWD]   *adv.*   •   à haute voix
Repeat these sentences aloud.
Répétez ces phrases à haute voix.

alphabet   [AAL fuh beht]   *n.*   •   l'alphabet (m.)
The children in preschool learn the alphabet.
Les enfants à l'école maternelle apprennent l'alphabet.

already [al REH di] *adv.* • déjà
My brother is already there.
Mon frère est déjà là.

also (too) [AL so] *adv.* • aussi
I want to come also.
Je veux venir aussi.

always [AL wez] *adv.* • toujours
We always eat at six o'clock.
Nous mangeons toujours à six heures.

am [AAM] (je) suis (see *to be*)

a.m. [E ehm] *n.* • du matin (m.)
I go to school at 8 a.m.
Je vais à l'école à huit heures du matin.

to amaze [tou uh MEZ] *v.* • étonner
  amazing *adj.* • étonnant(e) (m. f.)
Her generosity amazes me.
Sa générosité m'étonne.

ambassador [aam BASS uh d<o>r] *n.* •
  l'ambassadeur (m.)
The ambassador works at the embassy.
L'ambassadeur travaille à l'ambassade.

ambulance [AAM byou luhns] *n.* • l'ambulance (f.)
My father drives an ambulance.
Mon père conduit une ambulance.

America [uh MEHR ï kuh] *n.* • l'Amérique (f.)
  American *adj.* • américain(e) (m. f.)
  American *n.* • un(e) Américain(e) (m. f.)
  North America • l'Amérique du Nord
  South America • l'Amérique du Sud
  Central America • l'Amérique Centrale
I am American.
Je suis américain.

to amuse [tou uh MYOUZ] *v.* • amuser
  amusing, fun *adj.* • amusant(e) (m. f.)
The boy amuses his little sister.
Le garçon amuse sa petite sœur.

an [AAN] *indef. art.* • un, une (m. f.)
This is an old movie.
C'est un vieux film.

ancestor [aan SEHS teur] *n.* • l'ancêtre (m.)
My ancestors come from Ireland.
Mes ancêtres viennent d'Irlande.

ancient [EN tshuhnt] *adj.* • ancien(ne) (m. f.)
We're going to visit the ancient ruins in Rome.
Nous allons visiter les anciennes ruines de Rome.

and [AAND] *conj.* • et
Paul and Véronique are going to the fair.
Paul et Véronique vont à la foire.

angel [EN juhl] *n.* • l'ange (m.)
Marie sings like an angel.
Marie chante comme un ange.

angry [E<NG> gri] *adj.* • fâché(e) (m. f.)
When John is angry, he yells.
Quand Jean est fâché, il crie.

animal [AA nuh muhl] *n.* • l'animal (m.)
  animals *pl.* • les animaux
The veterinarian takes care of the animals.
Le vétérinaire soigne les animaux.

anniversary (wedding) [aa nuh VEUR sri] *n.* •
  l'anniversaire (m.) de mariage
My parents' wedding anniversary is August 8.
L'anniversaire de mariage de mes parents est le 8 août.

to announce [tou uh NOWNS] *v.* • annoncer
  announcement *n.* • l'annonce (f.)
The stores announce sales in the newspaper.
Les magasins annoncent des soldes dans le journal.

annoying [uh NOY i<ng>] *adj.* • embêtant(e)(m. f.)
It's annoying to wait a long time.
Il est embêtant d'attendre longtemps.

another [uh NUH theur] *adj., pron.* •
  un, une autre (m. f.)
I need another piece of paper.
J'ai besoin d'une autre feuille de papier.

to answer [tou AAN seur] *v.* • répondre
  answer *n.* • la réponse (f.)
Answer questions 1-10.
Répondez aux questions 1 à 10.

ant [AANT] *n.* • la fourmi (f.)
Ants are hard workers.
Les fourmis sont travailleuses.

any [EHN i] *adj., pron.* • quelque (m. f.)
  anything *pron.* • quelque chose
  anyone *pron.* • quelqu'un
Does anyone want milk?
Est-ce que quelqu'un veut du lait?

apartment [uh PART muhnt] *n.* • l'appartement (m.)
  apartment building *n.* • l'immeuble (m.)
They have a big apartment.
Ils ont un grand appartement.

to appear [tou uh PIR] *v.* • paraître
She appears tired!
Elle paraît fatiguée!

appetite [AA puh tayt] *n.* • l'appétit (m.)
After her walk, she has a big appetite.
Après sa promenade, elle a un gros appétit.

appetizer [aa puh TAY zeur] *n.* • le hors-d'œuvre (m.)
There is a large selection of appetizers at this party.
Il y a un grand choix de hors-d'œuvre à cette soirée.

apple [AA puhl] *n.* • la pomme (f.)
Claude is making an apple pie.
Claude fait une tarte aux pommes.

appointment [uh POYNT muhnt] *n.* • le rendez-vous (m.)
I have a doctor's appointment at 9 o'clock.
J'ai rendez-vous chez le médecin à 9 heures.

to approach [tou uh PROTSH] *v.* • approcher
The dog is approaching the cat.
Le chien approche le chat.

apricot [AAP ruh K<o>t] *n.* • l'abricot (m.)
These apricots are expensive!
Ces abricots sont chers!

April [E pril] *n.* • avril (m.)
  April Fool • le Poisson d'avril
My birthday is in April.
Mon anniversaire est en avril.

apron [E pruhn] *n.* • le tablier (m.)
My grandmother wears an apron when she cooks.
Ma grand-mère porte un tablier quand elle fait la cuisine.

aquarium [uh KWEHR i uhm] *n.* • l'aquarium (m.)
Vincent has an aquarium in his room.
Vincent a un aquarium dans sa chambre.

are [AR] (nous) sommes (see *to be*)

area [EHR i uh] *n.* • la région (f.)
This area is very mountainous.
Cette région est très montagneuse.

arithmetic [uh RÏTH muh tïk] *n.* •
l'arithmétique (f.)
The children are studying arithmetic.
Les enfants étudient l'arithmétique.

arm [ARM] *n.* • le bras (m.)
  arm in arm • bras dessus, bras dessous
She is wearing five bracelets on her right arm.
Elle porte cinq bracelets sur son bras droit.

armchair [ARM tshehr] *n.* • le fauteuil (m.)
Sit down in this comfortable armchair.
Asseyez-vous dans ce fauteuil confortable.

army [AR mi] *n.* • l'armée (f.)
This country has a powerful army.
Ce pays a une armée puissante.

around [uh ROWND] *prep.* • autour de
The children are around me.
Les enfants sont autour de moi.

to arrange [tou uh RAYNJ] *v.* • arranger
Do you like to arrange flowers?
Est-ce que vous aimez arranger les fleurs?

to arrest [tou uh REHST] *v.* • arrêter
The policeman arrests the criminal.
L'agent arrête le criminel.

arrival [uh RAY vuhl]   *n.*   •   l'arrivée (f.)
We are waiting for the plane's arrival.
Nous attendons l'arrivée de l'avion.

to arrive [tou uh RAYV]   *v.*   •   arriver
Don't arrive too late!
N'arrivez pas trop tard!

arrow [EHR ro]   *n.*   •   la flèche (f.)
John is shooting an arrow at the target.
Jean tire sur la cible avec une flèche.

art [ART]   *n.*   •   l'art (m.)
  artist   *n.*   •   l'artiste (m. f.)
I like this artist's work.
J'aime l'œuvre de cet artiste.

as [AAZ]   *adv., conj., prep.*   •   comme
She is as slow as a turtle!
Elle est aussi lente qu' une tortue!

to be ashamed [tou bi uh CHEMD]   *v.*   •   avoir
  honte
The little boy is ashamed when he is naughty.
Le petit garçon a honte quand il est méchant.

Asia [E suh]   *n.*   •   l'Asie (f.)
My uncle often travels in Asia.
Mon oncle voyage souvent en Asie.

to ask (for) [tou AASK f<o>r]   *v.*   •   demander
I ask the waitress for more coffee.
Je demande plus de café à la serveuse.

asleep [uh SLIP] *adj.* • endormi(e) (m. f.)
  to fall asleep *v.* • s'endormir
  to be asleep *v.* • dormir
The cat is asleep on the couch.
Le chat dort sur le sofa.

asparagus [uh SPEHR uh guhs] *n. pl.* • les
  asperges (f.)
Do you like asparagus?
Aimez-vous les asperges?

assignment [uh SAYN muhnt] *n.* • le devoir (m.)
We have a long assignment for history class.
Nous avons un long devoir pour le cours d'histoire.

assistant [uh SÏS tuhnt] *n., adj.* • aide,
  assistant(e) (m. f.)
Peter is an assistant in a laboratory.
Pierre est assistant dans un laboratoire.

astronaut [AAS tro n<o>t] *n.* • l'astronaute (m.)
Astronauts must be intelligent.
Les astronautes doivent être intelligents.

at [AAT] *prep.* • à
  at last • enfin
She is always at the library.
Elle est toujours à la bibliothèque.

Atlantic [aat LAAn tïk] *n.* • l'Atlantique (f.)
I live near the Atlantic Ocean.
J'habite près de l'océan Atlantique.

athlete [AATH lit] *n.* • l'athlète (m.)
  athletic *adj.* • athlétique (m. f.)
Can you name a famous athlete?
Peux-tu nommer un athlète célèbre?

attend [uh TEHND] *v.* • assister à
They are attending the concert tonight.
Ils assistent au concert ce soir.

attention [uh TEHN chuhn] *n.* • l'attention (f.)
  to pay attention to • faire attention à
The students pay attention to the teacher.
Les élèves font attention au professeur.

attic [AA tik] *n.* • le grenier (m.)
My grandmother has a big attic.
Ma grand-mère a un grand grenier.

to attract [tou uh TRAAKT] *v.* • attirer
Sugar attracts flies.
Le sucre attire les mouches.

August [<O> guhst] *n.* • août (m.)
My brother was born in August.
Mon frère est né au mois d'août.

aunt [AANT] *n.* • la tante (f.)
My aunt's name is Sophia.
Ma tante s'appelle Sophie.

Australia [<o>s TREL yuh] *n.* • l'Australie (f.)
  Australian *adj.* • australien(ne) (m. f.)
  Australian *n.* • un(e) Australien(ne) (m. f.)
Many different animals live in Australia.
Beaucoup d'animaux différents vivent en Australie.

Austria [<O>S tri uh] *n.* • l'Autriche (f.)
  Austrian *adj.* • autrichien(ne) (m. f.)
  Austrian *n.* • un(e) Autrichien(ne) (m. f.)
You find beautiful scenery in Austria.
On trouve de beaux paysages en Autriche.

author [<O> theur] *n.* • l'auteur (m.)
Who is your favorite author?
Qui est ton auteur préféré?

auto(mobile) [<O> tuh mo bil] *n.* • l'auto (f.)
We have an old automobile.
Nous avons une vieille auto.

autumn [<O> tuhm] *n.* • l'automne (m.)
The leaves are beautiful in autumn.
Les feuilles sont belles en automne.

avenue [AA vuh nou] *n.* • l'avenue (f.)
This avenue is very wide.
Cette avenue est très large.

to avoid [tou uh VOYD] *v.* • éviter
My brother avoids punishment almost all the time.
Mon frère évite la punition presque tout le temps.

awful [<O> fuhl] *adj.* • affreux (m.) affreuse (f.)
This noise is awful!
Ce bruit est affreux!

awkward [AK weurd] *adj.* • gauche (m. f.)
These big birds are awkward.
Ces grands oiseaux sont gauches.

B

baby [BE bi] *n.* • le bébé (m.)
  baby carriage *n.* • la voiture (f.) d'enfant
  baby sitter *n.* • la gardienne (f.) d'enfant
What is this baby's name?
Comment s'appelle ce bébé?

back [BAAK] *n.* • le dos (m.)
  to give back *v.* • rendre
  background (theat.) *n.* • l'arrière-plan (m.)
Can you scratch my back?
Peux-tu me gratter le dos?

bad [BAAD] *adj.* • mauvais(e) (m. f.)
  badly *adv.* • mal
  That's too bad. • C'est dommage.
The harvest is bad this year.
La récolte est mauvaise cette année.

bag [BAAG] *n.* • le sac (m.)
This bag is very heavy.
Ce sac est très lourd.

baggage [BAA guhj] *n. pl.* • les bagages (m.)
They put the baggage on the platform.
On met les bagages sur le quai.

to bake [tou BEK] *v.* • faire cuire (au four)
  baker *n.* • le boulanger (m.), la boulangère (f.)
  bakery *n.* • la boulangerie (f.)
The baker bakes the bread in his oven.
Le boulanger fait cuire le pain dans son four.

ball [BAL] *n.* • la balle (f.), le ballon (m.)
The child throws the ball.
L'enfant lance la balle.

balloon [buh LOUN] *n.* • le ballon (m.)
The balloon is bursting.
Le ballon éclate.

ball-point pen [bal poynt PEHN] *n.* • le stylo (m.) à
  bille
I prefer to write with a ball-point pen.
Je préfère écrire avec un stylo à bille.

banana [buh NAAN uh] *n.* • la banane (f.)
The monkey is eating a banana.
Le singe mange une banane.

bank [BÃÃK] *n.* • la banque (f.)
  banker *n.* • le banquier (m.)
There is a bank on the corner.
Il y a une banque au coin.

barn [BARN] *n.* • la grange (f.)
An owl lives in this old barn.
Un hibou habite dans cette vieille grange.

baseball [BES bal] *n.* • le base-ball (m.)
Do we have enough players to play baseball?
Avons-nous assez de joueurs pour jouer au base-ball?

basket [BAAS kuht] *n.* • le panier (m.)
My mother is putting the fruits in a basket.
Ma mère met les fruits dans un panier.

basketball [BAAS kuht bal] *n.* • le basket (m.)
  to play basketball • jouer au basket
Do you want to play basketball with us?
Veux-tu jouer au basket avec nous?

bath [BAATH] *n.* • le bain (m.)
  bathroom *n.* • la salle (f.) de bains
  bathtub *n.* • la baignoire (f.)
  sunbath *n.* • le bain (m.) de soleil
  bathing suit *n.* • le maillot (m.) (de bain)
  bathroom sink *n.* • le lavabo (m.)
She puts bubbles in her bath.
Elle met des bulles dans son bain.

to be [tou BI] *v.* • être
   I am fine.(well) • Je vais bien.
   I am hungry. • J'ai faim.
   It is nice out. • Il fait beau.
   to be early • être en avance
   to be late • être en retard
   to be born • être né
   to be lucky • avoir de la chance
Are we late?
Est-ce que nous sommes en retard?

to be able (can) [tou bi E buhl] *v.* • pouvoir
They can solve this problem.
Ils peuvent résoudre ce problème.

beach [BITSH] *n.* • la plage (f.)
We take a walk on the beach after dinner.
Nous nous promenons sur la plage après le dîner.

to be acquainted with (to know)
   [tou bi uh KWEN tuhd wïth] *v.* • connaître
I don't know those people.
Je ne connais pas ces gens-là.

to be afraid [tou bi uh FRED] *v.* • avoir peur
What are you afraid of?
De quoi as-tu peur?

beak [BIK] *n.* • le bec (m.)
The bird cracks seeds with its beak.
L'oiseau casse des graines avec son bec.

beans [BINS] *n. pl.* • les haricots (m.)
   green beans *n. pl.* • les haricots verts (m.)
We are having green beans for a vegetable.
Comme légume, nous avons des haricots verts.

bear [BEHR] *n.* • l'ours (m.)
These bears are enormous!
Ces ours sont énormes!

beard [BIRD] *n.* • la barbe (f.)
My dad has a beard.
Mon père a une barbe.

beast (animal) [BIST] *n.* • la bête (f.)
These wild animals scare me!
Ces bêtes sauvages me font peur!

to beat [tou BIT] *v.* • battre
Their football team beats us every year.
Leur équipe de football nous bat tous les ans.

beautiful [BYOU tuh fuhl] *adj.* • beau (m.)
beaux (m. pl.) belle (f.) belles (f. pl.)
They have a beautiful house.
Ils ont une belle maison.

to be called (name) [tou bi KALD] *v.* • s'appeler
What is your name? • Comment vous appelez-vous?
What is your cousin's name?
Comment s'appelle votre cousin?

Be careful! (watch out) [bi KEHR fuhl] *v.* •
Attention! (f.)
to be careful • faire attention
Be careful! This dog bites!
Attention! Ce chien mord!

beaver [BI veur] *n.* • le castor (m.)
Beavers live next to the water.
Les castors habitent près de l'eau.

because [bi KUHZ] *conj.* • parce que
 because of *adv.* • à cause de
John can't go because he has work to do.
Jean ne peux pas y aller parce qu'il a du travail à faire.

to become [tou bi KUHM] *v.* • devenir
Robert is becoming impossible!
Robert devient impossible!

bed [BEHD] *n.* • le lit (m.)
 bedroom *n.* • la chambre (f.) (à coucher)
 to go to bed *v.* • se coucher
 to make the bed *v.* • faire le lit
My bed is comfortable.
Mon lit est confortable.

bee [BI] *n.* • l'abeille (f.)
Bees work hard.
Les abeilles travaillent dur.

beef [BIF] *n.* • la viande (f.) de bœuf
 beef steak *n.* • le bifteck (m.)
 roast beef *n.* • le rosbif (m.)
I prefer my roastbeef medium.
Je préfère mon rosbif à point.

before [bi FOR] *adv., prep.* • avant
 the night before (eve) *n.* • la veille (f.)
They arrived before us.
Ils sont arrivés avant nous.

to be frightened [tou bi FRAY tuhnd] *v.* • avoir
 peur
My little sister is frightened of insects.
Ma petite sœur a peur des insectes.

to begin   [tou bi GÏN]   *v.*   •   commencer
   beginning   *n.*   •   le commencement (m.)
What time does the movie begin?
A quelle heure commence le film?

to behave   [tou bi HEV]   *v.*   •   se conduire
   Behave!   •   Sois sage!
   behavior   *n.*   •   le comportement (m.)
   to behave well   •   se conduire bien
   to behave badly   •   se conduire mal
All these children are well behaved.
Tous ces enfants se conduisent très bien.

behind   [bi HAYND]   *prep.*   •   derrière
Who is behind us?
Qui est derrière nous?

to be hungry   [tou bi HUHN gri]   *v.*   •   avoir faim
Our cat is hungry all the time.
Notre chat a faim tout le temps.

Belgium   [BEHL juhm]   *n.*   •   la Belgique (f.)
   Belgian   *adj.*   •   belge (m. f.)
   Belgian   *n.*   •   un(e) Belge (m. f.)
They speak French and Flemmish in Belgium.
On parle français et flamand en Belgique.

to believe   [tou bi LIV]   *v.*   •   croire
   believable   *adj.*   •   croyable (m. f.)
   unbelievable   *adj.*   •   incroyable (m. f.)
I believe that it is true.
Je crois que c'est vrai.

bell   [BEHL]   *n.*   •   la cloche (f.)
   doorbell   *n.*   •   la sonnette (f.)
There is a bell in the church's steeple.
Il y a une cloche dans le clocher de l'église.

to belong (to) [tou bi L<O><NG>] *v.* • appartenir (à)
This suitcase belongs to my father.
Cette valise appartient à mon père.

below [bi LO] *prep.* • au-dessous de
The stores are below the apartments.
Les magasins sont au-dessous des appartements.

belt [BEHLT] *n.* • la ceinture (f.)
I need a belt with this skirt.
J'ai besoin d'une ceinture avec cette jupe.

bench [BEHNTSH] *n.* • le banc (m.)
They sit down on a bench in the park.
Ils s'asseyent sur un banc dans le parc.

beneath [bi NITH] *prep.* • sous
I put my books beneath my chair.
Je mets mes livres sous ma chaise.

to be part of [tou bi PART uhv] *v.* • faire partie (de)
This is part of our studies.
Cela fait partie de nos études.

to be quiet [tou bi KWAY uht] *v.* • se taire
The students are quiet when the teacher enters the classroom.
Les élèves se taisent quand le maître entre dans la classe.

to be right [tou bi RAYT] *v.* • avoir raison
Is your mother always right?
Est-ce que ta mère a toujours raison?

beside [bi SAYD] *prep.* • à côté de
  besides *adv.* • d'ailleurs
My dog sits beside me.
Mon chien s'assied à côté de moi.

to be sleepy [tou bi SLI pi] *v.* • avoir sommeil
If I am sleepy, I go to bed.
Si j'ai sommeil, je vais au lit.

best [BEHST] *adj.* • meilleur(e) (m. f.)
  the best • le meilleur (m.), la meilleure (f.)
He is my best friend.
C'est mon meilleur ami.

to be thirsty [tou bi THEUR sti] *v.* • avoir soif
May I have a glass of water? I am thirsty.
Puis-je avoir un verre d'eau? J'ai soif.

better [BEH teur] *adj.* • meilleur(e) (m. f.)
This cake is better than that one.
Ce gâteau-ci est meilleur que celui-là.

between [bi TWIN] *prep.* • entre
I sit down between my two best friends.
Je m'assieds entre mes deux meilleurs amis.

beverage [BEHV ruhj] *n.* • la boisson (f.)
What would you like as a beverage?
Que désirez-vous comme boisson?

to be wrong [tou bi R<O><NG>] *v.* • avoir tort
My mother is not often wrong.
Ma mère n'a pas souvent tort.

bicycle [BAY sï kuhl] *n.* • la bicyclette (f.)
  to ride a bicycle *v.* • monter (aller) à bicyclette
Don't leave your bicycle outside when it's raining.
Ne laisse pas ta bicyclette dehors quand il pleut.

big [BÏG] *adj.* • grand(e) (m. f.)
  bigger • plus grand que
This is a big park.
C'est un grand parc.

bike [BAYK] *n.* • le vélo (m.)
I got a new bike for my birthday.
J'ai reçu un nouveau vélo pour mon anniversaire.

bill (restaurant) [BÏL] *n.* • l'addition (f.)
The waiter brings us the bill.
Le serveur nous apporte l'addition.

billfold [BÏL fold] *n.* • le portefeuille (m.)
My billfold is in my pocket.
Mon portefeuille est dans ma poche.

biology [bay <O>L uh ji] *n.* • la biologie (f.)
My sister studies biology at the university.
Ma sœur étudie la biologie à l'université.

bird [BEURD] *n.* • l'oiseau (m.)
The birds make their nests in the trees.
Les oiseaux font leurs nids dans les arbres.

birthday [BEURTH de] *n.* • l'anniversaire (m.)
  Happy Birthday! • Bon anniversaire!
When is your birthday?
Quand est ton anniversaire?

bite [BAYT] *v.* • mordre; (insect) piquer
I am afraid of animals that bite.
J'ai peur des animaux qui mordent.

black [BLAAK] *adj.* • noir(e) (m. f.)
He is wearing his black shoes.
Il porte ses chaussures noires.

blackboard [BLAAK bord] *n. pl.* • le tableau (m.)
The teacher writes on the blackboard.
Le professeur écrit sur le tableau.

blanket [BLÃÃN kuht] *n.* • la couverture (f.)
This blanket is warm.
Cette couverture est chaude.

blind [BLAYND] *adj.* • aveugle (m. f.)
My grandmother is almost blind.
Ma grand-mère est presque aveugle.

blond [BL<O>ND] *adj.* • blond(e) (m. f.)
These girls are blond.
Ces filles sont blondes.

blood [BLUHD] *n.* • le sang (m.)
He gives blood at the Red Cross.
Il donne du sang à la Croix Rouge.

blouse [BLOWS] *n.* • le chemisier (m.)
Does this blouse go with this skirt?
Est-ce que ce chemisier va bien avec cette jupe?

to blow [tou BLO] *v.* • souffler
Blow out the candle!
Soufflez la bougie!

blue [BLOU] *adj.* • bleu(e) (m. f.)
My father is wearing his blue suit today.
Mon père porte son complet bleu aujourd'hui.

to blush [tou BLUHCH] *v.* • rougir
When everyone looks at Richard, he blushes.
Quand tout le monde regarde Richard, il rougit.

boat [BOT] *n.* • le bateau (m.)
  by boat • en bateau
  sailboat • le bateau à voiles
We take a boat to go fishing.
Nous prenons un bateau pour aller à la pêche.

body [B<O> di] *n.* • le corps (m.)
Medical students study the human body.
Les étudiants en médecine étudient le corps humain.

bone [BON] *n.* • l'os (m.)
 fishbone *n.* • l'arête (f.)
The dog is burying a bone.
Le chien enterre un os.

book [BEUHK] *n.* • le livre (m.)
 bookstore *n.* • la librairie (f.)
I prefer to give books for presents.
Je préfère offrir des livres comme cadeaux.

boot [BOUT] *n.* • la botte (f.)
Suzanne walks in the snow with her boots.
Suzanne marche dans la neige avec ses bottes.

boring [BOR i<ng>] *adj.* • ennuyeux(-euse) (m. f.)
This book is too boring to finish.
Ce livre est trop ennuyeux pour le finir.

born [BORN] *p. p. of naitre* • né(e) (m. f.)
He was born in Paris.
Il est né à Paris.

to borrow (from) [tou BAR o] *v.* • emprunter (à)
He is always borrowing my car.
Il emprunte toujours ma voiture.

boss [B<O>S] *n.* • le patron (m.)
My boss pays me well.
Mon patron me paye bien.

both [BOGH] *pron.* • tous les deux
Maurice and Alan are both going to the movies.
Maurice et Alan vont tous les deux au cinéma.

bottle [BA duhl] *n.* • la bouteille (f.)
We wash all the bottles.
Nous lavons toutes les bouteilles.

bottom [BA duhm] *n.* • le fond (m.)
Put the heavier things in the bottom of the box.
Mettez les choses les plus lourdes au fond de la boîte.

boulevard [BUHL uh vard] *n.* • le boulevard (m.)
Are you familiar with the Boulevard St-Michel in Paris?
Connaissez-vous le boulevard St-Michel à Paris?

bouquet [bou KE] *n.* • le bouquet (m.)
My favorite flowers are in this bouquet.
Mes fleurs préférées sont dans ce bouquet.

boutique [bou TIK] *n.* • la boutique (f.)
My cousin is a clerk in this boutique.
Ma cousine est vendeuse dans cette boutique.

bowl [BOL] *n.* • le bol (m.)
I put the fruit in a porcelain bowl.
Je mets les fruits dans un bol de porcelaine.

box [B<O>KS] *n.* • la boîte (f.)
This box isn't big enough!
Cette boîte n'est pas assez grande!

boy [BOY] *n.* • le garçon (m.)
This boy is my neighbor.
Ce garçon est mon voisin.

bracelet [BRES luht] *n.* • le bracelet (m.)
This girl is wearing several bracelets.
Cette jeune fille porte plusieurs bracelets.

brain [BREN] *n.* • le cerveau (m.)
The skull protects the brain.
Le crane protège le cerveau.

branch [BRÃÃTSH] *n.* • la branche (f.)
The branches are bare in winter.
Les branches sont nues en hiver.

brave [BREV] *adj.* • courageux (m.), courageuse (f.)
Policemen are very brave.
Les agents de police sont très courageux.

bread [BREHD] *n.* • le pain (m.)
  bread and jam *n.* • la tartine (f.)
You buy bread at the bakery.
On achète du pain à la boulangerie.

to break [tou brek] *v.* • casser
  to break up *v.* • se séparer
Glass breaks easily.
Le verre casse facilement.

breakfast [BREHK fuhst] *n.* • le petit déjeuner (m.)
At what time do you eat breakfast?
A quelle heure prends-tu le petit déjeuner?

bridge [BRĬJ] *n.* • le pont (m.)
The Saint-Michel bridge crosses the Seine river.
Le pont Saint-Michel traverse la Seine.

briefcase [BRIF kes] *n.* • la serviette (f.)
My father never forgets his briefcase.
Mon père n'oublie jamais sa serviette.

to bring (people) [tou BRI<NG>] *v.* • amener
  (thing) *v.* • apporter
He is bringing his friend to the party.
Il amène son amie à la boum.

broad [BR<O>D] *adj.* • large (m. f.)
This street is very broad.
Cette rue est très large.

brook [BREUHK] *n.* • le ruisseau (m.)
The boy fishes in this little brook.
Le garçon pêche dans ce petit ruisseau.

broom [BROUM] *n.* • le balai (m.)
The broom is in the corner of the closest.
Le balai est dans le coin du placard.

brother [BRUH theur] *n.* • le frère (m.)
I have a brother and a sister.
J'ai un frère et une sœur.

brown [BROWN] *adj.* • marron (invariable) (m. f.)
Her brown coat looks good on her.
Son manteau marron lui va bien.

brunette [brou NEHT] *n. adj.* • brune (m. f.)
My mother is a brunette.
Ma mère est brune.

brush [BRUHCH] *n.* • la brosse (f.)
toothbrush *n.* • la brosse (f.) à dents
The brush is in the drawer.
La brosse est dans le tiroir.

to brush (oneself) [tou BRUHCH] *v.* • se brosser
I brush my hair every morning.
Je me brosse les cheveux tous les matins.

bucket [BUH kuht] *n.* • le seau (m.)
I carry water in a bucket.
Je porte de l'eau dans un seau.

to build [tou BÏLD] *v.* • bâtir
We are building a new house outside of town.
Nous bâtissons une nouvelle maison en dehors de la ville.

building [BÏL di<ng>] *n.* • le bâtiment (m.)
  apartment building *n.* • l'immeuble (m.)
There are offices in this building.
Il y a des bureaux dans ce bâtiment.

burglar [BEUR gleur] *n.* • le cambrioleur (m.)
The burglar came when no one was at home.
Le cambrioleur est venu quand il n'y avait personne à la maison.

to burn [tou BEURN] *v.* • brûler
We burn leaves in autumn.
On brûle les feuilles en automne.

bus (city bus, schoolbus) [BUHS] *n.* • l'autobus (m.)
  excursion bus *n.* • l'autocar (m.)
We have been waiting for the bus for one-half hour.
Nous attendons l'autobus depuis une demi-heure.

business [BÏZ nuhs] *n. pl.* • les affaires (f.)
  businessman *n.* • l'homme (m.) d'affaires
  businesswoman *n.* • la femme (f.) d'affaires
  Mind your own business. • Ce n'est pas votre
    affaire.
Mr. Jones has much business in town.
Monsieur Jones a beaucoup d'affaires en ville.

busy [BÏ zi] *adj.* • occupé(e) (m. f.)
The secretary is very busy.
Le secrétaire est très occupé.

but [BUHT] *conj., prep.* • mais
I would like some cake, but I am on a diet.
Je voudrais du gâteau, mais je suis au régime.

butcher [beuh TSHEUR] *n.* • le boucher (m.)
  butcher shop *n.* • la boucherie (f.)
We buy meat at the butcher's.
Nous achetons de la viande chez le boucher.

butter [BUH teur] *n.* • le beurre (m.)
Pascal puts butter on his bread.
Pascal met du beurre sur son pain.

butterfly [BUH teur flay] *n.* • le papillon (m.)
The child tries to catch the butterfly.
L'enfant essaie d'attraper le papillon.

button [BUH tuhn] *n.* • le bouton (m.)
I don't like to sew buttons.
Je n'aime pas coudre des boutons.

to buy [tou BAY] *v.* • acheter
We buy our vegetables at the market.
Nous achetons nos légumes au marché.

by [BAY] *prep.* • près de, en, par
  by plane • en avion
  by car • en voiture
  (by) airmail • par avion
  by oneself • tout seul
  by day • par jour
  one by one • un à un
His parents live by us.
Ses parents habitent près de nous.

C

cabbage [KAA buhj] *n.* • le chou (m.)
Rabbits are eating the cabbages in our garden.
Les lapins mangent les choux de notre potager.

cafe [KAA fe] *n.* • le café (m.)
  sidewalk cafe • la terrasse de café
My dad owns a cafe.
Mon père est propriétaire d'un café.

cake [KEK] *n.* • le gâteau (m.)
What kind of cake do you want for your birthday?
Quelle sorte de gâteau veux-tu pour ton anniversaire?

calculator [KAAL kyou le teur] *n.* • la
  calculatrice (f.)
This calculator doesn't work.
Cette calculatrice ne marche pas.

calendar [KAAL uhn deur] *n.* • le calendrier (m.)
There is a calendar next to the telephone.
Il y a un calendrier à côté du téléphone.

calf [KAAF] *n.* • le veau (m.)
The calf follows his mother.
Le veau suit sa mère.

to call [tou KAL] *v.* • appeler
Mom calls us when dinner is ready.
Maman nous appelle quand le dîner est prêt.

calm [KALM] *adj.* • tranquille (m. f.)
When everyone is asleep, the house is calm.
Quand tout le monde dort, la maison est tranquille.

camel [KAA muhl] *n.* • le chameau (m.)
Camels live in the desert.
Les chameaux vivent dans le désert.

camera [KAAM ruh] *n.* • l'appareil (-photo) (m.)
This camera takes good pictures.
Cet appareil prend de bonnes photos.

camp [KAAMP] *n.* • la colonie (f.) de vacances
When are you going to summer camp?
Quand est-ce que tu vas en colonie de vacances?

camper [KAAM peur] *n.* • la caravane (f.)
    to go camping *v.* • faire du camping
I go camping with my family in our camper.
Je fais du camping avec ma famille dans notre caravane.

can (to be able) [KAAN] *v.* • pouvoir
Can your brother drive?
Est-ce que ton frère sait conduire?

Canada [KAAN uh duh] *n.* • le Canada (m.)
    Canadian *adj.* • canadien(ienne) (m. f.)
    Canadian *n.* • un(e) Canadien(ne) (m. f.)
Canada is north of the United States.
Le Canada est au nord des Etats-Unis.

candle [KAAN duhl] *n.* • la bougie (f.)
Can you light the candles, please?
Pouvez-vous allumer les bougies, s'il vous plaît?

candy [KAAN di] *n.* • le bonbon (m.)
    candy store *n.* • la confiserie (f.)
We get candy at the candy store.
Nous achetons des bonbons à la confiserie.

cap [KAPP] *n.* • la casquette (f.)
All the members of my team have the same caps.
Tous les membres de mon équipe ont les mêmes casquettes.

capital [KAAP uh tuhl] *n.* • la capitale (f.)
  capital letter *n.* • la majuscule (f.)
Washington, D.C. is the capital of the United States.
Washington, D.C. est la capitale des Etats-Unis.

car [KAR] *n.* • la voiture (f.), l'auto(mobile) (f.)
  railroad car *n.* • le wagon (m.)
They have a new red car.
Ils ont une nouvelle voiture rouge.

card [KARD] *n.* • la carte (f.)
  to play cards *v.* • jouer aux cartes
  postcard *n.* • la carte postale (f.)
My little brother is learning to play cards.
Mon petit frère apprend à jouer aux cartes.

career [kuh RIR] *n.* • la carrière (f.), la profession (f.)
Which career are you going to choose?
Quelle carrière vas-tu choisir?

carefully [KEHR fuhl li] *adv.* • avec soin
When it's bad out, you must drive carefully.
Quand il fait mauvais, on doit conduire avec soin.

carpenter [KAR pehn teur] *n.* • le charpentier (m.)
The carpenters are building a house.
Les charpentiers construisent une maison.

carpet [KAR puht] *n.* • le tapis (m.)
  wall-to-wall carpet *n.* • la moquette (f.)
My sister is vacuuming the carpet.
Ma sœur passe l'aspirateur sur le tapis.

carrot [KEHR uht] *n.* • la carotte (f.)
The rabbit is eating a carrot.
Le lapin mange une carotte.

to carry [tou KEHR i] *v.* • porter
I'm going to carry my suitcase to my room.
Je vais porter ma valise dans ma chambre.

cartoon (animated) [kar TOUN] *n.* •
le dessin animé (m.)
comic strip *n.* • la bande dessinée (f.)
Walt Disney has created many cartoons.
Walt Disney a créé beaucoup de dessins animés.

castle [KAAS uhl] *n.* • le château (m.)
I like to visit castles.
J'aime visiter les châteaux.

cat [KAAT] *n.* • le chat (m.)
Are you allergic to cats?
Etes-vous allergique aux chats?

to catch [tou KAATSH] *v.* • attraper
  to catch a cold *v.* • prendre froid
  to catch fire *v.* • prendre feu
  to catch up with *v.* • rattraper
I am going to throw the ball, and Michael is going to catch it.
Je vais lancer la balle et Michel va l'attraper.

caterpillar [KAAT uh pil eur] *n.* • la chenille (f.)
The caterpillar becomes a butterfly.
La chenille devient un papillon.

cauliflower [KAL uh flow eur] *n.* • le chou-fleur
(m.), choux-fleurs (pl.)
Cauliflower is my favorite vegetable.
Le chou-fleur est mon légume préféré.

cave [KEV] *n.* • la caverne (f.)
Bats live in caves.
Les chauve-souris vivent dans les cavernes.

ceiling [SIL i<ng>] *n.* • le plafond (m.)
There is a fly on the ceiling.
Il y a une mouche au plafond.

celebration [sehl uh BRE chuhn] *n.* • la fête (f.)
   to celebrate *v.* • célébrer
There is a celebration in town today.
Il y a une fête en ville aujourd'hui.

celery [SEHL uh ri] *n.* • le céléri (m.)
My mother buys celery at the supermarket.
Ma mère achète du céléri au supermarché.

cellar [SEHL eur] *n.* • la cave (f.)
The French put their wine in the cellar.
Les Français mettent leur vin à la cave.

central [SEHN truhl] *adj.* • central(e) (m. f.)
   center *n.* • le centre (m.)
   Central America *n.* • l'Amérique Centrale (f.)
This store is in the central part of town.
Ce magasin se trouve dans le quartier central de la ville.

certain [SEUR tuhn] *adj.* • certain(e) (m. f.)
   certainly *adv.* • bien sûr
I'm certain that they are coming tonight.
Je suis certain qu'ils viennent ce soir.

chair [TSHEHR] *n.* • la chaise (f.)
   armchair, easy chair *n.* • le fauteuil (m.)
There are six chairs around the table.
Il y a six chaises autour de la table.

chalk [TSH<O>K] *n.* • la craie (f.)
  chalk board *n.* • le tableau (m.)
The teacher writes on the chalkboard with chalk.
Le professeur écrit sur le tableau avec de la craie.

to change [tou TSHENJ] *v.* • changer
  change (money) *n.* • la monnaie (f.)
He always changes his mind.
Il change toujours d' avis.

chapter [TSHAAP teur] *n.* • le chapitre (m.)
Mark reads five chapters a day.
Marc lit cinq chapitres par jour.

cheap(ly) [TSHIP li] *adj.,adv.* • bon marché, pas cher
All these clothes are on sale. They are cheap!
Tous ces vêtements sont en solde. Ils sont bon marché!

to cheat [tou TSHIT] *v.* • tricher, tromper (to deceive)
I don't play with these children anymore because they cheat.
Je ne joue plus avec ces enfants parce qu'ils trichent.

check (restaurant) [TSHEHK] *n.* •
  l'addition (f.)
  (bank) *n.* • le chèque (bancaire) (m.)
The waiter brings the check after the meal.
Le serveur apporte l'addition après le repas.

checkers [TSHEHK eurz] *n.* • le jeu (m.) de dames
  to play checkers *v.* • jouer aux dames
I play checkers with my little sister.
Je joue aux dames avec ma petite sœur.

cheek [TSHIK] *n.* • la joue (f.)
Martine always has pink cheeks!
Martine a toujours les joues roses!

cheerful [TSHIR fuhl] *adj.* • gai(e) (m. f.)
This girl seems cheerful.
Cette fille a l'air gaie.

cheese [TSHIZ] *n.* • le fromage (m.)
  grilled ham and cheese sandwich • le croque-
    monsieur
What is your favorite cheese?
Quel est ton fromage préféré?

chemistry [KEHM uhs tri] *n.* • la chimie (f.)
Is chemistry a hard course?
Est-ce que la chimie est un cours difficile?

cherry [TSHEHR i] *n.* • la cerise (f.)
The birds are eating our cherries!
Les oiseaux mangent nos cerises!

chess [TSHEHS] *n.* • les échecs (m. pl.)
  to play chess *v.* • jouer aux échecs
We are learning to play chess.
Nous apprenons à jouer aux échecs.

chicken [TSHÏ kuhn] *n.* • le poulet (m.)
We have a good recipe for chicken.
Nous avons une bonne recette pour le poulet.

child [TSHAYLD] *n.* • l'enfant (m. f.)
  children *pl.* • les enfants
What is this child's name?
Comment s'appelle cet enfant?

chimney [TSHÏM ni] *n.* • la cheminée (f.)
Some swallows have made their nest in our chimney.
Des hirondelles ont fait leur nid dans notre cheminée.

chin [TSHÏN] *n.* • le menton (m.)
Pierre has a bruise on his chin.
Pierre a un bleu sur le menton.

China [TSHAY nuh] *n.* • la Chine (f.)
   Chinese *adj.* • chinois(e) (m. f.)
   Chinese *n.* • un(e) Chinois(e) (m. f.)
I hope to go to China.
J'espère aller en Chine.

chocolate [TSH<O>K luht] *n., adj.* • le chocolat
   (m.)
I'm going to give a box of chocolates to my mother.
Je vais offrir une boîte de chocolats à ma mère.

choice [TSHOYS] *n.* • le choix (m.)
Patricia wants to make the right choice.
Patricia veut faire le bon choix.

choir [KWAY eur] *n.* • le chœur (m.)
This choir sings very well.
Ce chœur chante très bien.

to choose [tou TSHOUZ] *v.* • choisir
Make up your mind. You have to choose.
Décidez-vous. Il faut choisir.

chop [TSH<O>P] *n.* • la côtelette (f.)
We're going to have pork chops tonight.
Nous allons manger des côtelettes de porc ce soir.

Christmas [KRĬS muhs] *n.* • Noël (m.)
   Christmas Eve • la veille de Noël
Christmas is December 25.
Noël est le 25 décembre.

church [TSHEURTSH] *n.* • l'église (f.)
This church is very old.
Cette église est très vieille.

cigarette [sï guh REHT] *n.* • la cigarette (f.)
Cigarettes make me cough.
Les cigarettes me font tousser.

circle [SEUR kuhl] *n.* • le cercle (m.)
Andrew is drawing a circle on the paper.
André dessine un cercle sur le papier.

circus [SEUR kuhs] *n.* • le cirque (m.)
The circus goes from town to town.
Le cirque va de ville en ville.

citizen [SÏ tuh suhn] *n.* • le citoyen (m.), la citoyenne (f.)
I am a French citizen.
Je suis citoyen français.

city [SÏ ti] *n.* • la ville (f.), la cité (f.)
  city hall *n.* • la mairie (f.)
Do you want to live in the city or in the country?
Voulez-vous habiter en ville ou à la campagne?

clarinet [klehr uh NEHT] *n.* • la clarinette (f.)
My sister plays the clarinet.
Ma sœur joue de la clarinette.

class [KLASS] *n.* • la classe (f.); le cours (m.)
  classroom *n.* • la salle de (f.) classe
How many students are in this class?
Combien d'élèves y a-t-il dans cette classe?

to clean [tou KLIN] *v.* • nettoyer
We clean the house each week.
Nous nettoyons la maison chaque semaine.

clean [KLIN] *adj.* • propre (m. f.)
Every Monday she puts clean sheets on the beds.
Tous les lundis elle met des draps propres sur les lits.

clear [KLIR] *adj.* • clair(e) (m. f.)
This explanation is not clear.
Cette explication n'est pas claire.

climb [KLAYM] *v.* • grimper
Boys like to climb trees.
Les petits garçons aiment grimper aux arbres.

clock [KL<O>K] *n.* • l'horloge (f.)
  alarm clock *n.* • le réveil (m.)
There is a clock in the entry.
Il y a une horloge dans l'entrée.

to close [tou KLOZ] *v.* • fermer
Close the door, please.
Fermez la porte, s'il vous plaît.

close [KLOS] *adv.* • tout près
I live close by.
J'habite tout près d'ici.

closet [KLA zuht] *n.* • le placard (m.), l'armoire
  (f.)
He puts his boots in the closet.
Il met ses bottes dans le placard.

clothes [KLOTHZ] *n.* • les vêtements (m. pl.),
  les habits (m. pl.)
My sister has too many clothes.
Ma sœur a trop de vêtements.

cloud [KLOWD] *n.* • le nuage (m.)
  cloudy *adj.* • nuageux (m.), nuageuse (f.)
Look at the clouds! It is going to rain!
Regardez les nuages! Il va pleuvoir!

clown [KLOWN] *n.* • le clown (m.)
I like the clowns at the circus.
J'aime les clowns au cirque.

clumsy [KLUHM zi] *adj.* • gauche (m. f.)
Colts are clumsy at first.
Les poulains sont gauches au début.

coach [KOTSH] *n.* • l'entraîneur (m.)
Our coach has the game schedule.
Notre entraîneur a l'horaire des matchs.

coat [KOT] *n.* • le manteau (m.)
  coats *pl.* • les manteaux
  raincoat *n.* • l'imperméable (m.)
This coat is very warm.
Ce manteau est très chaud.

coconut [KO kuh nuht] *n.* • la noix de coco (f.)
Do you like coconut?
Aimez-vous la noix de coco?

coffee [K<O> fi] *n.* • le café (m.)
  a cup of coffee • un café, une tasse de café
I put sugar in my coffee.
Je mets du sucre dans mon café.

cold [KOLD] *adj.* • froid(e) (m. f.)
  cold (illness) *n.* • le rhume (m.)
  It's cold out. • Il fait froid.
  to be cold (person) • avoir froid
It's cold in the classroom.
Il fait froid dans la salle de classe.

collar [K<O>L eur] *n.* • le col (m.)
  dog collar *n.* • le collier (m.)
This collar is too tight.
Ce col est trop serré.

collection [kuh LEHK chuhn] *n.* • la collection (f.)
to collect *v.* • faire collection
My brother has a stamp collection.
Mon frère a une collection de timbres.

color [KUH leur] *n.* • la couleur (f.)
What color is—? • De quelle couleur est—?
What are the colors of the rainbow?
Quelles sont les couleurs de l'arc-en-ciel?

comb [KOM] *n.* • le peigne (m.)
to comb (oneself) *v.* • se peigner
I have my brush, but where is my comb?
J'ai ma brosse, mais où est mon peigne?

to come [tou KUHM] *v.* • venir
to come back *v.* • revenir
His aunt comes from the country.
Sa tante vient de la campagne.

to come [tou KUHM] *v.* • arriver
The mail comes at eleven o'clock.
Le courrier arrive à onze heures.

to come into [tou kuhm ÏN tou] *v.* • entrer
They are coming into the classroom.
Ils entrent dans la salle de classe.

comfortable [KUHMF teur buhl] *adj.* • confortable (m. f.)
This easy chair is very comfortable.
Ce fauteuil est très confortable.

command [kuh MAAND] *n.* • l'ordre (m.)
The officer gives commands to the soldiers.
L'officier donne des ordres aux soldats.

common [K<O> muhn] *adj.* • commun(e) (m. f.),
This disease is quite common.
Cette maladie est assez commune.

company [KUHM puh ni] *n.* • la compagnie (f.)
My dad works for a large company.
Mon père travaille pour une grande compagnie.

competition [kam puh TÏCH uhn] *n.* • la compétition (f.)
  to compete *v.* • être en compétition
Our team is not afraid of competition.
Notre équipe n'a pas peur de la compétition.

to complain [tou kuhm PLEN] *v.* • se plaindre
He is always complaining!
Il se plaint tout le temps!

completely [kuhm PLIT] *adv.* • complètement
He is completely crazy!
Il est complètement fou!

compliment [KAM pluh muhnt] *n.* • le compli-
  ment (m.)
Everyone likes compliments.
Tout le monde aime les compliments.

computer [kuhm PYOU teur] *n.* • l'ordinateur
  (m.)
You can play games on the computer.
On peut faire des jeux sur l'ordinateur.

concert [KAN seurt] *n.* • le concert (m.)
I am going to the concert with my friends.
Je vais au concert avec mes amis.

congratulations [kuhn graa djyou LE chuhns]
  n. • les félicitations (f. pl.)
Congratulations! You won the prize!
Félicitations! Vous avez gagné le prix!

to connect [tou kuh NEHKT] *v.* • joindre
You connect the two parts like that.
On joint les deux parties comme ça.

to construct [tou kuhn STRUHKT] *v.* • construire
The carpenters are constructing a new house.
Les charpentiers construisent une nouvelle maison.

to contain [tou kuhn TEN] *v.* • contenir
This book contains many interesting facts.
Ce livre contient beaucoup de faits intéressants.

content [kuhn TEHNT] *adj.* • satisfait(e) (m. f.)
The teacher is content with our work.
Le professeur est satisfait de notre travail.

contest [KAN tehst] *n.* • le concours (m.)
This contest isn't fair!
Ce concours n'est pas juste!

continent [KAN tuh nuhnt] *n.* • le continent (m.)
How many continents are there?
Combien de continents y a-t-il?

to continue [tou kuhn TÏN you] *v.* • continuer
My sister is continuing her studies in Paris.
Ma sœur continue ses études à Paris.

conversation [kan veur SE chuhn] *n.* • la conversation (f.)
A conversation with Mary is always nice.
Une conversation avec Marie est toujours agréable.

to cook [tou KEUHK] *v.* • faire la cuisine
   the cook *n.* • le cuisinier (m.), la cuisinière (f.)
   the range *n.* • la cuisinière (f.)
His father cooks very well.
Son père fait bien la cuisine.

cookie [KEUH ki] *n.* • le biscuit (m.)
Mom, may I have a cookie?
Maman, puis-je avoir un biscuit?

cool [KOUL] *adj.* • frais (m.), fraîche (f.)
It's cool out. • Il fait frais.
The wind is cool! I am going to get my jacket!
Le vent est frais! Je vais chercher mon blouson!

to copy [tou KA pi] *v.* • copier
copy *n.* • la copie (f.)
We are copying the questions that are in the book.
Nous copions les questions qui sont dans le livre.

corn [KORN] *n.* • le maïs (m.)
This corn comes from our garden.
Ce maïs vient de notre potager.

corner [KOR neur] *n.* • le coin (m.)
on the corner • au coin (de la rue)
What is the name of the store on the corner?
Comment s'appelle le magasin du coin?

correct [kuh REHKT] *adj.* • correct(e) (m. f.)
to correct *v.* • corriger
Is this answer correct?
Est-ce que cette réponse est correcte?

to cost [tou K<O>ST] *v.* • coûter
cost *n.* • le coût (m.), le prix (m.)
to be expensive *v.* • coûter cher
The cost of living keeps going up.
Le coût de la vie ne cesse d'augmenter.

cotton [K<O> tuhn] *n.* • le coton (m.)
made of cotton • en coton
They grow cotton in the United States.
On cultive le coton aux Etats-Unis.

couch [KOWTSH] *n.* • le canapé (m.), le divan (m.)
Sit down on the couch.
Asseyez-vous sur le canapé.

to cough [tou K<O>F] *v.* • tousser
Sometimes you cough when you have a cold.
Parfois on tousse quand on a un rhume.

to count [tou KOWNT] *v.* • compter
My little sister can count to 100.
Ma petite sœur peut compter jusqu' à 100.

country [KUHN tri] *n.* • le pays (m.)
I love my country.
J'aime mon pays.

country (opposite of city) [KUHN tri] *n.* •
la campagne (f.)
My grandfather lives in the country.
Mon grand-père habite à la campagne.

courageous [kuh RE juhs] *adj.* • courageux (m.),
courageuse (f.)
The lion is a courageous animal.
Le lion est un animal courageux.

course [KORS] *n.* • le cours (m.)
  of course *adv.* • bien sûr, naturellement
  of course not • mais non
Which courses are you taking now?
Quels cours suis-tu maintenant?

cousin [kuh ZUHN] *n.* • le cousin (m.), la cousine (f.)
My cousin is the same age as I am.
Mon cousin a le même âge que moi.

cover (lid) [KUH veur] *n.* • le couvercle (m.)
  (blanket) *n.* • la couverture (f.)
  to cover *v.* • couvrir
  covered *adj.* • couvert(e) (m. f.)
Helen is covering her sister with a blanket.
Hélène couvre sa sœur avec une couverture.

cow [KOW] *n.* • la vache (f.)
The cows eat grass.
Les vaches mangent de l'herbe.

cradle [KRE duhl] *n.* • le berceau (m.)
The mother puts her baby in the cradle.
La mère met son bébé dans le berceau.

crayon [KRE yan] *n.* • le crayon (m.) de couleur
The child is drawing with her crayons.
L'enfant fait des dessins avec ses crayons de couleur.

crazy [KRE zi] *adj.* • fou (m.), folle (f.)
You are crazy! It's too cold to go swimming!
Tu es fou! Il fait trop froid pour aller nager!

cream [KRIM] *n.* • la crème (f.)
My dad puts cream in his coffee.
Mon père met de la crème dans son café.

cricket [KRÏ kuht] *n.* • le grillon (m.)
In the summertime, we often hear crickets.
En été, on entend souvent des grillons.

crocodile [KRA kuh dayl] *n.* • le crocodile (m.)
Crocodiles are very dangerous!
Les crocodiles sont très dangereux!

to cross [tou KR<O>S] *v.* • traverser
  crossword puzzle *n.* • les mots (m. pl.) croisés
Children must cross the street with an adult.
Les enfants doivent traverser la rue avec un adulte.

crowd [KROWD] *n.* • la foule (f.)
There is a big crowd at the game.
Il y a une grande foule au match.

crown [KROWN] *n.* • la couronne (f.)
The queen wears a crown.
La reine porte une couronne.

to crush [tou KRUHCH] *v.* • écraser
Be careful! Don't crush the strawberries!
Faites attention! N'écrasez pas les fraises!

crust [KRUHST] *n.* • la croûte (f.)
I like the crust on French bread!
J'aime la croûte du pain français!

to cry [tou KRAY] *v.* • pleurer
When the movie is sad, she cries!
Quand le film est triste, elle pleure!

cup [KUHP] *n.* • la tasse (f.)
  cup of coffee *n.* • un café (m.)
Her cup is empty.
Sa tasse est vide.

cupboard [KUH beurd] *n.* • le placard (m.), le
  buffet (m.)
I put the dishes away in the cupboard.
Je range la vaisselle dans le placard.

curious [KYEUR i uhs] *adj.* • curieux (m.), curieuse (f.)
They say that cats are curious.
On dit que les chats sont curieux.

curtain [KEUR tuhn] *n.* • le rideau (m.), les rideaux (pl.)
At night, you usually pull the curtains.
D'habitude, le soir, on tire les rideaux.

custom [KUHS tuhm] *n.* • la coutume (f.), l'habitude (f.)
It's his custom to drink a glass of milk before bedtime.
C'est son habitude de boire un verre de lait avant de se coucher.

to cut [tou KUHT] *v.* • couper
to cut oneself *v.* • se couper
He cuts his meat with a knife.
Il coupe sa viande avec un couteau.

cute [KYOUT] *adj.* • mignon (m.), mignonne (f.)
This puppy is so cute.
Ce petit chien est si mignon.

cutlet (chop) [KUHT luht] *n.* • la côtelette (f.)
I would like a pork cutlet, please.
Je voudrais une côtelette de porc, s'il vous plaît.

D

dad, daddy [DAAD], [DAA di] *n.* • le papa (m.)
What is your dad's name?
Comment s'appelle ton papa?

damp [DAAMP] *adj.* • humide (m. f.)
These towels are damp.
Ces serviettes sont humides.

to dance [tou DAANS] *v.* • danser
I often dance with Pierre, he is a good dancer.
Je danse souvent avec Pierre, il danse bien.

danger [DEN jeur] *n.* • le danger (m.)
  dangerous *adj.* • dangereux (m.), dangereuse (f.)
Is skiing dangerous?
Est-ce que le ski est dangereux?

to dare [tou DEHR] *v.* • oser
I don't dare lie.
Je n'ose pas mentir.

dark [DARK] *adj.* • foncé(e) (m. f.)
  It's dark out. • Il fait nuit.
She is wearing a dark green skirt.
Elle porte une jupe vert foncé.

date [DET] *n.* • la date (f.)
What date is the picnic?
Quelle est la date du pique-nique?

daughter [D<O> teur] *n.* • la fille (f.)
How many daughters do you have?
Combien de filles avez-vous?

day [DE] *n.* • le jour (m.), la journée (f.)
  day off • le jour de congé (m.)
  New Year's Day • le Jour (m.) de l'An
  every day • tous les jours
  It's daytime. • Il fait jour.
What day is she going to arrive?
Quel jour va-t-elle arriver?

dead [DEHD] *adj.* • mort(e) (m. f.)
This bird is dead.
Cet oiseau est mort.

deaf [DEHF] *adj.* sourd(e) (m. f.)
My grandfather is a little deaf.
Mon grand-père est un peu sourd.

dear [DIR] *adj.* • cher (m.), chère (f.)
"Dear Mom, I miss you."
"Chère Maman, tu me manques."

to deceive [tou duh SIV] *v.* • tromper
He is deceiving everybody.
Il trompe tout le monde.

December [di SEHM beur] *n.* • décembre (m.)
December is the last month of the year.
Décembre est le dernier mois de l'année.

decision [di SÏ 3uhn] *n.* • la décision (f.)
It's a difficult decision.
C'est une décision difficile.

to decorate [tou DEH ko rct] *v.* • décorer
I decorate my room with posters.
Je décore ma chambre avec des affiches.

deep [DIP] *adj.* • profond(e) (m. f.)
 (feeling) *adj.* • intense (m. f.)
 (color) *adj.* • foncé(e) (m. f.)
This lake is quite deep.
Ce lac est très profond.

deer [DIR] *n.* • le cerf (m.)
There are deer in these woods.
Il y a des cerfs dans ces bois.

delicious [duh LÏCH uhs] *adj.* • délicieux (m.),
 délicieuse (f.)
This meal is delicious.
Ce repas est délicieux.

delighted [duh LAY tuhd] *adj.* • ravi(e) (m. f.),
 enchanté(e) (m. f.)
She is delighted to see them.
Elle est ravie de les voir.

Denmark [DEHN mark] *n.* • le Danemark (m.)
  Danish *adj.* • danois(e) (m. f.)
  Dane *n.* • un(e) Danois(e) (m. f.)
Denmark is a nordic country.
Le Danemark est un pays nordique.

dentist [DEHN tuhst] *n.* • le dentiste (m.)
I go to the dentist twice a year.
Je vais chez le dentiste deux fois par an.

department store [duh PART muhnt stor] *n.* •
  le grand magasin (m.)
My mother shops in a department store.
Ma mère fait des achats dans un grand magasin.

desert [DEH zeurt] *n.* • le désert (m.)
It is very hot in the desert.
Il fait très chaud dans le désert.

desk [DEHSK] *n.* • le bureau (m.), les bureaux
  (pl.)
  student's desk *n.* • le pupitre (m.)
The papers are in the desk.
Les papiers sont dans le bureau.

dessert [duh ZEURT] *n.* • le dessert (m.)
This dessert is delicious.
Ce dessert est délicieux.

to destroy [tou DUH stroy] *v.* • détruire
He destroys everything he touches!
Il détruit tout ce qu'il touche!

detective [di TEHK tïv] *n.* • le détective (m.)
  detective novel *n.* • le roman policier (m.)
  detective film *n.* • le film policier (m.)
My dad loves detective novels.
Mon père adore les romans policiers.

detour [DI tour] *n.* • le détour (m.), la déviation (f.)
We are following the detour.
Nous suivons la déviation.

dictionary [DÏK chuh nehr i] *n.* • le dictionnaire (m.)
I am going to look up this word in the dictionary.
Je vais chercher ce mot dans le dictionnaire.

to die [tou DAY] *v.* • mourir
The criminal dies in this movie.
Le criminel meurt dans ce film.

diet [DAY uht] *n.* • le régime (m.)
  on a diet • au régime
Are you on a diet?
Es-tu au régime?

different [DÏF ruhnt] *adj.* • différent(e) (m. f.)
His ideas are very different from mine.
Ses idées sont très différentes des miennes.

difficult [DÏF uh kuhlt] *adj.* • difficile (m. f.)
This assignment is difficult.
Ce devoir est difficile.

dim [DÏM] *adj.* • sombre (m. f.)
This room is too dim.
Cette pièce est trop sombre.

to dine [tou DAYN] *v.* • dîner
  dinner *n.* • le dîner (m.)
  dining room *n.* • la salle à (f.) manger
We are dining at our friends' house tonight.
Nous dînons chez nos amis ce soir.

to direct [tou day REHKT] *v.* • diriger
  direct *adj.* direct(e) (m. f.)
The policeman is directing traffic.
L'agent de police dirige la circulation.

dirty [DEUR ti] *adj.* • sale (m. f.)
My shoes are dirty.
Mes chaussures sont sales.

disappear [dïs uh PIR] *v.* • disparaître
The summer birds disappear in winter.
Les oiseaux d'été disparaissent en hiver.

disaster [dï ZAAS teur] *n.* • le désastre (m.)
My parents say that my room is a disaster!
Mes parents disent que ma chambre est un désastre!

discouraged [dïs KEUR uhjd] *adj.* • découragé(e)(m. f.)
I have too much work. I am discouraged!
J'ai trop de travail. Je suis découragé!

to discover [tou dïs KUHV eur] *v.* • découvrir
  discovery *n.* • la découverte (f.)
They are still discovering Roman ruins in France.
On découvre encore des ruines romaines en France.

disease [duh ZIZ] *n.* • la maladie (f.)
This man has a serious disease.
Cet homme a une maladie sérieuse.

dishes [DÏCH uhz] *n.* • la vaiselle (f.)
My sister puts the dishes away in the cupboard.
Ma sœur range la vaiselle dans le placard.

dishonest [dïs <O> nuhst] *adj.* • malhonnête (m. f.)
I don't like this man. He is dishonest.
Je n'aime pas cet homme. Il est malhonnête.

distance [DÏS tuhns] *n.* • la distance (f.)
  distant *adj.* • distant(e) (m. f.)
The distance between New York and Paris is about 3,500 miles.
La distance entre New York et Paris est environ 3,500 miles.

disturb [dïs TEURB] *v.* • déranger
Do not disturb Paul, he is asleep!
Ne dérangez pas Paul, il dort!.

to dive [tou DAYV] *v.* • plonger
The swimmer dives into the swimming pool.
Le nageur plonge dans la piscine.

to divide [tou dï VAYD] *v.* • diviser
We are dividing the candy among us.
Nous divisons les bonbons entre nous.

to do [tou DOU] *v.* • faire
We are doing our work.
Nous faisons notre travail.

doctor [D<O>K teur] *n.* • le médecin (m.), le docteur (m.)
What is your doctor's name?
Comment s'appelle votre médecin?

dog [D<O>G] *n.* • le chien (m.)
  beware of the dog • chien méchant
This dog is obedient.
Ce chien est obéissant.

doll [D<O>L] *n.* • la poupée (f.)
  dollhouse *n.* • la maison (f.) de poupée
My little sister puts her dolls on her bed.
Ma petite sœur met ses poupées sur son lit.

dollar [D<O>L eur] *n.* • le dollar (m.)
It costs one dollar.
Cela coûte un dollar.

dominoes [D<O> muh noz] *n.* • les dominos (m. pl.)
Do you know how to play dominoes?
Sais-tu jouer aux dominos?

donkey [D<O>N ki] *n.* • l'âne (m.)
This donkey is gray.
Cet âne est gris.

door [DOR] *n.* • la porte (f.)
 doorbell *n.* • la sonnette (f.)
 doorknob *n.* • le bouton (m.) de porte
Who is at the door?
Qui est à la porte?

down [DOWN] *adv.* • en bas
 to go down *v.* • descendre
 down there *adv.* • là-bas
The skiers go down the mountain.
Les skieurs descendent la montagne.

dozen [DUH zuhn] *n.* • la douzaine (f.)
My brother is going to buy a dozen eggs.
Mon frère va acheter une douzaine d'œufs.

to drag [tou DRAAG] *v.* • traîner
His trousers drag on the floor.
Son pantalon traîne par terre.

dragon [DRAA guhn] *n.* • le dragon (m.)
The knight is fighting the dragon.
Le chevalier se bat contre le dragon.

to draw [tou DRA] *v.* • dessiner
 drawing *n.* • le dessin (m.)
He draws well.
Il dessine bien.

dreadful [DREHD fuhl] *adj.* • terrifiant(e) (m. f.)
 effrayant(e) (m. f.)
The monster in the story is dreadful.
Le monstre dans l'histoire est terrifiant.

dream [DRIM] *n.* • le rêve (m.)
  to dream *v.* • rêver
She dreams about going to America.
Elle rêve d' aller en Amérique.

dress [DREHS] *n.* • la robe (f.)
  to dress *v.* • s'habiller
  well dressed • bien habillé
The girl is wearing a pretty dress.
Cette fille porte une jolie robe.

drink [DRINK] *n.* • la boisson (f.)
  to drink *v.* • boire
What will you have to drink?
Qu'est-ce que tu prends comme boisson?

to drive [tou DRAYV] *v.* • conduire
  driver *n.* • le chauffeur (m.)
  driver's license *n.* • le permis (m.) de conduire
Paul drives a Renault.
Paul conduit une Renault.

to drop [tou DR<O>P] *v.* • laisser tomber
Be careful, don't drop the tray!
Fais attention, ne laisse pas tomber le plateau!

drugstore [DRUHG stor] *n.* • la pharmacie (f.)
My grandmother buys her medicine at the drugstore.
Ma grand-mère achète ses médicaments à la pharmacie.

drum [DRUHM] *n.* • le tambour (m.)
How long have you played drums?
Depuis combien de temps joues-tu du tambour?

dry [DRAY] *adj.* • sec (*m.*), sèche (f.)
  to dry *v.* • sécher
  to dry (dishes) *v.* • essuyer
Are these towels dry?
Est-ce que ces serviettes sont sèches?

duck [DUHK] *n.* • le canard (m.)
There are some ducks on the pond.
Il y a des canards sur l'étang.

dull [DUHL] *adj.* • ennuyeux (m.), ennuyeuse (f.)
This course is very dull.
Ce cours est très ennuyeux.

dumb [DUHM] *adj.* • bête (m. f.)
How dumb that is!
Que c'est bête!

during [DEUR i<ng>] *prep.* • pendant
Don't talk during the speech!
Ne parlez pas pendant le discours!

dust [DUHST] *n.* la poussière (f.)
Dust makes me sneeze.
La poussière me fait éternuer.

Dutch [DUHTSH] *adj.* • hollandais(e) (m. f.)
  Dutch *n.* • un(e) Hollandais(e) (m. f.)
My aunt is Dutch.
Ma tante est hollandaise.

E

each [ITSH] *adj.* • chaque (m. f.)
  each one *pron.* • chacun(e) (m. f.)
Each person takes a plate.
Chaque personne prend une assiette.

eagle [I guhl] *n.* • l'aigle (m.)
The eagle is a bird of prey.
L'aigle est un oiseau de proie.

ear [IR] *n.* • l'oreille (f.)
   earring *n.* • la boucle (f.) d'oreille
She has sharp ears.
Elle a l'oreille fine.

early [EUR li] *adv.* • tôt, de bonne heure
They get up early to go to school.
Ils se lèvent de bonne heure pour aller à l'école.

to earn [tou EURN] *v.* • gagner
I am looking for a job to earn money.
Je cherche du travail pour gagner de l'argent.

earth [EURTH] *n.* • la terre (f.)
   earthquake *n.* • le tremblement (m.) de terre
   earthworm *n.* • le ver (m.) de terre
The Earth is our planet.
La Terre est notre planète.

east [IST] *n.* • l'est (m.)
The sun rises in the east.
Le soleil se lève à l'est.

easy [I zi] *adj.* • facile (m. f.)
These exercises are easy.
Ces exercices sont faciles.

to eat [tou IT] *v.* • manger
   to have something to eat *v.* • prendre
      quelque chose, manger quelque chose
I eat an apple every day.
Je mange une pomme tous les jours.

edge [EHDJ] *n.* • le bord (m.)
She writes something on the edge of her paper.
Elle écrit quelque chose au bord de son papier.

egg [EHG] *n.* • l'œuf (m.), œufs (pl.)
   boiled egg *n.* • l'œuf (m.) à la coque
   fried egg *n.* • l'œuf (m.) sur le plat
   hard-boiled egg *n.* • l'œuf dur (m.)
   scrambled eggs *n.* les œufs (m. pl.) brouillés
Carole would like two fried eggs for breakfast.
Carole voudrait deux œufs sur le plat pour le petit déjeuner.

eight [ET] *adj.* • huit (m. f.)
There are eight people on the bus.
Il y a huit personnes dans l'autobus.

eighteen [e TIN] *adj.* • dix-huit (m. f.)
There are eighteen of us in this class.
Nous sommes dix-huit dans cette classe.

eighty [E ti] *adj.* • quatre-vingts (m. f.)
This actor is eighty years old.
Cet acteur a quatre-vingts ans.

elastic [i LAAS tïk] *n., adj.* • l'élastique (m.)
This elastic is too tight.
Cet élastique est trop serré.

elbow [EHL bo] *n.* • le coude (m.)
He is hurting me with his elbow!
Il me fait mal avec son coude!

electric [i LEHK trïk] *adj.* • électrique (m. f.)
Almost everybody likes electric trains.
Presque tout le monde aime les trains électriques.

elephant [EHL uh fuhnt] *n.* • l'éléphant (m.)
These elephants come from Africa.
Ces éléphants viennent d'Afrique.

eleven [i LEHV uhn] *adj.* • onze (m. f.)
We have eleven minutes before the train leaves!
Nous avons onze minutes avant le départ du train.

to embarrass [tou ehm BEHR uhs] *v.* • embarrasser
When someone embarrasses him, he blushes.
Quand on l'embarrasse, il rougit.

embassy [EHM buh si] *n.* • l'ambassade (f.)
The American embassy in Paris is on Gabriel Avenue.
L'ambassade des Etats-Unis à Paris se trouve avenue Gabriel.

employee [ehm PLOY i] *n.* • l' employé(e) (m. f.)
' he boss pays the employees.
Le patron paie les employés.

empty [EHM ti] *adj.* • vide
All the garbage cans are empty.
Toutes les poubelles sont vides.

end [EHND] *n.* • la fin (f.)
We eat dessert at the end of the meal.
On mange le dessert à la fin du repas.

energetic [ehn eur JEH tik] *adj.* • énergique (m. f.)
energy *n.* • l'énergie (f.)
These children are so energetic!
Ces enfants sont si énergiques!

engaged [ehn GEJD] *adj.* • fiancé(e) (m. f.)
Is your sister engaged?
Est-ce que ta sœur est fiancée?

engineer [ehn juh NIR] *n.* • l'ingénieur (m.)
My sister is an engineer.
Ma sœur est ingénieur.

England [I<NG> gluhnd] *n.* • l'Angleterre (f.)
  English *adj.* • anglais(e) (m. f.)
  English *n.* • un(e) Anglais(e) (m. f.)
My ancestors come from England.
Mes ancêtres viennent d'Angleterre.

enough [i NUHF] *adv.* • assez
  adj. • suffisant(e) (m. f.)
Thank you, I have enough.
Merci, j'en ai assez.

to enter [tou EHN teur] *v.* • entrer
The teacher enters the classroom.
Le professeur entre dans la salle de classe.

enthusiasm [ehn THOU zi aaz uhm] *n.* •
  l'enthousiasme (m.)
  enthusiastic *adj.* • enthousiaste, passionné(e)
    (m. f.)
My English teacher has a lot of enthusiasm.
Mon professeur d'anglais a beaucoup d'enthousiasme.

entire [ehn TAYR] *adj.* • entier (m.), entière (f.)
The entire family is going to be there.
La famille entière va être là.

entrance [EHN truhns] *n.* • l'entrée (f.)
Where is the museum's entrance?
Où est l'entrée du musée?

envelope [EHN veh lop] *n.* • l'enveloppe (f.)
Fold the letter, and put it in an envelope, please!
Pliez la lettre, et mettez-la dans une enveloppe, s'il vous plaît!

equal [I kwuhl] *adj.* • égal(e) (m. f.), égaux (m. pl.)
Both halves are equal.
Les deux moitiés sont égales.

to erase [tou i RES] *v.* • effacer
  eraser *n.* • la gomme (f.)
I erase my mistakes with an eraser.
J'efface mes fautes avec une gomme.

errand [EHR uhnd] *n.* • la course (f.)
  to run errands • faire des courses
We have errands to run in town.
Nous avons des courses à faire en ville.

error [EHR eur] *n.* • l'erreur (f.)
There aren't any errors in my homework.
Il n'y a pas d'erreurs dans mon devoir.

especially [ehs PEHCH li] *adv.* • surtout.
I like to swim, especially when it is hot.
J'aime nager, surtout quand il fait chaud.

Europe [YEUR uhp] *n.* • l'Europe (f.)
  European *adj.* • européen(ne) (m. f.)
  European *n.* • un(e) Européen(ne) (m. f.)
They will travel in Europe this summer.
Ils vont voyager en Europe cet été.

eve [IV] *n.* • la veille (f.)
  Christmas Eve • la veille de Noël
The eve of our trip, we're going to go to bed early.
La veille de notre voyage, nous allons nous coucher de bonne heure.

even [I vuhn] *adv.* • même
My dad goes to work even if he is sick.
Mon père va au travail même s'il est malade.

evening [IV ni<ng>] *n.* • le soir (m.)
  in the evening • le soir
  last evening • hier soir
  Good evening. • Bonsoir.
I do my homework in the evening.
Je fais mes devoirs le soir.

event [I vehnt] *n.* • l'événement (m.)
When my brother straightens up his room, it's a real event.
Quand mon frère range sa chambre, c'est un grand événement.

ever [EH veur] *adv.* • toujours
  if ever • si jamais
  hardly ever • presque jamais
If you ever need help, call me.
Si jamais tu as besoin d'aide, appelle-moi.

every [EHV ri] *adj.* • chaque, tout(e) (m. f.), tous (m. pl.)
  every day • tous les jours
  everybody *pn.* • tout le monde
  everything *pn.* • tout
  everywhere *adv.* • partout
Every time I see this woman, she is wearing a new dress.
Chaque fois que je vois cette femme, elle porte une nouvelle robe.

exam [EHG zaam] *n.* • l'examen (m.)
  to fail an exam *v.* • rater un examen
  to pass an exam *v.* • réussir à un examen
  to take an exam *v.* • passer un examen
I have three exams today!
J'ai trois examens aujourd'hui!

example [ehg ZAAM puhl] *n.* • l'exemple (m.)
  for example • par exemple
Here is an example of a good paragraph.
Voici un exemple d'un bon paragraphe.

excellent [EHK suh luhnt] *adj.* • excellent(e) (m. f.)
This meal is excellent!
Ce repas est excellent!

except [EHK sehpt] *prep.* • sauf
Everyone can go except me!
Tout le monde peut y aller sauf moi!

excuse me   [ehk SKYOUZ mi]   *v.*   •   excusez-moi
Excuse me! I am late!
Excusez-moi! Je suis en retard!

exercise   [EHKS eur sayz]   *n.*   •   l'exercice (m.)
I have two exercises for French class tomorrow.
J'ai deux exercices pour la classe de français demain.

exit   [EHG zuht]   *n.*   •   la sortie (f.)
  emergency exit   *n.*   •   la sortie (f.) de secours
Where is the exit?
Où est la sortie?

expensive   [ehk SPEHN siv]   *adj.*   •   cher (m.), chère (f.)
  to be expensive   *v.*   •   coûter cher
  to be inexpensive   *v.*   •   coûter peu
Diamonds are expensive.
Les diamants coûtent cher.

experience   [ehk SPIR i uhns]   *n.*   •   l'expérience (f.)
To live in a foreign country is a good experience.
Habiter dans un pays étranger est une bonne expérience.

to explain   [tou EHK splen]   *v.*   •   expliquer
The teacher explains the lesson.
Le professeur explique la leçon.

to extend   [tou EHK stehnd]   *v.*   •   tendre
Peter extends his hand to Marie.
Pierre tend la main à Marie.

exterior   [ehk STIR i eur]   *n.*   •   l'extérieur (m.)
Peter is painting the exterior of the house.
Pierre peint l'extérieur de la maison.

extraordinary   [ehk STRA duh nehr i]   *adj.*   •
  extraordinaire (m. f.)
This car is quite extraordinary!
Cette voiture est vraiment extraordinaire!

extreme [ehk STRIM] *adj.* • extrême (m. f.)
I find her taste a little extreme.
Je trouve son goût un peu extrême.

eye [AY] *n.* • l'œil (m.), les yeux (pl.)
  eyebrows *n.* • les sourcils (m. pl.)
  eyelashes *n.* • les cils (m. pl.)
  eyelid *n.* • la paupière (f.)
My parents have brown eyes.
Mes parents ont les yeux marron.

F

face [FES] *n.* • la figure (f.)
I wash my face in the morning.
Je me lave la figure le matin.

factory [FAAK tri] *n.* • l'usine (f.)
What do they make in this factory?
Qu'est-ce qu'on fabrique dans cette usine?

to fail [tou FEL] *v.* • échouer à
  (exam) *v.* • rater (slang)
Philip always fails his French tests.
Philippe échoue toujours à ses examens de français.

fair [FEHR] *n.* • la foire (f.)
  adj. • juste (m. f.)
We are going to spend the day at the fair.
Nous allons passer la journée à la foire.

fairy [FEHR i] *n.* • la fée (f.)
  fairy tale *n.* • le conte (m.) de fées
Children like fairy tales.
Les enfants aiment les contes de fées.

fall [FAL] *n.* • l'automne (m.)
The leaves are beautiful in the fall.
Les feuilles sont belles en automne.

to fall [tou FAL] *v.* • tomber
Don't fall on the ice!
Ne tombez pas sur la glace!

false [FALS] *adj.* • faux (m.), fausse (f.)
Is the answer true or false?
Est-ce que la réponse est vraie ou fausse?

family [FAAM li] *n.* • la famille (f.)
The whole family is together for the holidays.
Toute la famille est réunie pour les fêtes.

famous [FE muhs] *adj.* • célèbre (m. f.)
This is a famous story.
C'est une histoire célèbre.

fan [FAAN] *n.* • le ventilateur (m.)
This fan has three speeds.
Ce ventilateur a trois vitesses.

far [FAR] *adv.* • loin
  how far? • jusqu'où?
Do you live far from here?
Est-ce que vous habitez loin d'ici?

farm [FARM] *n.* • la ferme (f.)
  farmer *n.* • l'agriculteur (m.)
  farmer *n.* • le fermier (m.), la fermière (f.)
This farm belongs to my father.
Cette ferme appartient à mon père.

fashion [FAA chuhn] *n.* • la mode (f.)
   in fashion • à la mode, chic
Is that the fashion this year?
Est-ce la mode cette année?

fast [FAAST] *adj.* • rapide (m. f.)
   adv. • vite
This is a fast train.
C'est un train rapide.

She talks too fast.
Elle parle trop vite.

fat [FAAT] *adj.* • gros(se) (m. f.)
He is too fat.
Il est trop gros.

father [FA theur] *n.* • le père (m.)
   Father's Day • la Fête (f.) des Pères
His father's name is Francois.
Son père s'appelle François.

fault [FALT] *n.* • la faute (f.)
It is not my fault!
Ce n'est pas de ma faute!

favorite [FE vruht] *adj.* • favori (m.), favorite (f.)
What is your favorite game?
Quel est ton jeu favori?

fear [FIR] *n.* • la peur (f.)
   to fear *v.* • craindre
I fear I have to leave soon.
Je crains de devoir partir bientôt.

feather [FEH theur] *n.* • la plume (f.)
The children gather the feathers they find on the ground.
Les enfants ramassent les plumes qu'ils trouvent par terre.

February [FEHB you ehr i]   *n.*   •   février (m.)
February is the shortest month.
Février est le mois le plus court.

to feel [tou FIL]   *v.*   •   sentir, se sentir
I feel uneasy here.
Je me sens mal à l'aise ici.

feet (see foot) [FIT]   *n.*   •   les pieds (m. pl.)
His feet hurt.
Il a mal aux pieds.

ferocious [fuh RO chuhs]   *adj.*   •   féroce (m. f.)
This dog seems ferocious.
Ce chien a l'air féroce.

fever [FI veur]   *n.*   •   la fièvre (f.)
Often you get a fever with the flu.
Avec la grippe, on a souvent de la fièvre.

few [FYOU]   *adj., pron.*   •   peu
  a few   •   quelques
There are few people here.
Il y a peu de gens ici.

fiancé(e) [fi yan SE]   *n.*   •   le fiancé (m.),
  la fiancée (f.)
What is your brother's fiancée's name?
Comment s'appelle la fiancée de ton frère?

field [FILD]   *n.*   •   le champ (m.)
The sheep are in the field.
Les moutons sont dans le champ.

fierce [FIRS]   *adj.*   •   féroce (m. f.)
Wild animals are fierce.
Les bêtes sauvages sont féroces.

fifteen [FÏF tin] *adj.* • quinze (m. f.)
I live fifteen kilometers from here.
J'habite à quinze kilomètres d'ici.

fifty [FÏF ti] *adj.* • cinquante (m. f.)
I have fifty dollars! I am rich!
J'ai cinquante dollars! Je suis riche!

to fight [tou FAYT] *v.* • se battre
My little brothers fight all the time.
Mes petits frères se battent tout le temps.

to fill [tou FÏL] *v.* • remplir
  to fill with gasoline *v.* • faire le plein
She fills their plates with noodles.
Elle remplit leurs assiettes de nouilles.

film [FÏLM] *n.* • le film (m.)
  roll of film *n.* • la pellicule (f.)
There is a good film on T.V. tonight.
Il y a un bon film à la télé ce soir.

finally [FAYN li] *adv.* • enfin, finalement
You're finally ready!
Tu es enfin prêt!

to find [tou FAYND] *v.* • trouver
I can't find my gloves!
Je ne trouve pas mes gants!

fine [FAYN] *adv.* • bien
I am fine.
Je vais bien.

Things are fine.
Ça va bien.

finger [FI\<NG\> geur] *n.* • le doigt (m.)
  fingernail *n.* • l'ongle (m.)
Don't eat with your fingers!
Ne mange pas avec tes doigts!

to finish [tou FÏN ïch] *v.* • finir
I finish my homework at ten p.m.
Je finis mes devoirs à dix heures du soir.

fire [FAYR] *n.* • le feu (m.), l'incendie (m.)
  fireworks *n.* • le feu (m.) d'artifice
  fireman *n.* • le pompier (m.)
  fireplace *n.* • la cheminée (f.)
  fire truck *n.* • la pompe (f.) à incendie
The firemen fight the fire.
Les pompiers combattent le feu.

first [FEURST] *adj.* • premier (m.), première (f.)
It's the first time that she has flown.
C'est la première fois qu'elle prend l'avion.

fish [FÏCH] *n.* • le poisson (m.)
  goldfish *n.* • le poisson rouge (m.)
Is there fish on the menu?
Est-ce qu'il y a du poisson au menu?

to fish [tou FÏCH] *v.* • pêcher
  to go fishing *v.* • aller à la pêche
We go fishing each summer in the same place.
Nous allons à la pêche chaque été au même endroit.

five [FAYV] *adj.* • cinq (m. f.)
The clock strikes five o'clock.
L'horloge sonne cinq heures.

to fix [tou FÏKS] *v.* • réparer
My dad fixes the car.
Mon père répare la voiture.

flag [FLAAG] *n.* • le drapeau (*m.*), les drapeaux (pl.)
The French flag is blue, white, and red.
Le drapeau français est bleu, blanc et rouge.

flat [FLAAT] *adj.* plat(e) (m. f.)
You need a flat surface to play this game.
Il faut une surface plate pour jouer ce jeu.

flavor [FLE veur] *n.* • le goût (m.)
This soup has a good flavor.
Cette soupe a un bon goût.

flight [FLAYT] *n.* • le vol (m.)
  flight attendant *n.* • l'hôtesse de l'air (f.), le
    steward (m.)
"Flight 507 is leaving immediately."
"Le vol 507 part immédiatement."

floor [FLOR] *n.* • le plancher (m.)
  floor (in a building) *n.* • l'étage (m.)
  ground floor *n.* • le rez-de-chaussée (m.)
I am going to sweep the floor.
Je vais balayer le plancher.

His office is on the 3rd floor.
Son bureau est au deuxième étage.

flour [FLOW eur] *n.* • la farine (f.)
You need flour to make bread.
Il faut de la farine pour faire du pain.

flower [FLOW eur] *n.* • la fleur (f.)
These flowers grow in the woods.
Ces fleurs poussent dans les bois.

flu [FLOU] *n.* • la grippe (f.)
It's no fun to have the flu.
Ce n'est pas amusant d'avoir la grippe.

fly [FLAY] *n.* • la mouche (f.)
Birds fly south for the winter.
Les oiseaux volent au sud en hiver.

to fly [tou FLAY] *v.* • voler
These flies are annoying.
Ces mouches sont énervantes.

fog [F<O>G] *n.* • le brouillard (m.)
Be careful of the fog.
Faites attention au brouillard.

to fold [tou FOLD] *v.* • plier
I fold the towels for my mother.
Je plie les serviettes pour ma mère.

to follow [tou F<O> lo] *v.* • suivre
We always follow the professor's directions.
Nous suivons toujours les directions du professeur.

food [FOUD] *n.* • la nourriture (f.)
We buy food at the grocery store.
On achète de la nourriture à l'épicerie.

foolish [FOUL ïch] *adj.* • ridicule (m. f.)
What a foolish remark!
Quelle remarque ridicule!

foot [FEUHT] *n.* • le pied (m.)
  on foot • à pied
  animal foot *n.* • la patte (f.)
You are stepping on my foot!
Tu marches sur mon pied!

football [FEUHT bal] *n.* • le football américain (m.)
  to play football *v.* • jouer au football américain
My brother plays football.
Mon frère joue au football américain.

for [FOR] *prep.* • pour; depuis
This present is for you.
Ce cadeau est pour toi.

I have been waiting for three hours.
J'attends depuis trois heures.

foreign(er) [FOR uh neur] *n.* • étranger (m.),
étrangère (f.)
These foreigners are visiting the United States.
Ces étrangers visitent les Etats-Unis.

forest [FOR ehst] *n.* • la forêt (f.), le bois (m.)
The Fontainebleau forest is very big.
La forêt de Fontainebleau est immense.

forever [for EH veur] *adv.* • pour toujours
I will keep this memory forever.
Je garderai ce souvenir pour toujours.

to forget [tou FOR geht] *v.* • oublier
Don't forget your homework!
N'oubliez pas vos devoirs!

to forgive [tou for GÏV] *v.* • pardonner
They always forgive all her faults.
Ils pardonnent toujours toutes ses fautes.

fork [FORK] *n.* • la fourchette (f.)
Do we have all the forks?
Avons-nous toutes les fourchettes?

forty [FOR di] *adj.* • quarante (m. f.)
Open your book to page forty.
Ouvrez votre livre à la page quarante.

fountain [FOWN tuhn] *n.* • la fontaine (f.)
There is a pretty fountain in the middle of the village.
Il y a une jolie fontaine au milieu du village.

four [FOR] *adj.* • quatre (m. f.)
The table has four legs.
La table a quatre pieds.

fourteen [for TIN] *adj.* • quatorze (m. f.)
I am inviting fourteen friends to my house.
J'invite quatorze amis chez moi.

fox [F<O>KS] *n.* • le renard (m.)
The fox is very sly.
Le renard est très malin.

franc [FRÃÃNK] *n.* • le franc (m.)
The franc is the monetary unit of France.
Le franc est l'unité monétaire de la France.

France [FRAANS] *n.* • la France (f.)
  French *adj* • français(e) (m. f.)
  French *n.* • un(e) Français(e) (m. f.)
Can you find Dijon on a map of France?
Pouvez-vous trouver Dijon sur une carte de France?

free [FRI] *adj.* • libre, gratuit(e) (m. f.)
  freedom *n.* • la liberté (f.)
Is this taxi free?
Est-ce que ce taxi est libre?

You don't have to pay. It's free!
Tu ne dois pas payer. C'est gratuit!

The government of that country has done away with freedom
  of the press.
Le gouvernement de ce pays a supprimé la liberté de la presse.

to freeze [tou FRIZ] *v.* • geler
In winter, the rain freezes on the roads.
En hiver la pluie gèle sur les routes.

fresh [FREHCH] *adj.* • frais (m.), fraîche (f.)
Are these vegetables fresh?
Est-ce que ces légumes sont frais?

Friday [FRAY de] *n.* • vendredi (m.)
On Fridays, we leave for the weekend.
Le vendredi, nous partons pour le week-end.

friend [FREHND] *n.* • l'ami(e) (m. f.), le copain
(m.), la copine (f.)
  friendly *adj.* • amical(e) (m. f.)
  friendship *n.* • l'amitié (f.)
You are my best friend.
Tu es mon meilleur ami.

frightening [FRAYT ni<ng>] *adj.* • effrayant(e)
(m. f.)
Do you think that ghosts are frightening?
Penses-tu que les fantômes sont effrayants?

frog [FR<O>G] *n.* • la grenouille (f.)
There are several frogs in this pond.
Il y a plusieurs grenouilles dans cet étang.

from [FRUHM] *prep.* • de
  across from • en face de
They are coming from Paris.
Ils viennent de Paris.

front (in front of) [FRUHNT] *n., prep.* • le devant (m.)
The teacher is standing in front of the class.
Le professeur est debout devant la classe.

fruit [FROUT] *n.* • le fruit (m.)
I like fresh fruit.
J'aime les fruits frais.

full [FUHL] *adj.* • plein(e) (m. f.), rempli(e) (m. f.)
 I am full. • Je suis rassasié(e)
The glass is full!
Le verre est plein!

fun (to have fun) [FUHN] *v.* • s'amuser
We always have fun with Paul.
On s'amuse toujours avec Paul.

fun (funny) [FUHN i] *adj.* • amusant(e) (m. f.), drôle (m. f.)
 for fun • pour rire
This game is lots of fun.
Ce jeu est très amusant.

fur [FEUR] *n.* • la fourrure (f.)
The rabbit's fur is very soft.
La fourrure du lapin est très douce.

furious [FYEUR i uhs] *adj.* • furieux (m.), furieuse (f.)
The teacher is furious with us today.
Le professeur est furieux contre nous aujourd'hui.

furniture [FEURN uh tsheur] *n.* • les meubles (m. pl.)
Do you have new furniture?
Avez-vous de nouveaux meubles?

future [FYOU tsheur] *n.* • l'avenir (m.)
Our trip is in the future, not now.
Notre voyage, c'est dans l'avenir, pas maintenant.

G

game [GEM] *n.* • le jeu (m.), les jeux (pl.), le match (m.)
Are you going to the basketball game tonight?
Vas-tu au match de basket ce soir?

garage [guh RA3] *n.* • le garage (m.)
Dad is driving the car to the garage.
Papa conduit la voiture au garage.

garbage [GAR buhj] *n.* • les ordures (f. pl.)
  garbage can *n.* • la poubelle (f.)
You put garbage in the garbage cans.
On met les ordures dans les poubelles.

garden [GAR duhn] *n.* • le jardin (m.)
These flowers are from our garden.
Ce sont des fleurs de notre jardin.

gas [GAAS] *n.* • le gaz (m.)
We have a gas stove.
Nous avons un fourneau à gaz.

gasoline [gaas o LIN] *n.* • l'essence (f.)
  gas pump *n.* • la pompe (f.) à essence
Our car needs gasoline.
Notre voiture a besoin d'essence.

gather [GAA <u>th</u>eur] *v.* • ramasser
  gather (fruit) *v.* • cueillir
We gather apples in the fall.
On cueille les pommes en automne.

general [JEHN ruhl] *adj.* • général(e) (m. f.)
This question is too general.
Cette question est trop générale.

generous [JEHN ruhs] *adj.* • généreux (m.),
  généreuse (f.)
My grandparents are very generous.
Mes grands-parents sont très généreux.

gentle [JEHN tuhl] *adj.* • aimable (m. f.),
doux (m.), douce (f.)
gentleman *n.* • le monsieur (m.)
ladies and gentlemen • mesdames et messieurs
gently *adv.* • doucement
The nurse is very gentle.
L'infirmière est très douce.

geography [ji <O>G ruh fi] *n.* • la géographie (f.)
I always have a good grade in geography.
J'ai toujours une bonne note en géographie.

geometry [ji <O>M uh tri] *n.* • la géométrie (f.)
I like geometry better than algebra.
J'aime mieux la géométrie que l'algèbre.

Germany [JEUR muh ni] *n.* • l'Allemagne (f.)
German *adj.* • allemand(e) (m. f.)
German *n.* • un(e) Allemand(e) (m. f.)
German shepherd *n.* • le berger allemand (m.)
My father's ancestors come from Germany.
Les ancêtres de mon père viennent d'Allemagne.

to get [tou GEHT] *v.* • recevoir
to get rid of *v.* • se débarrasser de
to get dressed *v.* • s'habiller
to get up *v.* • se lever
If I study, I get a good grade.
Si j'étudie, je reçois une bonne note.

Get rid of these old clothes!
Débarrassez-vous de ces vieux vêtements!

I get dressed in my bedroom.
Je m'habille dans ma chambre.

I get up at six o'clock in the morning to go to school.
Je me lève à six heures du matin pour aller à l'école.

ghost [GOST] *n.* • le fantôme (m.)
My little sister doesn't like the ghosts in this story.
Ma petite sœur n'aime pas les fantômes dans cette histoire.

giant [JAY uhnt] *n.* • le géant (m.)
There is a giant in this fairy tale.
Il y a un géant dans ce conte de fées.

gift [GĬFT] *n.* • le cadeau (m.), les cadeaux (pl.)
   gifted *adj.* • doué(e) (m. f.)
You get gifts on your birthday.
On reçoit des cadeaux pour son anniversaire.

giraffe [juh RAAF] *n.* • la girafe (f.)
We saw three giraffes at the zoo.
Nous avons vu trois girafes au zoo.

girl [GEURL] *n.* • la (jeune) fille (f.)
Do you know this girl?
Est-ce que tu connais cette jeune fille?

to give [tou GĬV] *v.* • donner
   to give back *v.* • rendre
Please give me a pencil.
Donnez-moi un crayon, s'il vous plaît.

We always give back what we borrow.
Nous rendons toujours ce que nous empruntons.

glad [GLAAD] *adj.* • content(e) (m. f.), heureux
   (m.), heureuse (f.)
I am glad to see you.
Je suis content de vous voir.

glass [GLAAS] *n.* • le verre (m.)
   made of glass • en verre
Her glass is empty.
Son verre est vide.

glasses [GLAAS uhz] *n.* • les lunettes (f. pl.)
   sun glasses *n.* • les lunettes (f. pl.) de soleil
You have new glasses!
Tu as de nouvelles lunettes!

glove [GLUHV] *n.* • le gant (m.)
These two gloves don't match.
Ces deux gants ne vont pas ensemble.

to glue (paste) [tou GLOU] *v.* • coller
   glue *n.* • la colle (f.)
We glued the stamps on the envelopes.
Nous avons collé les timbres sur les enveloppes.

to go (leave) [tou GO] *v.* • partir
   to go *v.* • aller
   to go near *v.* • s'approcher
   to go out (leave) *v.* • sortir (de)
   to go back *v.* • retourner
   to go down *v.* • descendre
   to go into *v.* • entrer dans
   to go to bed *v.* se coucher
   to go up *v.* • monter
Tomorrow, we're leaving for Paris.
Demain, nous partons pour Paris.

We are going to the movie tonight.
Nous allons au cinéma ce soir.

They go back to Europe next month.
Ils retournent en Europe le mois prochain.

Be careful when you go down the steps.
Faites attention quand vous descendez l'escalier.

We're going into the shop.
Nous entrons dans la boutique.

Don't go near this dog, he bites.
Ne vous approchez pas de ce chien, il mord.

She's going up the stairs.
Elle monte l'escalier.

goal [GOL] *n.* • le but (m.)
What is your goal in life?
Quel est votre but dans la vie?

goat [GOT] *n.* • la chèvre (f.)
They say that goats are stubborn.
On dit que les chèvres sont têtues.

gold [GOLD] *n.* • l'or (m.)
   made of gold • en or
Is this necklace made of gold?
Est-ce que ce collier est en or?

golf [G<O>LF] *n.* • le golf (m.)
   to play golf *v.* • jouer au golf
   golf course *n.* • le terrain (m.) de golf
We play golf in the summer.
Nous jouons au golf en été.

good [GEUD] *adj.* • bon (m.), bonne (f.)
   Good-bye • Au revoir
   Good day • Bonjour
   Good evening • Bonsoir
   Good night • Bonne nuit
   Good luck • Bonne chance
   good looking *adj.* • beau (m.), belle (f.)
She always gets good grades.
Elle reçoit toujours des bonnes notes.

goose [GOUS] *n.* • l'oie (f.)
   geese *pl.* • les oies
Geese are white.
Les oies sont blanches.

gorilla [guh RÏl uh] *n.* • le gorille (m.)
This gorilla scares me!
Ce gorille me fait peur!

government [GUHV eurn muhnt] *n.* • le gouvernement (m.)
Are you satisfied with the government?
Es-tu satisfait avec le gouvernement?

granddaughter [GRAAN da deur] *n.* • la petite-fille (f.)
grandson *n.* • le petit-fils (m.)
Her granddaughter is two years old.
Sa petite-fille a deux ans.

grandfather [GRAAND fa theur] *n.* • le grand-père (m.)
grandmother *n.* • la grand-mère (f.)
grandparents *n.* • les grands-parents (m. pl.)
My grandmother lives in town.
Ma grand-mère habite en ville.

grape [GREP] *n.* • le raisin (m.)
We are having grapes for dessert.
Nous avons du raisin comme dessert.

grapefruit [GREP frout] *n.* • le pamplemousse (m.)
I like grapefruit with my breakfast.
J'aime le pamplemousse avec mon petit déjeuner.

grass [GRAAS] *n.* • l'herbe (f.), le gazon (m.)
The grass is very tall in this field.
L'herbe est très haute dans ce champ.

grasshopper [GRAAS h<o>p eur] *n.* • la sauterelle (f.)
There are many grasshoppers this year.
Il y a beaucoup de sauterelles cette année.

gravy [GRE vi] *n.* • la sauce (f.), le jus (m.)
Do you want gravy with your roast beef?
Voulez-vous de la sauce avec votre rôti de bœuf?

gray [GRE] *adj.* • gris(e) (m. f.)
My grandpa's beard is gray.
La barbe de mon grand-père est grise.

great [GRET] *adj.* • grand(e) (m. f.)
 Great! *interj.* • Chouette!, formidable!
Abraham Lincoln is one of the great U.S.A. presidents.
Abraham Lincoln est un des grands présidents des Etats-Unis.

Greece [GRIS] *n.* • la Grèce (f.)
 Greek *adj.* • grec (m.), grecque (f.)
 Greek *n.* • un(e) Grec(que) (m. f.)
We are going to Greece for a vacation.
Nous allons en Grèce pendant les vacances.

green [GRIN] *adj.* • vert(e) (m. f.)
 green beans *n.* • les haricots verts (m. pl.)
Pine trees are green all year long.
Les sapins sont verts toute l'année.

grocer [GRO seur] *n.* • l'épicier (m.), l'épicière (f.)
 grocery store *n.* • l'épicerie (f.)
What do we need at the grocery store?
Qu'est-ce qu'il nous faut à l'épicerie?

ground [GROWND] *n.* le sol (m.), le terrain (m.), la
 terre (f.)
 ground floor *n.* • le rez-de-chaussée (m.)
They plant the seeds in the ground.
Ils plantent les graines dans la terre.

group [GROUP] *n.* • le groupe (m.)
The students leave class in groups.
Les étudiants sortent de classe en groupes.

to grow [tou GRO] *v.* • pousser
Her hair grows fast.
Ses cheveux poussent vite.

guard [GARD] *n.* • le garde (m.), la gardienne (f.)
  to guard *v.* • garder, protéger
The guard makes a tour of the buildings.
Le garde fait le tour des bâtiments.

to guess [tou GEHS] *v.* • deviner
Guess how many cousins I have.
Devinez combien de cousins j'ai.

guest [GEHST] *n.* • l'nvité (m.), l'invitée (f.)
When are the guests arriving?
Quand est-ce que les invités arrivent?

guilty [GÏL ti] *adj.* • coupable (m. f.)
The judge decides if the defendant is guilty.
Le juge décide si l'accusé est coupable.

guitar [guh TAR] *n.* • la guitare (f.)
  to play the guitar *v.* • jouer de la guitare
Do you know how to play the guitar?
Sais-tu jouer de la guitare?

gun [GUHN] *n.* • le fusil (m.)
You must be careful with guns.
On doit faire attention avec les fusils.

gymnasium [jïm NE zi uhm] *n.* • le gymnase (m.)
  gymnast *n.* • le, la gymnaste (m. f.)
  gymnastics *n.* • la gymnastique (f.)
We do gymnastics in the gymnasium.
On fait de la gymnastique au gymnase.

H

habit [HAA buht] *n.* • l'habitude (f.)
To get up early is a good habit.
Se lever tôt est une bonne habitude.

hair [HEHR] *n.* • les cheveux (m. pl.)
 hairbrush *n.* • la brosse (f.) à cheveux
 haircut *n.* • la coupe (f.) de cheveux
 hair setting *n.* • la mise (f.) en plis
 hairdo *n.* • la coiffure (f.)
My sister has long hair.
Ma sœur a les cheveux longs.

half [HAAF] *adj.* • demi(e) (m. f.)
 n. • la moitié (f.)
 half an hour • une demi-heure
Do you want half of my apple?
Veux-tu la moitié de ma pomme?

ham [HAAM] *n.* • le jambon (m.)
I would like some ham, please.
Je voudrais du jambon, s'il vous plaît.

hammer [HAAM eur] *n.* • le marteau (m.)
John needs his hammer.
Jean a besoin de son marteau.

hand [HAAND] *n.* • la main (f.)
 right hand *n.* • la main (f.) droite
 left hand *n.* • la main (f.) gauche
 to shake hands *v.* • serrer la main
If you know the answer, raise your hand.
Si vous savez la réponse, levez la main.

handsome [HAAN suhm] *adj.* • beau (m.), belle (f.), bel (m.) before vowel sound, beaux (m. pl.)
Martine thinks that your brother is handsome.
Martine pense que ton frère est beau.

to happen [tou HAA phun] *v.* • arriver
What's happening?
Qu'est-ce qui arrive?

That happens sometimes.
Ça arrive de temps en temps.

happy [HAA pi] *adj.* • heureux (m.), heureuse (f.)
  Happy Birthday! • Bon anniversaire!
  happiness *n.* • le bonheur (m.)
I am happy when I get a good grade.
Je suis heureuse quand je reçois une bonne note.

hard [HARD] *adj.* • dur(e) (m. f.), difficile (m. f.)
This work is very hard.
Ce travail est très dur.

harvest [HAR vuhst] *n.* • la récolte (f.)
The farmers have a good harvest this year.
Les agriculteurs ont une bonne récolte cette année.

hat [HAAT] *n.* • le chapeau (m.)
  pl. • les chapeaux
Which hat are you going to wear?
Quel chapeau allez-vous porter?

to hate [tou HET] *v.* • détester
I hate cold weather!
Je déteste le froid!

to have [tou HAAV] *v.* • avoir
  to have to *v.* • devoir
  to have a good time *v.* • s'amuser
  to have (food) *v.* • prendre
I have a date at seven.
J'ai un rendez-vous à sept heures.

We have a good time at the beach.
On s'amuse bien à la plage.

I'm having ice cream for dessert.
Je prends une glace comme dessert.

We have to leave now!
Nous devons partir maintenant!

Do you have the time to read this letter?
Avez-vous le temps de lire cette lettre?

hay [HE] *n.* • le foin (m.)
  hay-fever *n.* • le rhume (m.) des foins
When is the hay harvest?
Quand est la récolte des foins?

he [HI] *pers. pron.* • il
Does he know that we are here?
Est-ce qu'il sait que nous sommes ici?

head [HEHD] *n.* • la tête (f.)
  headache *n.* • un mal (m.) de tête
  headlight *n.* • le phare (m.)
I lay my head on my pillow.
Je pose ma tête sur mon oreiller.

health [HEHLTH] *n.* • la santé (f.)
Health is a precious thing.
La santé est une chose précieuse..

to hear [tou HIR] *v.* • entendre
We hear the wind blowing in the trees.
Nous entendons le vent souffler dans les arbres.

heart [HART] *n.* • le cœur (m.)
When you run, your heart beats fast.
Quand on court, le cœur bat vite.

heat [HIT] *n.* • la chaleur (f.)
Do you feel the heat of the fire?
Sens-tu la chaleur du feu?

heavy [HEH vi] *adj.* • lourd(e) (m. f.)
This box is too heavy for me.
Cette boîte est trop lourde pour moi.

height [HAYT] *n.* • la hauteur (f.)
What is the height of this building?
Quelle est la hauteur de ce bâtiment?

helicopter [HEHL uh k<o>p teur] *n.* •
l'hélicoptère (m.)
Do you see the helicopter above us?
Vois-tu l'hélicoptère au-dessus de nous?

Hello [heh LO] *interj.* • Bonjour; allô! (on the
telephone)
Hello, class.
Bonjour,classe.

helmet [HEHL muht] *n.* • le casque (m.)
To ride a motorcycle, you must wear a helmet.
Pour faire de la moto, il faut porter un casque.

to help [tou HEHLP] *v.* • aider
  help *n.* • le secours (m.), l'aide (f.)
  Help! • Au secours!
I help my dad prepare dinner.
J'aide mon père à préparer le dîner.

hen [HEHN] *n.* • la poule (f.)
These hens are protecting their chicks.
Ces poules protègent leurs poussins.

her [HEUR] *pron.* • elle
   poss.pron. • sa (f.), son (m.), ses (pl.),
   pron. • lui
She always forgets something.
Elle oublie toujours quelquechose.

It's for her?
C'est pour elle?

here [HIR] *adv.* • ici, là
   here is, here are • voici
Is everyone here?
Est-ce que tout le monde est là?

herself [heur SEHLF] *pron.* • se, elle-même
She does it herself.
Elle le fait elle-même.

Hi! [HAY] *interj.* • Salut!
Hi! How are you?
Salut! Comment ça va?

to hide [tou HAYD] *v.* • cacher
   to play hide and seek *v.* • jouer à cache-cache
The lady hides her jewelry.
La dame cache ses bijoux.

high [HAY] *adj.* • haut(e) (m. f.)
   high school *n.* • le lycée (m.)
   highway *n.* • la grande route (f.)
These mountains are high!
Ces montagnes sont hautes!

hill [HÏL] *n.* • la colline (f.)
We go sledding on this hill in the winter.
On fait de la luge sur cette colline en hiver.

him [HÏM] *pron.* • le, l', lui
This cake is for him.
Ce gâteau est pour lui.

himself [HÏM sehlf] *pron.* • se, lui-même
Marc looks at himself in the mirror.
Marc se regarde dans le miroir.

hippopotamus [hïp uh p<o> tuh muhs] *n.* •
l'hippopotame (m.)
The hippopotamus glides under the water.
L'hippopotame se glisse sous l'eau.

his [HÏZ] *poss. pron.* • son (m.), sa (f.), ses (pl.)
Where are his pens?
Où sont ses stylos?

history [HÏS tri] *n.* • l'histoire (f.)
In history class, we are studying the French Revolution.
Dans la classe d'histoire, nous étudions la révolution française.

to hit [tou HÏT] *v.* • frapper
Can you hit the ball?
Pouvez-vous frapper la balle?

to hitch hike [tou HÏTSH hayk] *v.* • faire de l'auto-stop
It is dangerous to hitchhike.
Il est dangereux de faire de l'auto-stop.

hobby [H<O> bi] *n.* • le passe-temps (m.)
What is your favorite hobby?
Quel est ton passe-temps favori?

hockey [H<O> ki] *n.* • le hockey (m.)
 to play hockey *v.* • jouer au hockey
Our neighbors play hockey.
Nos voisins jouent au hockey.

hog [H<O>G] *n.* • le cochon (m.), le porc (m.)
The hogs are eating corn.
Les cochons mangent du maïs.

to hold [tou HOLD] *v.* • tenir
Hold my place!
Tiens ma place!

hole [HOL] *n.* • le trou (m.)
Don't fall in this big hole!
Ne tombez pas dans ce grand trou!

holiday [H<O>L uh de] *n.* • la fête (f.)
Great! Today is a holiday; there is no school!
Chouette! Aujourd'hui c'est un jour férié; il n'y a pas d'école!

Holland [H<O>L uhnd] *n.* • la Hollande (f.)
 Dutch *adj.* • hollandais(e) (m. f.)
 Dutch *n.* • un(e) Hollandais(e) (m. f.)
They grow tulips in Holland.
On cultive les tulipes en Hollande.

home (house) [HOM] *n.* • la maison (f.)
 at home *prep.* • à la maison
 to come home *v.* • rentrer chez soi
 homesick *v.* • avoir le mal du pays
 Make yourself at home. • Faites comme chez vous.
My sister gets home at six in the evening.
Ma sœur rentre à la maison à six heures du soir.

homework [HOM weurk] *n.* • les devoirs (m. pl.)
We are finishing our homework.
Nous finissons nos devoirs.

honest [<O> nuhst] *adj.* • honnête (m. f.)
This boy seems honest.
Ce garçon a l'air honnête.

honey [HUH ni] *n.* • le miel (m.)
  honeymoon *n.* • la lune (f.) de miel
I put honey on my bread.
Je mets du miel sur mon pain.

to hope [tou HOP] *v.* • espérer
  hopeful *adj.* • optimiste (m. f.)
  hopeless *adj.* • sans espoir
I hope that you can come!
J'espère que vous pouvez venir!

horrible [HOR uh buhl] *adj.* • horrible (m. f.)
  horror *n.* • l'horreur (f.)
That movie is horrible!
Ce film est horrible!

horse [HORS] *n.* • le cheval (m.), chevaux (pl.)
  horse race *n.* la course (f.) de chevaux
  horse shoe *n.* • le fer (m.) à cheval
This is a beautiful horse.
C'est un beau cheval.

hospital [H<O>S pï tuhl] *n.* • l'hôpital (m.), les
  hôpitaux (pl.)
The surgeon works at the hospital.
Le chirurgien travaille à l'hôpital.

hot [H<O>T] *adj.* • chaud(e) (m. f.)
  It's hot. (out) • Il fait chaud.
  to be hot (person) *v.* • avoir chaud
Be careful! The oven is hot!
Faites attention! Le four est chaud!

hotel [ho TEHL] *n.* • l'hôtel (m.)
Our hotel has three stars.
Notre hôtel a trois étoiles.

hour [OWR] *n.* • l'heure (f.)
What time is it?
Quelle heure est-il?

It's six o'clock.
Il est six heures.

I have been waiting for my friend for one hour!
J'attends mon amie depuis une heure!

house [HOWS] *n.* • la maison (f.)
  to do housework *v.* • faire le ménage
They have a big house.
Ils ont une grande maison.

how [HOW] *adv.* • comment
  How are things? • Comment ca va?
  How far is—? • À quelle distance est—?
  How many? (much) • Combien?
  How much is—? • Ça coûte combien—?
  How old are you? • Quel âge avez-vous?
  to know how *v.* • savoir
  What? (did you say?) • Comment?
I understand how you do that!
Je comprends comment on fait ça!

however [how EH veur] *adv., conj.* • pourtant,
  cependant
I always lose; however, I keep playing!
Je perds toujours; cependant, je continue à jouer!

humid [HYOU muhd] *adj.* • humide (m. f.)
In the winter, the air isn't humid enough.
En hiver, l'air n'est pas assez humide.

hundred [HUHN druhd] *adj.* • cent (m. f.)
There are one hundred people at this meeting.
Il y a cent personnes à cette réunion.

hungry (to be) [HUH<NG> gri] *v.* • avoir faim
We are hungry in the morning before breakfast.
Nous avons faim le matin, avant le petit déjeuner.

to hunt [tou HUHNT] *v.* • chasser
  hunter *n.* • le chasseur (m.)
The hunter is carrying his gun.
Le chasseur porte son fusil.

to hurry [tou HEUR i] *v.* • se dépêcher
  to be in a hurry *v.* • être pressé(e)
  Hurry! • Vite!
  Hurry up! • Dépêchez-vous!
  There is no hurry. • Ça ne presse pas.
We are hurrying to catch the train.
Nous nous dépêchons pour attraper le train.

to hurt [tou HEURT] *v.* • faire mal à
  to be hurt *v.* • avoir mal
I can't walk. My feet hurt.
Je ne peux pas marcher. J'ai mal aux pieds.

husband [HUHZ buhnd] *n.* • le mari (m.), l'époux
  (m.)
What is your husband's name?
Comment s'appelle votre mari?

I

I [AY] *pron.* • je, moi
I want to go out with my friends.
Je veux sortir avec mes amis.

ice [AYS] *n.* • la glace (f.)
  ice cube *n.* • le glaçon (m.)
There is ice on the lake.
Il y a de la glace sur le lac.

ice cream [AYS krim] *n.* • la glace (f.)
Sabine is having ice cream for dessert.
Sabine prend de la glace comme dessert.

ice-skate [AYS sket] *n.* • le patin (m.) à glace
  to ice skate *v.* • patiner
Do you know how to ice skate?
Sais-tu patiner?

idea [AY di uh] *n.* • l'idée (f.)
That is a good idea!
Ça, c'est une bonne idée!

if [ÏF] *conj.* • si
  as if • comme si
  if not • sinon
If I can't come, I'll call you.
Si je ne peux pas venir, je te téléphonerai.

ill [ÏL] *adj.* • malade (m. f.)
  illness *n.* • la maladie (f.)
When you are ill, you go to the doctor's.
Quand on est malade, on va chez le docteur.

to imagine [tou ï MAA juhn] *v.* • imaginer
Paul imagines that he is famous.
Paul imagine qu'il est célèbre.

immediately [ï MI di uht li] *adv.* • immédiatement,
tout de suite
I am coming immediately!
Je viens tout de suite!

impatient [ïm PE chuhnt] *adj.* • impatient(e)(m. f.)
When Jacques is in a hurry, he is impatient.
Quand Jacques est pressé, il est impatient.

impolite [ïm po LAYT] *adj.* • impoli(c) (m. f.)
This boy is very impolite.
Ce garçon est très impoli.

important [ïm POR tuhnt] *adj.* • important(e)(m. f.)
This letter is very important.
Cette lettre est très importante.

in [ÏN] *prep.* • dans, en, à
in case of • en cas de
in front of • devant
in order to • pour
in this way • ainsi
She puts her keys in her pocket.
Elle met ses clés dans sa poche.

incomplete [ïn kuhm PLIT] *adj.* • incomplet
(m.), incomplète (f.)
Your homework is incomplete.
Vos devoirs sont incomplets.

incorrect [ïn KO rehkt] *adj.* • incorrect(e) (m. f.)
I have three incorrect answers on this test.
J'ai trois réponses incorrectes dans cet examen.

to indicate [tou ÏN dï ket] *v.* • indiquer
Can you show me the way?
Pouvez-vous m'indiquer le chemin?

indoors [ïn DORZ] *adv.* • à l'intérieur, à la
   maison
When it's bad out, we stay indoors.
Quand il fait mauvais, nous restons à l'intérieur.

industry [ÏN duhs tri] *n.* • l'industrie (f.)
There are many industries on this part of town.
Il y a beaucoup d'industries dans cette partie de la ville.

inexpensive [ïn ehk SPEHN sïv] *adj.* • bon
   marché (m. f.)
  to be inexpensive *v.* • coûter peu
This shirt is inexpensive.
Cette chemise est bon marché.

information [ïn for ME chuhn] *n.* • les
   renseignements (m. pl.)
If you don't know, you ask for information.
Si on ne sait pas, on demande des renseignements.

to injure [tou ÏN jeur] *v.* • blesser, faire mal à
  injured *n.* • le (la) blessé (e) (m. f.)
Watch out! You are injuring my foot!
Attention! Tu me blesses le pied!

ink [I<NG>K] *n.* • l'encre (f.)
There's no more ink in my pen!
Il n'y a plus d'encre dans mon stylo!

innocent [ÏN o suhnt] *adj.* • innocent(e) (m. f.)
If you are not guilty, you are innocent.
Si on n'est pas coupable, on est innocent.

insect [ĬN sehkt] *n.* • l'insecte (m.)
My sister detests insects.
Ma sœur déteste les insectes.

inside [ïn SAYD] *adv.* • dedans, à l'intérieur
Here is an old trunk. What is inside?
Voici une vieille malle. Qu'est-ce qu'il y a dedans?

to insist [tou ïn SĬST] *v.* • insister
He insists that he is right.
Il insiste qu'il a raison.

to inspect [tou ïn SPEHKT] *v.* • inspecter
  inspector *n.* • l'inspecteur (m.)
  inspection *n.* • l'inspection (f.)
He inspects his work with care.
Il inspecte son travail avec soin.

instant [ĬN stuhnt] *n.* • L'instant (m.), le moment (m.)
I can finish in an instant.
Je peux finir en un instant.

instead [in STEHD] *adv.* • au lieu (de), à la place (de)
Instead of taking the train, we'll fly.
Au lieu de prendre le train, nous prendrons l'avion.

instructor [ïn STUHK teur] *n.* • l'instructeur
  (m.), le moniteur (m.), la monitrice (f.)
My ski instructor is great!
Mon moniteur de ski est formidable!

insurance [ïn CHEUR aans] *n.* • l'assurance (f.)
We have insurance for the house and car.
Nous avons une assurance pour la maison et pour la voiture.

intelligent [ïn TEHL uh juhnt] *adj.* •
intelligent(e) (m. f.)
Which animal is the most intelligent?
Quel animal est le plus intelligent?

interest [ÏN trehst] *n.* • l'intérêt (m.)
interesting *adj.* • intéressant(e) (m. f.)
to be interested in *v.* • s'intéresser à
My brother is interested in chemistry.
Mon frère s'intéresse à la chimie.

international [ïn teur NAACH nuhl] *adj.* •
international(e) (m. f.)
There is an international conference at Washington, D.C. this
week.
*Il y a une conférence internationale à Washington, D.C. cette
semaine.*

interpreter [ïn TEUR pruh teur] *n.* • l'interprète (m. f.)
I want to be an interpreter one day.
Je veux devenir interprète un jour.

to interrupt [tou ïn tuh RUHPT] *v.* • interrompre
He always interrupts our conversations.
Il interrompt toujours nos conversations.

into [ÏN tou] *prep.* • dans, en
We're going into the store.
Nous entrons dans le magasin.

to introduce [tou ÏN tro dous] *v.* • présenter
Mr. LeClerc, I'd like you to meet my parents.
Monsieur LeClerc, je vous présente mes parents.

to invite [tou ïn VAYT] *v.* • inviter
invitation *n.* • l'invitation (f.)
We're inviting all our friends to the party.
Nous invitons tous nos amis à la boum.

iron [AY eurn] *n.* • le fer (m.)
  made of iron • en fer
  to iron *v.* • repasser
  iron (appliance) *n.* • le fer à (m.) repasser
Claude is ironing a shirt.
Claude est en train de repasser une chemise.

island [AY luhnd] *n.* • l'île (f.)
Have you ever visited an island?
As-tu jamais visité une île?

it [ÏT] *pron.* • il, elle, le, la, lui, ce
  it is • c'est, il est, elle est
  its *poss.* • sa, son, ses
Where is it? I don't see it.
Où est-il? Je ne le vois pas.

Italy [Ï tuh li] *n.* • l'Italie (f.)
  Italian *adj.* • italien(ne) (m f.)
  Italian *n.* • un(e) Italien(ne) (m. f.)
It is an Italian opera.
C'est un opéra italien.

J

jacket [JAAK uht] *n.* • la veste (f.), le blouson (m.)
  ski jacket *n.* • l'anorak (m.)
It is cool, take a jacket.
Il fait frais, prends un blouson.

jam [JAAM] *n.* • la confiture (f.)
Vincent puts jam on his bread.
Vincent met de la confiture sur son pain.

January [JAAN you eh ri] *n.* • janvier (m.)
We have snow in January.
Nous avons de la neige en janvier.

Japan [juh PAAN] *n.* • le Japon (m.)
  Japanese *adj.* • japonais(e) (m. f.)
  Japanese *n.* • un(e) Japonais(e) (m. f.)
I would like to visit Japan one day.
Je voudrais visiter le Japon un jour.

jar [JAR] *n.* • le bocal (m.)
Is there a jar of cherries in the cellar?
Est-ce qu'il y a un bocal de cerises dans la cave?

jealous [JEHL uhs] *adj.* • jaloux (m.), jalouse (f.)
Our cat is jealous of our dog.
Notre chat est jaloux de notre chien.

jeans [JINS] *n.* • le blue-jean (m.)
I prefer to wear jeans today.
Je préfère porter un blue-jean aujourd'hui.

jet [JEHT] *n.* • l'avion (m.) à réaction
Jets are fast!
Les avions à réaction sont rapides!

jewel [JOU wuhl] *n.* • le bijou (m.)
  pl. • les bijoux
  jeweler *n.* • le bijoutier (m.)
I have my watch repaired at the jeweler's.
Je fais réparer ma montre chez le bijoutier.

job [J<O>B] *n.* • le travail (m.), l'emploi (m.)
Are you going to look for a summer job?
Vas-tu chercher du travail pour l'été?

to jog [tou J<O>G] *v.* • faire du jogging
The same people go jogging in the park every morning.
Les mêmes gens font du jogging dans le parc tous les matins.

joke [JOK] *n.* • la plaisanterie (f.)
  to joke *v.* • plaisanter
I believe it's a joke.
Je crois que c'est une plaisanterie.

He is always joking!
Il plaisante toujours!

journey [JEUR ni] *n.* • le voyage (m.)
He is taking a long journey across North America.
Il fait un long voyage à travers l'Amérique du Nord.

joy [JOY] *n.* • la joie (f.)
The child shouts with joy.
L'enfant crie de joie.

judge [JUHJ] *n.* • le juge (m.)
The judge passes judgments.
Le juge rend des jugements.

juice [JOUS] *n.* • le jus (m.)
  orange juice *n.* • le jus (m.) d'orange
Fruit juices are good for your health.
Les jus de fruits sont bons pour la santé.

July [juh LAY] *n.* • juillet (m.)
We will be in France for Bastille Day, July 14.
Nous serons en France pour le 14 juillet.

to jump [tou JUHMP] *v.* • sauter
The children are jumping on the rocks.
Les enfants sautent sur les rochers.

June [JOUN] *n.* • juin (m.)
Their wedding anniversary is in June.
Leur anniversaire de mariage est en juin.

K

kangaroo [Kaa<ng> guh ROU] *n.* • le kangourou (m.)
Kangaroos live in Australia.
Les kangourous vivent en Australie.

to keep [tou KIP] *v.* • garder
   keeper *n.* • le gardien (m.) la gardienne (f.)
It is cool here, I am keeping my coat.
Il fait frais ici, je garde mon manteau.

key [KI] *n.* • la clé ou la clef (f.)
Where are the car keys?
Où sont les clés de la voiture?

to kick [tou KÏK] *v.* • donner des coups de pied
He is kicking me under the table.
Il me donne des coups de pied sous la table.

to kill [tou KÏL] *v.* • tuer
In the story, the hero kills the giant.
Dans l'histoire, le héro tue le géant.

kilometer [kuh L<O>M i teur] *n.* • le kilomètre (m.)
How many kilometers are there between Lyon and Paris?
Combien de kilomètres y a-t-il de Lyon à Paris?

kind (sort) [KAYND] *n.* • l'espèce (f.), la sorte (f.)
What kind of tree is it?
Quelle espèce d'arbre est-ce?

kind [KAYND] *adj.* • gentil (m.), gentille (f.), aimable (m. f.)
My teacher is very kind.
Mon professeur est très aimable.

kindergarten [KÏN deur gar duhïn] *n.* • le jardin (m.) d'enfants
My little sister goes to kindergarten.
Ma petite sœur va au jardin d'enfants.

king [KI<NG>] *n.* • le roi (m.)
The king wears a crown.
Le roi porte une couronne.

to kiss [tou KÏS] *v.* • embrasser
a kiss *n.* • un baiser (m.), une bise (f.)
Well! I'll give you a kiss and then I'll leave.
Alors! Je vous embrasse et puis je pars.

kitchen [KÏ tshuhn] *n.* • la cuisine (f.)
We eat lunch in the kitchen.
Nous prenons le déjeuner à la cuisine.

kite [KAYT] *n.* • le cerf-volant (m.)
You need wind to fly a kite.
Il faut du vent pour faire voler un cerf-volant.

kitten [KÏ tuhn] *n.* • le chaton (m.)
kitty *n.* • le minet (m.)
Our cat has four kittens.
Notre chatte a quatre chatons.

knee [NI] *n.* • le genou (m.)
pl. • les genoux
Her knees hurt.
Elle a mal aux genoux.

knife [NAYF] *n.* • le couteau (m.)
  pl. • les couteaux
  pocket knife *n.* • le canif (m.)
I put the knives next to the spoons.
Je mets les couteaux à côté des cuillères.

knight [NAYT] *n.* • le chevalier (m.)
Do you know the song, "The Knights of the Round Table"?
Connaissez-vous la chanson, "Chevaliers de la Table Ronde"?

to knit [tou NÏT] *v.* • tricoter
My mother is knitting me a sweater.
Ma mère me tricote un pullover.

to knock [tou N<O>K] *v.* • frapper
  knock *n.* • le coup (m.)
Alan knocks on the door, but there is no one home.
Alain frappe à la porte, mais il n'y a personne à la maison.

to know (people) [tou NO] *v.* • connaître
  (facts) *v.* • savoir
I don't know her parents.
Je ne connais pas ses parents.

Does your brother know how to drive?
Est-ce que ton frère sait conduire?

Note: Connaître is used with people or places in the
  sense of being familiar with or acquainted with someone or someplace. Savoir is used in all other cases.

L

laborer [LE beur eur] *n.* • l'ouvrier (m.),
l'ouvrière (f.)
The laborers work in the factory.
Les ouvriers travaillent dans l'usine.

lace [LES] *n.* • la dentelle (f.)
This lace collar is elegant.
Ce col de dentelle est élégant.

ladder [LAA deur] *n.* • l'échelle (f.)
My dad is climbing the ladder.
Mon père grimpe sur l'échelle.

lady [LE di] *n.* • la dame (f.)
 young lady *n.* • la demoiselle (f.)
Do you know this lady?
Connaissez-vous cette dame?

lake [LEK] *n.* • le lac (m.)
We are going swimming in the lake.
Nous allons nager dans le lac.

lamb [LAAM] *n.* • l'agneau (m.)
 leg of lamb *n.* • le gigot (m.)
The lambs stay close to their mothers.
Les agneaux restent près de leurs mères.

lamp [LAAMP] *n.* • la lampe (f.)
Can you please turn on the lamp?
Pouvez-vous allumer la lampe, s'il vous plaît?

land [LAAND] *n.* • la terre (f.)
   to land *v.* • atterrir
   landing *n.* • l'atterrissage (m.)
The birds fly over the land.
Les oiseaux volent au-dessus de la terre.

Our plane lands at noon.
Notre avion atterrit à midi.

language [LAA<NG> gwïj] *n.* • la langue (f.)
How many languages do you speak?
Combien de langues parlez-vous?

large [LARJ] *adj.* • grand(e)(m. f.),gros(se)(m. f.)
There is a large bee on the flower.
Il y a une grosse abeille sur la fleur.

last [LAAST] *adj.* • dernier (m.), dernière (f.)
   at last • enfin
   last night • hier soir
   the last one • le (la) dernier (dernière)
Peter is always last in finishing his homework!
Pierre est toujours le dernier à finir ses devoirs.

late [LET] *adj., adv.* • tard
   adj. • en retard
   to be late *v.* • être en retard
   later • plus tard
   to sleep late *v.* • faire la grasse matinée
The bus is late today.
L'autobus est en retard aujourd'hui.

to laugh [tou LAAF] *v.* • rire
The children laugh when they see the clown.
Les enfants rient quand ils voient le clown.

law [L<O>] *n.* • la loi (f.)
You must obey the laws.
Il faut obéir aux lois.

lawn [L<O>N] *n.* • la pelouse (f.)
I mow the lawn for my dad.
Je tonds la pelouse pour mon père.

lawyer [LOY yeur] *n.* • l'avocat(e) (m. f.)
The lawyers are at the court house.
Les avocats sont au palais de justice.

to lay [tou LE] *v.* • poser
Marie lays her books on the table.
Marie pose ses livres sur la table.

lazy [LE zi] *adj.* • paresseux (m.), paresseuse (f.)
This cat is so lazy! He sleeps all day!
Ce chat est si paresseux! Il dort toute la journée!

to lead [tou LID] *v.* • conduire
  leader *n.* • le chef (m.)
  the lead (in a play) • le rôle principal
The guide leads the tourists to the castle.
Le guide conduit les touristes au château.

Our team leader leads the game.
Notre chef d'équipe mène le jeu.

leaf [LIF] *n.* • la feuille (f.)
The leaves are beautiful in the fall.
Les feuilles sont belles en automne.

to leap [tou LIP] *v.* • sauter
The lambs are leaping in the field.
Les agneaux sautent dans le champ.

to learn [tou LEURN] *v.* • apprendre
  to learn by heart *v.* • apprendre par cœur
  to learn how *v.* • apprendre à
You learn many things when you travel.
On apprend beaucoup de choses quand on voyage.

to leave [tou LIV] *v.* • partir, quitter
We leave the school at the end of the day.
Nous quittons l'école à la fin de la journée.

Good-bye! We are leaving on a trip!
Au revoir! Nous partons en voyage!

left [LEHFT] *adj.* • gauche (m. f.)
  left hand *n.* • la main gauche (f.)
  to the left • à gauche
Our house is on the left side of the street.
Notre maison est du côté gauche de la rue.

leg [LEHG] *n.* • la jambe (f.)
This dancer has beautiful legs.
Cette danseuse a de jolies jambes.

legend [LEH juhnd] *n.* • la légende (f.)
Do you know the legend of King Arthur?
Connaissez-vous la légende du roi Arthur?

lemon [LEHM uhn] *n.* • le citron (m.)
We put lemon juice on the fish.
Nous mettons du jus de citron sur le poisson.

to lend [tou LEHND] *v.* • prêter
Can you lend me a dollar?
Peux-tu me prêter un dollar?

leopard [LEH peurd] *n.* • le léopard (m.)
Leopards live in the jungle.
Les léopards vivent dans la jungle.

less [LEHS] *adv.* • moins
This blouse is less expensive than that one.
Ce chemisier-ci est moins cher que celui-là.

lesson [LEH suhn] *n.* • la leçon (f.)
Do you understand the lesson?
Comprenez-vous la leçon?

to let [tou LEHT] *v.* • laisser
  to let alone *v.* • laisser tranquille
Let us play with you!
Laissez-nous jouer avec vous!

letter [LEH deur] *n.* • la lettre (f.)
  mailbox *n.* • la boîte aux lettres (f.)
I put the letter in the mailbox.
Je mets la lettre dans la boîte aux lettres.

lettuce [LEH tuhs] *n.* • la laitue (f.)
Rabbits like lettuce.
Les lapins aiment la laitue.

library [LAY brehr i] *n.* • la bibliothèque (f.)
I am going to take these books back to the library.
Je vais rendre ces livres à la bibliothèque.

to lie [tou LAY] *v.* • mentir
  lie *n.* • le mensonge (m.)
  liar *adj.* • menteur (m.), menteuse (f.)
Don't lie to me.
Ne me mens pas.

life [LAYF] *n.* • la vie (f.)
My grandfather loves life!
Mon grand-père aime la vie!

light [LAYT] *n.* • la lumière (f.)
  adj. • léger (m.), légère (f.)
  traffic light *n.* • le feu (m.)
I need light to read.
J'ai besoin de lumière pour lire.

lightning [LAYT ni<ng>] *n.* • les éclairs (m. pl.)
Are you afraid of lightning?
As-tu peur des éclairs?

like [LAYK] *prep.* • comme
  to like *v.* • aimer
  I would like • je voudrais
  we would like • nous voudrions
I love him like a brother.
Je l'aime comme un frère.

We like to play baseball in the park.
Nous aimons jouer au baseball dans le parc.

line [LAYN] *n.* • la ligne (f.)
Write on the lines.
Ecrivez sur les lignes.

lion [LAY uhn] *n.* • le lion (m.)
There are lions in Africa.
Il y a des lions en Afrique.

lip [LÏP] *n.* • la lèvre (f.)
  lipstick *n.* • le rouge (m.) à lèvres
I have dry lips in the winter.
J'ai les lèvres sèches en hiver.

list [LÏST] *n.* • la liste (f.)
I have a long list of errands to run.
J'ai une longue liste de courses à faire.

listen [LÏS uhn] *v.* • écouter
We listen to the teacher.
Nous écoutons le professeur.

little [LÏ duhl] *adj.* • petit(e) (m. f.)
  adv. • peu
  a little • un peu
  little by little • peu à peu
These boots are too little!
Ces bottes sont trop petites!

I would like a little coffee, please.
Je voudrais un peu de café, s'il vous plaît.

to live (reside) [tou LÏV] *v.* • habiter, vivre
  lively *adj.* • vif (vive) (m. f.), animé(e) (m. f.)
  living room *n.* • le salon (m.),
    la salle (f.) de séjour
  to earn a living *v.* • gagner sa vie
We live in Paris.
Nous habitons à Paris.

The whole family lives together.
Toute la famille vit ensemble.

lizard [LÏZ eurd] *n.* • le lézard (m.)
The lizard is sleeping on the rock.
Le lézard dort sur le rocher.

lobster [L<O>B steur] *n.* • le homard (m.)
This lobster is absolutely delicious.
Ce homard est absolument délicieux.

location [lo ke chuhn] *n.* • le site (m.)
  to be located *v.* • se trouver
It is a good location for a store.
C'est un bon site pour un magasin.

The Arc of Triumph is located on the place de l'Etoile.
L'Arc de Triomphe se trouve place de l'Etoile.

to lock [tou L<O>K] *v.* • fermer à clé
Do you lock your house when you leave?
Est-ce que vous fermez la maison à clé quand vous sortez?

lollipop [L<O>L i p<o>p] *n.* • la sucette (f.)
Children like lollipops.
Les enfants aiment les sucettes.

long [L<O><NG>] *adj.* • long (m.), longue (f.)
  a long time • longtemps
This snake is very long!
Ce serpent est très long!

to look (at) (watch) [tou LEUHK] *v.* • regarder
  to look for *v.* • chercher
  to look after *v.* • surveiller
  to look like *v.* • ressembler
They're looking at the pictures.
Ils regardent les photos.

My husband will look after the children.
Mon mari va surveiller les enfants.

We are looking for an apartment.
Nous cherchons un appartement.

She looks like her sister.
Elle ressemble à sa sœur.

to lose [tou LOUZ] *v.* • perdre
She always loses her books.
Elle perd toujours ses livres.

lot (of) [L<O>T uhv] *adv.* • beaucoup (de)
  a lot of people • beaucoup de monde
We have a lot of snow this winter.
Nous avons beaucoup de neige cet hiver.

loud [LOWD] *adj.* • fort(e) (m. f.), haut(e) (m. f.)
  loud speaker *n.* • le haut-parleur (m.)
He speaks too loud.
Il parle trop fort.

to love [tou LUHV] *v.* • aimer
  love *n.* • l'amour (m.)
  to be in love • être amoureux (amoureuse) (m. f.)
  to love each other *v.* • s'aimer
We love our parents.
Nous aimons nos parents.

low [LO] *adj.* • bas (m.), basse (f.)
  to lower *v.* • baisser
We lower our voices when we go in a church.
On baisse la voix quand on entre dans une église.

luck [LUHK] *n.* • la chance (f.)
  Good luck! • Bonne chance! Bon courage!
  to be lucky *v.* • avoir de la chance
He never has any luck.
Il n'a jamais de chance.

luggage [LUH guhj] *n.* • les bagages (m. pl.)
Whose luggage is this?
A qui sont ces bagages?

lunch [LUHNTSH] *n.* • le déjeuner (m.)
  to have lunch *v.* • déjeuner
  lunch time *n.* • l'heure (f.) du déjeuner
What are you having for lunch?
Qu'est-ce que vous prenez pour le déjeuner?

M

machine [muh CHIN] *n.* • la machine (f.)
  sewing-machine *n.* • la machine (f.) à coudre
  washing-machine *n.* • la machine (f.) à laver
There are many machines in the office.
Il y a beaucoup de machines au bureau.

mad (crazy) [MAAD] *adj.* • fou (m.), folle (f.)
Are you mad? That's too dangerous!
Es-tu fou? C'est trop dangereux!

made of [MED uhv] *adj.* • (fait) en
This sweater is made of wool.
Ce pull-over est en laine.

magazine [MAAG uh zin] *n.* • la revue (f.), le
  magazine (m.)
Which magazine do you like to read?
Quelle revue aimes-tu lire?

magic [MAA jïk] *n.* • la magie (f.)
  magician *n.* • le magicien (m.)
My brother likes magic.
Mon frère aime la magie.

magnificent [maag NÏF uh suhnt] *adj.* •
  magnifique (m. f.)
These horses are magnificent!
Ces chevaux sont magnifiques!

maid [MED] *n.* • la bonne (f.)
The maid does the housework.
La bonne fait le ménage.

mail [MEL] *n.* • le courrier (m.)
  mail carrier *n.* • le facteur (m.)
  mailbox *n.* • la boîte (f.) aux lettres
Do I have any mail today?
Est-ce que j'ai du courrier aujourd'hui?

to make (to do) [tou MEK] *v.* • faire
  make happy *v.* • rendre heureux
  makeup *n.* • le maquillage (m.)
I make my bed every morning.
Je fais mon lit tous les matins.

mama [MA ma] *n.* • la maman (f.)
Mama always asks me to set the table.
Maman me demande toujours de mettre le couvert.

man [MAAN] *n.* • l'homme (m.), le monsieur (m.)
This man is my uncle.
Cet homme est mon oncle.

many [MEH ni] *adj., pron.* • beaucoup de
  how many? • combien?
  as many as • autant que
  too many • trop (de)
  so many • tant (de)
My parents have many friends.
Mes parents ont beaucoup d'amis.

map [MAAP] *n.* • la carte (f.)
Here is a map of France.
Voici une carte de France.

maple [ME puhl] *n.* • l'érable (m.)
Is this a maple tree?
Est-ce un érable?

March [MARTSH] *n.* • mars (m.)
Spring arrives in March.
Le printemps arrive au mois de mars.

market [MAR kuht] *n.* • le marché (m.)
You buy fruits and vegetables at the market.
On achète des fruits et des légumes au marché.

to marry (to get married) [tou MEHR i] *v.* •
se marier
Robert and Jane are getting married tomorrow.
Robert et Jane se marient demain.

marvelous [MAR vuh luhs] *adj.* • merveilleux
(m.), merveilleuse (f.), formidable (m. f.)
This music is marvelous!
Cette musique est formidable!

match [MAATSH] *n.* • l'allumette (f.)
Do you have a match to light the fire?
As-tu une allumette pour allumer le feu?

mathematics [maath MAA tïks] *n.* • les
mathématiques (f. pl.), les maths (f. pl.)
Are you good at math?
Es-tu fort en maths?

mature [muh TSHEUR] *adj.* • mûr(e) (m. f.)
My mother says that I am mature for my age.
Ma mère dit que je suis mûre pour mon âge.

may [ME] *v.* • pouvoir
   maybe *adv.* • peut-être
May I help you?
Est-ce que je peux vous aider?

May [ME] *n.* • mai (m.)
There are many flowers in May.
Il y a beaucoup de fleurs au mois de mai.

mayor [MEHR] *n.* • le maire (m.).
My grandfather is mayor of our town.
Mon grand-père est maire de notre ville.

me [MI] *pers. pron.* • moi, me
Hand me that book, please.
Donnez-moi ce livre, s'il vous plaît.

meal [MIL] *n.* • le repas (m.)
We have a light meal at night.
Nous prenons un repas léger le soir.

mean [MIN] *adj.* • méchant(e) (m. f.)
I don't like that boy. He's mean.
Je n'aime pas ce garçon. Il est méchant.

to mean [tou MIN] *v.* • vouloir dire
What do you mean?
Que voulez-vous dire?

What does it mean?
Qu'est-ce que ça veut dire?

What does this word mean?
Que veut dire ce mot?

to measure [tou MEH 3eur] *v.* • mesurer
Patrick is measuring the windows.
Patrick mesure les fenêtres.

meat [MIT] *n.* • la viande (f.)
I am going to the butcher shop to buy some meat.
Je vais à la boucherie pour acheter de la viande.

mechanic [muh KAAN ïk] *n.* • le mécanicien (m.)
The mechanic repairs my car.
Le mécanicien répare ma voiture.

medicine [MEHD uh suhn] *n.* • le médicament (m.), la médecine (f.)
Grandma buys her medicine at this pharmacy.
Grand-mère achète ses médicaments dans cette pharmacie.

to meet [tou MIT] *v.* • rencontrer
Sometimes I meet friends at this cafe.
Quelquefois, je rencontre des amis dans ce café.

melon [MEHL uhn] *n.* • le melon (m.)
In the summer, we eat melons from our garden.
En été, nous mangeons des melons de notre potager.

to melt [tou MEHLT] *v.* • fondre
The snowman is melting in the sun.
Le bonhomme de neige fond au soleil.

member [MEHM beur] *n.* • le membre (m.)
There are fifteen members in our club.
Il y a quinze membres dans notre club.

memory [MEHM ri] *n.* • la mémoire (f.)
 to memorize *v.* • appendre par cœur
My grandmother has a good memory.
Ma grand-mère a une bonne mémoire.

menu [MEHN you] *n.* • la carte (f.)
We would like to see a menu, please.
Nous voudrions voir la carte, s'il vous plaît.

merry-go-round [MEHRi go rownd] *n.* • le manège (m.)
Do you like the merry-go-round?
Aimez-vous le manège?

mess [MEHS] *n.* • le gâchis (m.)
 to make a mess *v.* • faire du gâchis
Don't make such a mess!
Ne fais pas tant de gâchis!

message [MEH suhj] *n.* • le message (m.)
There is a message on the door.
Il y a un message sur la porte.

meter [MI deur] *n.* • le mètre (m.)
She just ran 100 meters in the competition.
Elle vient de courir cent mètres dans la compétition.

Mexico [MEHK si ko] *n.* • le Mexique (m.)
  Mexican *adj.* • mexicain(e) (m. f.)
  Mexican *n.* • un(e) Mexicain(e) (m. f.)
My brother is going to Mexico with his Spanish class.
Mon frère va au Mexique avec sa classe d'espagnol.

middle [MÏ duhl] *n.* • le milieu (m.), le centre
  (m.)
The ducks are in the middle of the lake.
Les canards sont au milieu du lac.

midnight [MÏD nayt] *n.* • minuit (m.)
The clock strikes twelve times at midnight.
L'horloge sonne douze fois à minuit.

mile [MAYL] *n.* • le mille (m.)
They walk five miles a day.
Ils marchent cinq milles par jour.

milk [MÏLK] *n.* • le lait (m.)
The child drinks milk at each meal.
L'enfant boit du lait à chaque repas.

million [MÏL yuhn] *n.* • le million (m.)
There are millions of stars in the sky.
Il y a des millions d'étoiles dans le ciel.

mind [MAYND] *n.* • l'esprit (m.)
He has a quick mind.
Il a l'esprit vif.

minus [MAY nuhs] *prep.* • moins
Four minus two is two.
Quatre moins deux font deux.

minute [MĪN uht] *n.* • la minute (f.)
Wait a minute! I am coming!
Attends une minute! J'arrive!

mirror [MIR eur] *n.* • le miroir (m.), la glace (f.)
I look in the mirror when I comb my hair.
Je me regarde dans la glace quand je me peigne.

to miss [tou MĪS] *v.* • manquer
Hurry! We are going to miss the train!
Dépêchez-vous! Nous allons manquer le train!

Miss [MĪS] *n.* • mademoiselle (f.)
  young ladies *pl.* • mesdemoiselles (f. pl.)
Our teacher's name is Miss Pasko.
Notre professeur s'appelle Mademoiselle Pasko.

mistake [MĪS tek] *n.* • la faute (f.), l'erreur (f.)
He makes many mistakes.
Il fait beaucoup de fautes.

mister [MĪS teur] *n.* • monsieur (m.)
I'd like you to meet my neighbor, Mr. Stuart.
Je vous présente mon voisin, Monsieur Stuart.

to mix [tou MĪKS] *v.* • mélanger
The recipe says, " Mix the ingredients."
La recette dit " Mélangez les ingrédients."

modern [M<O> deurn] *adj.* • moderne (m. f.)
Do you like modern art?
Aimez-vous l'art moderne?

mom [M<O>M] *n.* • la maman (f.)
Mom, Robert is teasing me!
Maman, Robert me taquine!

moment [MO muhnt] *n.* • le moment (m.), l'instant (m.)
One moment, please.
Un moment, s'il vous plaît.

Monday [MUHN de] *n.* • lundi (m.)
On Monday I am sad!
Le lundi je suis triste!

money [MUH ni] *n.* • l'argent (m.)
Money does not make happiness!
L'argent ne fait pas le bonheur!

monkey [MUH<NG> ki] *n.* • le singe (m.)
I like to watch the monkeys at the zoo.
J'aime regarder les singes au zoo.

monster [M<O>N steur] *n.* • le monstre (m.)
There is a monster in this movie.
Il y a un monstre dans ce film.

month [MUHNTH] *n.* • le mois (m.)
March is the third month of the year.
Mars est le troisième mois de l'année.

mood [MOUD] *n.* • l'humeur (f.)
  good mood • bonne humeur
  bad mood • mauvaise humeur
Her mood changes with the weather!
Son humeur change avec le temps!

moon [MOUN] *n.* • la lune (f.)
I can see the moon from my room at night.
Je peux voir la lune, de ma chambre, la nuit.

more [MOR] *adj., adv.* • plus
  some more • encore un peu
  once more • encore une fois
  more and more • de plus en plus
  more or less • plus ou moins
You have more friends than I do!
Tu as plus d'amis que moi!

morning [MOR ni<ng>] *n.* • le matin (m.), la matinée (f.)
  Good morning! • Bonjour!
  every morning • le matin
I read the paper every morning.
Je lis le journal le matin.

mosquito [muh SKI do] *n.* • le moustique (m.)
The mosquitos are really annoying this summer.
Les moustiques sont vraiment embêtants cet été.

mother [MUH theur] *n.* • la mère (f.)
  Mother's Day • la Fête (f.) des mères
How old is your mother?
Quel âge a ta mère?

motor [MO deur] *n.* • le moteur (m.)
  motorcycle *n.* • la moto(cyclette) (f.)
Do you know how a motor works?
Savez-vous comment marche un moteur?

mountain [MOWN tuhn] *n.* • la montagne (f.)
  to go mountain climbing *v.* • faire de l'alpinisme
  to (in) the mountains • à la montagne
It's always cool in the mountains.
Il fait toujours frais à la montagne.

mouse [MOWS] *n.* • la souris (f.)
In this story, there is a giant green mouse.
Dans cette histoire, il ya a une énorme souris verte.

mouth [MOWTH] *n.* • la bouche (f.)
The clown has a large red mouth.
Le clown a une grande bouche rouge.

to move [tou MOUV] *v.* • remuer
(furniture) *v.* • déménager
He is always moving his foot.
Il remue toujours le pied.

movie [MOU vi] *n.* • le film (m.)
movies *n.* • le cinéma (m.)
movie theater *n.* • le cinéma (m.)
We're going to the movie theater to see a new movie.
Nows allons au cinéma voir un nouveau film.

Mr. [MÏS teur] *(see mister)* • Monsieur (M.)
Mrs. [MÏS uhz] *(see madam)* • Madame (Mme)

much [MUHTSH] *adj.* • beaucoup de
adv. • beaucoup
as much as • autant que
how much? • combien?
too much • trop
so much • tant
very much • beaucoup
I have too much work to do.
J'ai trop de travail à faire.

mud [MUHD] *n.* • la boue (f.)
His shoes are covered with mud!
Ses chaussures sont couvertes de boue!

muscle [MUHS uhl] *n.* • le muscle (m.)
Which muscles do you use when you run?
De quels muscles est-ce qu'on se sert quand on court?

museum [myou ZI uhm] *n.* • le musée (m.)
Let's go to the museum today!
Allons au musée aujourd'hui!

mushroom [MUH chroum] *n.* • le champignon (m.)
The cook buys mushrooms at the market.
Le cuisinier achète des champignons au marché.

music [MYOU zïk] *n.* • la musique (f.)
　musician *n.* • le musicien(-ne) (m. f.)
Do you like classical music?
Aimez-vous la musique classique?

must [MUHST] *v.* • devoir
We must leave at eight o'clock.
Nous devons partir à huit heures.

mustache [MUHS taach] *n.* • la moustache (f.)
My dad has a mustache.
Mon père porte une moustache.

mustard [MUHS teurd] *n.* • la moutarde (f.)
Dijon mustard is well known.
La moutarde de Dijon est bien connue.

my [MAY] *adj.* • mon (m.), ma (f.), mes (pl.)
My brother and sister are coming tonight.
Mon frère et ma sœur viennent ce soir.

myself [may SEHLF] *pron.* • moi-même, moi, me
I made it myself.
Je l'ai fait moi-même.

mysterious [muh STIR i uhs] *adj.* • mystérieux (m.), mystérieuse (f.)
　mystery *n.* • le mystère (m.)
What is that mysterious woman doing?
Que fait cette femme mystérieuse?

N

nail [NEL] *n.* • le clou (m.)
 to nail *v.* • clouer
We need some nails to fix this chair.
Nous avons besoin de clous pour réparer cette chaise.

name [NEM] *n.* • le nom (m.)
 first name *n.* • le prénom (m.)
 last name *n.* • le nom (m.) de famille
 named *adj.* • nommé(e) (m. f.)
 my name is • je m'appelle (see *s'appeler*)
Write your name here.
Ecrivez votre nom ici.

napkin [NAAP kuhn] *n.* • la serviette (f.)
She puts the napkin on her lap.
Elle met la serviette sur ses genoux.

narrow [NEHR o] *adj.* • étroit(e) (m. f.)
These old streets are narrow.
Ces vieilles rues sont étroites.

nation [NE chuhn] *n.* • la nation (f.)
 national *adj.* • national(e) (m. f.)
 nationality *n.* • nationalité (f.)
This nation's history is very interesting.
L'histoire de cette nation est très intéressante.

natural [NAA tshruhl] *adj.* • naturel(le) (m. f.)
 naturally *adv.* • naturellement
 nature *n.* • la nature (f.)
He has a natural gift for music.
Il a un don naturel pour la musique.

naughty [N<O> di] *adj.* • méchant(e) (m. f.)
This little boy is naughty sometimes.
Ce petit garçon est méchant quelquefois.

near [NIR] *adv.* • près
  prep. • près de
  adj. • proche (m. f.)
  nearly *adv.* • à peu près
We live near the airport.
Nous habitons près de l'aéroport.

necessary [NEHS uh seh r i] *adj.* • nécessaire (m. f.)
It's necessary to leave now.
Il est nécessaire de partir maintenant.

neck [NEHK] *n.* • le cou (m.)
  necklace *n.* • le collier (m.)
  necktie *n.* • la cravate (f.)
My neck hurts today.
J'ai mal au cou aujourd'hui.

to need [tou NID] *v.* • avoir besoin de
They need some help.
Ils ont besoin d'aide.

needle [NI duhl] *n.* • l'aiguille (f.)
The seamstress is sewing with a needle.
La couturière coud avec une aiguille.

neighbor [NE beur] *n.* • le voisin (m.), la voisine (f.)
Our neighbors have a large dog.
Nos voisins ont un gros chien.

nephew [NEH fyou] *n.* • le neveu (m.)
  pl. • neveux
My nephew is three years old.
Mon neveu a trois ans.

nest [NEHST] *n.* • le nid (m.)
There is a nest in the tree.
Il y a un nid dans l'arbre.

Netherlands [NEH theur luhnz] *n.* • les Pays-
Bas (m. pl.), la Hollande (f.)
(a person from the Netherlands) *n.* • un(e)
Néerlandais(e) (m. f.)
I have a pen-pal in the Netherlands.
J'ai une correspondante aux Pays-Bas.

never [NEH veur] *adv.* • jamais
adv. • ne....jamais
He never fails his tests.
Il ne rate jamais ses examens.

new [NOU] *adj.* • nouveau (m.), nouvel (m.)
(after a vowel sound), nouvelle (f.); neuf (m.),
neuve (f.)
Do you have a new car?
Avez-vous une nouvelle voiture?

news [NOUZ] *n.* • les nouvelles (f. pl.)
T.V. news *n.* • le journal télévisé (m.)
I hope the news is good!
J'espère que les nouvelles sont bonnes.

newspaper [NOUZ pe peur] *n.* • le journal (m.),
les journaux (pl.)
My parents read the newspaper each morning.
Mes parents lisent le journal le matin.

next [NEHKST] *adj.* • prochain(e) (m. f.)
adv. • ensuite
next to • à côté de
Next time I will drive!
La prochaine fois, je conduirai!

nice [NAYS] *adj.* • gentil(le) (m. f.),
sympa(thique), aimable, agréable
It's nice out. • Il fait beau.
I like her. She is always nice.
Je l'aime bien. Elle est toujours gentille.

niece [NIS] *n.* • la nièce (f.)
My niece is coming to see us this weekend.
Ma nièce va venir nous voir ce week-end.

night [NAYT] *n.* • la nuit (f.), le soir (evening) (m.)
last night • hier soir
tonight • ce soir
every night • tous les soirs
nightmare *n.* • le cauchemar (m.)
You must not spend the night watching T.V.
Il ne faut pas passer la nuit à regarder la télé.

nine [NAYN] *adj.* • neuf (m. f.)
There are nine cookies on the plate.
Il y a neuf biscuits sur l'assiette.

nineteen [NAYN tin] *adj.* • dix-neuf (m. f.)
There are nineteen of us in the French club.
Nous sommes dix-neuf dans le cercle français.

ninety [NAYN ti] *adj.* • quatre-vingt-dix (m. f.)
It's ninety miles to the capital.
Il y a quatre-vingt-dix milles d'ici à la capitale.

no [NO] *adv.* • non
no doubt • sans doute
no longer • ne plus
No smoking. • Défense de fumer.
No admittance. • Défense d'entrer.
no one • personne
no matter! • n'importe!
No, I don't want to leave yet.
Non, je ne veux pas encore partir.

noise [NOYZ] *n.* • le bruit (m.)
  to make noise *v.* • faire du bruit
Who is making that noise?
Qui est-ce qui fait ce bruit?

noodles [NOU duhlz] *n.* • les nouilles (f. pl.)
Let's put butter on the noodles.
Mettons du beurre sur les nouilles.

noon [NOUN] *n.* • midi (m.)
We eat lunch at noon.
Nous déjeunons à midi.

north [NORTH] *n.* • le nord (m.)
  North America *n.* • l'Amérique (f.) du Nord
Belgium is to the north of France.
La Belgique est au nord de la France.

Norway [NOR we] *n.* • la Norvège (f.)
  Norwegian *adj.* • norvégien(ne) (m. f.)
  Norwegian *n.* • un(e) Norvégien(ne) (m. f.)
We go skiing in Norway.
Nous faisons du ski en Norvège.

nose [NOZ] *n.* • le nez (m.)
My nose is cold!
J'ai froid au nez!

not [N<O>T] *adv.* • pas, ne...pas
  not at all • pas du tout
  not yet • pas encore
  of course not • mais non
He is not here.
Il n'est pas ici.

notebook [NOT beuhk] *n.* • le cahier (m.)
I have a notebook for each class.
J'ai un cahier pour chaque classe.

nothing [NUH thi<ng>] *pron.* • rien
There's nothing to do!
Il n'y a rien à faire!

to notice [tou NO tis] *v.* • remarquer
She notices everything!
Elle remarque tout!

novel [N<O> vuhl] *n.* • le roman (m.)
  mystery novel *n.* • le roman policier
They say that it is a good novel.
On dit que c'est un bon roman.

November [no VEHM beur] *n.* • novembre (m.)
My brother's birthday is in November.
L'anniversaire de mon frère est en novembre.

now [NOW] *adv.* • maintenant
  right now • tout de suite
The teacher says we can leave now.
Le professeur dit que nous pouvons partir maintenant.

number [NUHM beur] *n.* • le numéro (m.),
  (quantity), le nombre (m.); le chiffre (m.)
  numerous *adj.* • nombreux (m.), nombreuse (f.)
Do you want to give me your phone number?
Voulez-vous me donner votre numéro de téléphone?

There is a large number of people here.
Il y a un grand nombre de gens ici.

nurse [NEURS] *n.* • l'infirmier (m.), l'infirmière
  (f.)
The nurse works in the hospital.
L'infirmière travaille à l'hôpital.

O

oak [OK] *n.* • le chêne (m.)
We have a big oak tree in our yard.
Nous avons un grand chêne dans notre jardin.

oats [OTS] *n.* • l'avoine (f.)
The horse is eating oats.
Le cheval mange de l'avoine.

to obey [tou o BE] *v.* • obéir (à)
  obedient *adj.* • obéissant(e) (m. f.)
This dog obeys his master.
Ce chien obéit à son maître.

occupation [<o>k you PE chuhn] *n.* • la profession (f.)
  occupied (busy) *adj.* • occupé(e) (m. f.)
What occupation are you going to choose?
Quelle profession vas-tu choisir?

ocean [O chuhn] *n.* • l'océan (m.)
  ocean liner *n.* • le paquebot (m.)
To go to France you have to cross the Atlantic Ocean.
Pour aller en France il faut traverser l'océan Atlantique.

October [<o>k TO beur] *n.* • octobre (m.)
How many days are in October?
Combien de jours y a-t-il en octobre?

odd [<O>D] *adj.* • étrange, drôle, bizarre (m. f.)
That's odd! She is not in class today!
C'est étrange! Elle n'est pas en classe aujourd 'hui!

of [uhv] *prep.* • de, du (de+le)(m.), de la (f.), des (pl.)
Françoise would like a piece of cake.
Françoise voudrait un morceau de gâteau.

to offer [tou <o> feur] *v.* • offrir
Mr. Poncet is offering us a present.
M. Poncet nous offre un cadeau.

office [<O> fuhs] *n.* • le bureau (m.)
 post office *n.* • le bureau (m.) de poste
My dad's office is in this building.
Le bureau de mon père est dans ce bâtiment.

often [<O> fuhn] *adv.* • souvent
 How often? • Combien de fois?
We go to the movies often.
Nous allons souvent au cinéma.

oil [OYL] *n.* • l'huile (f.)
To make a vinaigrette sauce, you need oil and vinegar.
Pour faire une sauce vinaigrette, il faut de l'huile et du vinaigre.

O.K. [O KE] *interj.* • d'accord
You come with me! O.K!
Tu viens avec moi! D'accord!

old [OLD] *adj.* • vieux (m.), vieil (m.) before a
 vowel sound, vieille (f.)
 old pal *n.* • mon vieux (m.), ma vieille (f.)
 How old are you? • Quel âge avez-vous?
We have a lot of old newspapers.
Nous avons beaucoup de vieux journaux.

omelet [<O>M luht] *n.* • l'omelette (f.)
I would like a ham omelet please.
Je voudrais une omelette au jambon, s'il vous plaît.

on [<O>N] *prep.* • sur, à
 to get on *v.* • monter (dans)
He puts his books on his desk.
Il met ses livres sur son bureau.

once [WUHNS] *adv.* • une fois
 all at once • tout d'un coup
 once upon a time • il était une fois
 once again • encore une fois
For once, be quiet!
Pour une fois, tiens-toi tranquille!

one [WUHN] *adj.* • un (m.), une (f.)
 pron. • on (we, they, you)
 someone *pron.* • quelqu'un
 one by one • un à un
 the one who • celui qui (m. demonstr. pron.),
  celle qui (f. demonstr. pron.)
 this one • celui-ci (m. demonstr. pron.), celle-ci (*f.
  demonstr.pron.*)
 that one • celui-là (m. demonstr. pron.), celle-là (*f.
  demonstr. pron.*)
Do you want one cookie or two?
Veux-tu un biscuit ou deux?

I would like this one.
Je voudrais celui-ci.

onion [UHN yuhn] *n.* • l'oignon (m.)
Onion soup is good!
La soupe à l'oignon c'est bon!

only [ON li] *adj.* • seul(e) (m. f.)
 adv. • seulement
She's the only person who speaks French here.
C'est la seule personne qui parle Français ici.

We speak only English
Nous parlons seulement anglais.

to open [tou O puhn] *v.* • ouvrir
adj. • ouvert(e) (m. f.)
opening *n.* • l'ouverture (f.)
It is warm; I'm going to open the window.
Il fait chaud; je vais ouvrir la fenêtre.

opera [<O>P ruh] *n.* • l'opéra (m.)
Do you know Bizet's opera "Carmen"?
Connais-tu l'opéra de Bizet "Carmen"?

opposite [<O>P uh zuht] *n.* • le contraire (m.)
(across from) • en face de
You say that you prefer dogs to cats. For me it's the opposite.
*Tu dis que tu préfères les chiens aux chats. Pour moi, c'est le
contraire.*

We live across from (opposite) the Lambert family.
Nous habitons en face de la famille Lambert.

or [OR] *conj.* • ou, ou bien
Do you want fish or chicken?
Voulez-vous du poisson ou du poulet?

orange [ORNJ] *n.* • l'orange (f.)
orange juice *n.* • le jus (m.) d'orange
These oranges are good!
Ces oranges sont bonnes!

orchestra [OR kuh struh] *n.* • l'orchestre (m.)
The orchestra gives a concert tonight.
L'orchestre donne un concert ce soir.

to order [tou OR deur] *v.* • commander
in order that • afin que
I have just ordered our meal.
Je viens de commander notre repas.

to organize [tou OR guh NAYZ] *v.* • organiser
  organization *n.* • l'organisme (m.)
The phys ed teacher organizes the games.
Le prof de culture physique organise les jeux.

original [o RĬJ uh nuhl] *adj.* • original(e) (m. f.)
  originality *n.* • l'originalité (f.)
Is this the original picture?
Est-ce que c'est la photo originale?

other [UH theur] *adj., pron.* • autre (m. f.)
  otherwise *adv.* • autrement
This book is mine; the other is yours.
Ce livre est à moi, l'autre est à toi.

our [OWR] *adj.* • notre, nos (pl.) (m. f.)
That's our house next to the park.
Ça, c'est notre maison à côté du parc.

out [OWT] *adv.* • dehors
  to go out *v.* • sortir
  to get out of *v.* • descendre de (train)
  outside *n. adv.* • dehors (m.)
We go outside to see the stars at night.
Nous allons dehors pour voir les étoiles la nuit.

oven [UH vuhn] *n.* • le four (m.)
Be careful! The oven is hot!
Faites attention! Le four est chaud!

over [O veur] *prep.* • au-dessus de
  over there *adv.* • là-bas
  overcoat *n.* • le pardessus (m.)
I hold the umbrella over my head.
Je tiens le parapluie au-dessus de ma tête.

to overturn [tou o veur TEURN] *v.* • renverser
The dog overturns his bowl on the kitchen floor.
Le chien renverse son bol sur le plancher de la cuisine.

owl [OWL] *n.* • le hibou (m.)
An owl lives in this tree.
Un hibou habite dans cet arbre.

own [ON] *adj.* • propre (m. f.)
  to own *v.* • posséder
They own several houses.
Ils possèdent plusieurs maisons.

This is my own room.
C'est ma propre chambre.

oyster [OY steur] *n.* • l'huître (f.)
Do you like oysters?
Aimez-vous les huîtres?

P

Pacific Ocean [puh SÏ fik o chuhn] *n.* • le
  Pacifique (m.)
Have you seen the Pacific Ocean?
Avez-vous vu le Pacifique?

to pack (your bags) [tou PAAK] *v.* • faire ses
  bagages
I can pack my bags in one hour.
Je peux faire mes bagages en une heure.

package [PAAK uhj] *n.* • le paquet (m.), le colis (m.)
Great! I have a package in the mail!
Chouette! j'ai un paquet dans le courrier!

page [PEJ] *n.* • la page (f.)
Turn to page 36.
Tournez à la page 36.

pail [PEL] *n.* • le seau (m.)
He puts water in the pail.
Il met de l'eau dans le seau.

pain [PEN] *n.* • la douleur (f.), la peine (f.)
painful *adj.* • douleureux (m.), douleureuse (f.)
This tennis player has a pain in his shoulder.
Ce joueur de tennis a une douleur à l'épaule.

to paint [tou PENT] *v.* • peindre
paint, painting *n.* • la peinture (f.)
painter *n.* • le peintre (m.)
Who is painting your house?
Qui peint votre maison?

pair [PEHR] *n.* • la paire (f.), le couple (m.)
I need a pair of boots.
J'ai besoin d'une paire de bottes.

pajamas [puh JAAM uhz] *n.* • le pyjama (m.)
Mom is washing our pajamas.
Maman lave nos pyjamas.

pal [PAAL] *n.* • le copain (m.), la copine (f.)
He is a good pal.
C'est un bon copain.

palace [PAAL uhs] *n.* • le palais (m.)
The palace is huge!
Le palais est énorme!

pan [PAAN] *n.* • la casserole (f.)
Dad is boiling eggs in a pan.
Papa fait bouillir des œufs dans une casserole.

pancake [PAAN kek] *n.* • la crêpe (f.)
I love French pancakes with strawberries!
J'aime les crêpes avec des fraises!

panther [PÃÃN theur] *n.* • la panthère (f.)
The panther is black.
La panthère est noire.

pants [PÃÃNTS] *n.* • le pantalon (m.)
I'm ironing my pants myself.
Je repasse mon pantalon moi-même.

paper [PE peur] *n.* • le papier (m.)
  paperback *n.* • livre (m.) de poche
  a sheet of paper • une feuille (f.) de papier
I need some paper to draw on.
J'ai besoin de papier pour dessiner.

parachute [PEHR uh chout] *n.* • le parachute (m.)
One day, I'm going to make a parachute jump.
Un jour, je vais sauter en parachute.

parade [puh RED] *n.* • le défilé (m.)
In France, they have a parade on July 14.
En France, il y a un défilé le 14 juillet.

paragraph [PEHR uh graaf] *n.* • le paragraphe (m.)
Write two paragraphs for tomorrow.
Ecrivez deux paragraphes pour demain.

parakeet [PEHR uh kit] *n.* • la perruche (f.)
This parakeet is very noisy!
Cette perruche fait beaucoup de bruit!

to pardon [tou PAR duhn] *v.* • pardonner
  Pardon me. • Pardon.
Pardon me, are you Mr. LeBlanc?
Pardon, êtes-vous Monsieur LeBlanc?

parents [PEHR uhnts] *n.* • les parents (m. pl.)
Where are your parents?
Où sont tes parents?

park [PARK] *n.* • le parc (m.)
We're playing with our kites in the park.
Nous jouons avec nos cerfs-volants dans le parc.

parrot [PEHR uht] *n.* • le perroquet (m.)
This is a beautiful parrot.
C'est un beau perroquet.

part [PART] *n.* • la partie (f.)
(in a play) *n.* • le rôle (m.)
Here is part of the newspaper.
Voici une partie du journal.

party [PAR di] *n.* • la fête (f.)
They are having a party tonight.
Ils ont une fête ce soir.

to pass (car) [tou PAAS] *v.* • dépasser
(test) *v.* • réussir à
You cannot pass an ambulance.
Vous ne pouvez pas dépasser une ambulance.

passenger [PAAS uhn jeur] *n.* • le passager (m.)
The passengers are on the train.
Les passagers sont dans le train.

past [PAAST] *n.* • le passé (m.)
In history class, we study the past.
Au cours d'histoire, on étudie le passé.

paste [PEST] *n.* • la colle (f.)
to paste *v.* • coller
I paste the pictures on the paper.
Je colle les images sur le papier.

pastry [PES tri] *n.* • la pâtisserie (f.)
  pastry shop *n.* • la pâtisserie (f.)
Nancy is going to bring pastries for our dessert this evening.
Nancy va apporter des pâtisseries pour notre dessert ce soir.

path [PAATH] *n.* • le chemin (m.), le sentier (m.)
Is this the right path?
Est-ce le bon chemin?

paw [PA] *n.* • la patte (f.)
The dog has a sore paw.
Le chien a mal à la patte.

to pay (for) [tou PE] *v.* • payer
Dad is paying for the tickets.
Papa paye les billets.

peach [PITSH] *n.* • la pêche (f.)
Are these peaches ripe?
Est-ce que ces pêches sont mûres?

peanut [PI nuht] *n.* • la cacahuète (f.)
  peanut butter *n.* • le beurre d'arachide (m.)
My sister is allergic to peanuts.
Ma sœur est allergique aux cacahuètes.

pear [PEHR] *n.* • la poire (f.)
I buy some pears at the market.
J'achète des poires au marché.

peas [PIZ] *n.* • les petits pois (m. pl.)
I don't like peas.
Je n'aime pas les petits pois.

pen [PEHN] *n.* • le stylo (m.)
  ball-point pen *n.* • le stylo (m.) à bille
May I borrow a pen?
Puis-je emprunter un stylo?

pencil [PEHN suhl] *n.* • le crayon (m.)
I need a pencil.
J'ai besoin d'un crayon.

people [PI puhl] *n.* • les gens (m. pl.)
  a lot of people • beaucoup de gens
Where are these people going to sit?
Où est-ce que ces gens vont s'asseoir?

pepper [PEH peur] *n.* • le poivre (m.)
  green pepper *n.* • le poivron (m.)
Do you want the pepper and the salt?
Voulez-vous le poivre et le sel?

perfect [PEUR fehkt] *adj.* • parfait(e) (m. f.)
This rose is perfect.
Cette rose est parfaite.

perfume [peur FYOUM] *n.* • le parfum (m.)
Mom puts her perfume on the dresser.
Maman met son parfum sur la commode.

perhaps [peur HAAPS] *adv.* • peut-être
Perhaps you need some help.
Peut-être avez-vous besoin d'aide.

perm [PEURM] *n.* • la permanente (f.)
She goes to the hairdresser's to get a perm.
Elle va chez le coiffeur pour se faire faire une permanente.

permission [peur MÏ chuhn] *n.* • la permission (f.)
We need our parents' permission to go on the trip.
*Nous avons besoin de la permission de nos parents pour faire
  le voyage.*

to permit [tou peur MÏT] *v.* • permettre
The teacher doesn't permit us to talk in class.
Le professeur ne nous permet pas de parler en classe.

person [PEUR suhn] *n.* • la personne (f.)
 personality *n.* • la personalité (f.)
What is this person's name?
Comment s'appelle cette personne?

pet [PEHT] *n.* • l'animal (m.) domestique
Do you have a pet?
As-tu un animal domestique?

pharmacy [FAR muh si] *n.* • la pharmacie (f.)
 pharmacist *n.* • le (la) pharmacien(ne) (m. f.)
My grandma buys her medicine at this pharmacy.
Ma grand-mère achète ses médicaments à cette pharmacie.

phone [FON] *n.* • le téléphone (m.)
 Who is on the phone? • Qui est à l'appareil?
How many phones do you have?
Combien de téléphones avez-vous?

photo(graph) [FO to graaf] *n.* • la
 photo(graphie) (f.)
 photographer *n.* • le photographe (m.)
She puts her photos in an album.
Elle met ses photos dans un album.

physics [FÏ ziks] *n.* • la physique (f.)
My sons are studying physics.
Mes fils étudient la physique.

piano [pi AA no] *n.* • le piano (m.)
 to play the piano *v.* • jouer du piano
The piano is in the living room.
Le piano est dans le salon.

to pick [tou PÏK] *v.* • cueillir
I don't like to pick strawberries.
Je n'aime pas cueillir les fraises.

picnic [PĬK nĭk] *n.* • le pique-nique (m.)
 to go on a picnic *v.* • pique-niquer
Do you want to go on a picnic Sunday?
Voulez-vous faire un pique-nique dimanche?

picture [PĬK t yeur] *n.* • l'image (f.)
 (painting) *n.* • le tableau (m.)
My son is looking at his new picture book.
Mon fils regarde son nouveau livre d'images.

pie [PAY] *n.* • la tarte (f.)
 apple pie *n.* • la tarte (f.) aux pommes
We'll have pie for dessert.
Nous allons prendre de la tarte comme dessert.

piece [PIS] *n.* • le morceau (m.)
There are three pieces of cake left.
Il reste trois morceaux de gâteau.

pig [PĬG] *n.* • le cochon (m.)
 piggy bank *n.* • le tirelire (m.)
Pigs like mud.
Les cochons aiment la boue.

pillow [PĬL o] *n.* • l'oreiller (m.)
I put the pillow on my bed.
Je mets l'oreiller sur mon lit.

pilot [PAY luht] *n.* • le pilote (m.)
He is a pilote for Air-France.
Il est pilote pour Air-France.

pin [PĬN] *n.* • l'épingle (f.)
You need pins when you sew.
On a besoin d'épingles quand on coud.

pineapple [PAYN aa puhl] *n.* • l'ananas (m.)
They grow pineapple in Hawaii.
On cultive les ananas en Hawaï.

pink [PI<NG>K] *adj.* • rose (m. f.)
The little girl has pink cheeks!
La petite fille a les joues roses!

pipe [PAYP] *n.* • la pipe (f.)
My grandfather smokes a pipe.
Mon grand-père fume la pipe.

pitcher [PÏ tsheur] *n.* • la cruche (f.)
Put some milk in this pitcher, please.
Mets du lait dans cette cruche, s'il te plaît.

place [PLES] *n.* • l'endroit (m.)
  to place *v.* • mettre
This is a good place for the piano.
C'est un bon endroit pour le piano.

plane [PLEN] *n.* • l'avion (m.)
Our plane is on time.
Notre avion est à l'heure.

planet [PLAAN uht] *n.* • la planète (f.)
Can you name the planets?
Peux-tu nommer les planètes?

plans [PLAANS] *n.* • les projets (m. pl.)
Do you have plans for the weekend?
As-tu des projets pour le week-end?

plant [PLAANT] *n.* • la plante (f.)
  to plant *v.* • planter
Plants need sun.
Les plantes ont besoin de soleil.

plastic [PLAAS tïk] *adj.* • plastique (m. f.)
  made of plastic • en plastique
This is a plastic toy.
C'est un jouet en plastique.

plate [PLET] *n.* • l'assiette (f.)
We put the food on our plates.
Nous mettons la nourriture sur nos assiettes.

play (theater) [PLE] *n.* • la pièce (f.)
  to put on a play *v.* • monter une pièce
  to play *v.* • jouer
  to play (a game) *v.* • jouer à
  to play (a musical instrument) *v.* • jouer de
  playground *n.* • cour (f.) de récréation
  playing card *n.* • carte (f.)
  to play cards *v.* • jouer aux cartes
These kids could spend the whole day on the playground.
*Ces gosses pourraient passer toute la journée dans la cour de
  récréation.*

pleasant [PLEHZ uhnt] *adj.* • agréable (m. f.)
This is such a pleasant room!
Cette pièce est si agréable!

please [PLIZ] *v.* • s'il vous (te) plaît
May I have the salt, please?
Puis-je avoir le sel, s'il vous plaît?

pleasure [PLEH 3eur] *n.* • le plaisir (m.)
  with pleasure! • avec plaisir!
I have the pleasure of introducing you to my older brother, John.
J'ai le plaisir de vous présenter mon frère aîné, Jean.

plum [PLUHM] *n.* • la prune (f.)
Plums aren't in season now.
Les prunes ne sont pas de saison.

p.m. [PI EHM] • de l'après-midi, du soir
It's 6:00 p.m.
Il est six heures du soir.

pocket [P<O> kuht] *n.* • la poche (f.)
 pocketbook *n.* • le sac (m.) à main
 pocketknife *n.* • le canif (m.)
What do you have in your pocket?
Qu'est-ce que tu as dans la poche?

poem [PO uhm] *n.* • le poème (m.)
 poet *n.* • le poète (m.)
 poetry *n.* • la poésie (f.)
I like the poetry of William Shakespeare.
J'aime la poésie de William Shakespeare.

to point [tou POYNT] *v.* • désigner du doigt
 pointed *adj.* • pointu(e) (m. f.)
The guide points to the towers of Notre Dame.
Le guide montre du doigt les tours de Notre-Dame.

poison [POY zuhn] *n.* • le poison (m.)
You use poison to kill rats.
On utilise du poison pour tuer les rats.

Poland [PO luhnd] *n.* • la Pologne (f.)
 Polish *adj.* • polonais(e) (m. f.)
 Pole *n.* • un(e) Polonais (e) (m. f.)
Warsaw is the capital of Poland.
Varsovie est la capitale de la Pologne.

policeman [puh LIS muhn] *n.* • l'agent (m.)
 de police
 police *n.* • la police (f.)
 police department • la préfecture (f.) de police
The policeman helps us to find our hotel.
*L'agent de police **nous aide à** trouver notre hôtel.*

polite [puh LAYT] *adj.* • poli(e) (m. f.)
These children are very polite.
Ces enfants sont très polis.

pond [P<O>ND] *n.* • l'étang (m.)
There are frogs in this pond.
Il y a des grenouilles dans cet étang.

pool (swimming) [POUL] *n.* • la piscine (f.)
Let's go swimming in the pool!
Allons nager dans la piscine!

poor [POR] *adj.* • pauvre (m. f.)
These poor people don't have enough money.
Ces pauvres gens n'ont pas assez d'argent.

pork [PORK] *n.* • le porc (m.)
  pork roast *n.* • le roti (m.) de porc
  pork chops *n.* • les cotelettes (f. pl.) de porc
Do you want pork or veal?
Voulez-vous du porc ou du veau?

port [PORT] *n.* • le port (m.)
The ship comes into port.
Le navire arrive au port.

Portugal [POR tshuh guhl] *n.* • le Portugal (m.)
  Portuguese *adj.* • portugais(e) (m. f.)
  Portuguese *n.* • un(e) Portugais(e) (m. f.)
We're going to spend our vacation in Portugal.
Nous allons passer nos vacances au Portugal.

postcard [POST kard] *n.* • la carte (f.) postale
I have a postcard collection.
J'ai une collection de cartes postales.

postman [POST muhn] *n.* • le facteur (m.)
 post office *n.* • le bureau (m.) de poste
The postman brings the mail at 11:00 a.m.
Le facteur apporte le courrier à 11h00 du matin.

potato [po TE to] *n.* • la pomme (f.) de terre
Would you like some potatoes?
Voudriez-vous des pommes de terre?

pound [POWND] *n.* • la livre (f.)
These potatoes weigh five pounds.
Ces pommes de terre pèsent cinq livres.

to pour [tou POR] *v.* • verser
Mom pours coffee for everyone.
Maman verse du café pour tout le monde.

practical [PRAAK tï kuhl] *adj.* • pratique (m. f.)
In Paris, taking the subway is very practical.
A Paris, prendre le métro est très pratique.

precious [PREH chuhs] *adj.* • précieux (m.),
 précieuse (f.)
These jewels are precious.
Ces bijoux sont précieux.

to prefer [tou pruh FEUR] *v.* • préférer,
 aimer mieux
Do you prefer chocolate or vanilla ice cream?
Préférez-vous la glace au chocolat ou la glace à la vanille?

preparation [prehp uh RE chuhn] *n.* •
 la préparation (f.), les préparatifs (m. pl.)
We are making the preparations for our trip.
Nous faisons les préparatifs pour notre voyage.

to prepare [tou pruh PEHR] *v.* • préparer
My sister is preparing dinner tonight.
Ma sœur prépare le dîner ce soir.

present [PREH zuhnt] *n.* • le cadeau (m.)
 pl. • les cadeaux, le présent (m.)
Look at all the presents under the Christmas tree!
Regardez tous les cadeaux sous l'arbre de Noël!

president [PREHZ uh duhnt] *n.* • le président
 (m.)
The president is giving a speech on T.V.
Le président fait un discours à la télé.

to press [tou PREHS] *v.* • repasser
Can you press my pants, please?
Peux-tu repasser mon pantalon, s'l te plaît?

pretty [PRÏ di] *adj.* • joli(e) (m. f.)
What a pretty dress!
Quelle jolie robe!

price [PRAYS] *n.* • le prix (m.)
What's the price of this bike?
Quel est le prix de ce vélo?

prince [PRÏNS] *n.* • le prince (m.)
 princess *n.* • la princesse (f.)
The prince and princess are the king's children.
Le prince et la princesse sont les enfants du roi.

principal [PRÏN sï puhl] *n.* • le proviseur (m.)
That's the principal's office.
Ça, c'est le bureau du proviseur.

to print [tou PRÏNT] *v.* • imprimer
This is where they print the newspaper.
C'est là qu'on imprime le journal.

prison [PRÏZ uhn] *n.* • la prison (f.)
  prisoner *n.* • le prisonnier (m.)
The prisoners are in the prison.
Les prisonniers sont dans la prison.

private [PRAY vuht] *adj.* • privé(e) (m. f.)
Be careful! That letter is private!
Attention! Cette lettre est privée!

prize [PRAYZ] *n.* • le prix (m.)
The first prize is a new car.
Le premier prix est une voiture neuve.

probably [PR<O> buhb li] *adv.* • probablement
It's probably too late.
Il est probablement trop tard.

problem [PR<O>B luhm] *n.* • le problème (m.)
Money is often a problem.
L'argent est souvent un problème.

profession [pro FEH chuhn] *n.* • la profession
  (f.), le métier (m.)
What is your profession?
Quelle est votre profession?

progress [PR<O> grehs] *n.* • le progrès (m.)
  to make progress *v.* • faire des progrès
Are you making progress in your science experiment?
Est-ce que tu fais des progrès dans ton expérience de science?

to promise   [tou PR<O> muhs]   *v.*   •   promettre
promise   *n.*   •   la promesse (f.)
We promise to be careful!
Nous promettons de faire attention!

to pronounce   [tou PRO nowns]   *v.*   •   prononcer
How do you pronounce this French word?
Comment est-ce qu'on prononce ce mot français?

to protect   [tou PRO tehkt]   *v.*   •   protéger
The cat protects her kittens.
La chatte protège ses chatons.

proud   [PROWD]   *adj.*   •   fier (m.), fière (f.)
We are proud of our team.
Nous sommes fiers de notre équipe.

province   [PR<O> vïns]   *n.*   •   la province (f.)
How many provinces are there in Canada?
Combien de provinces y a-t-il au Canada?

psychology   [say K<O>L uh ji]   *n.*   •   la psychologie (f.)
My sister is studying psychology at the university.
Ma sœur étudie la psychologie à l'université.

public   [PUHB lïk]   *adj.*   •   public (m.), publique (f.)
This is a public meeting.
Ceci est une réunion publique.

publicity   [puh BLÏS uh ti]   *n.*   •   la publicité (f.)
Movie stars get lots of publicity.
Les vedettes de cinéma reçoivent beaucoup de publicité.

to pull   [tou PUHL]   *v.*   •   tirer
You pull the rope to ring the bell.
On tire la corde pour sonner la cloche.

pumpkin [PUHMP kïn] *n.* • la citrouille (f.)
Do you like pumpkin pie?
Aimez-vous la tarte à la citrouille?

to punish [tou PUH nïch] *v.* • punir
They are going to punish the criminal.
Ils vont punir le criminel.

pupil [PYOU puhl] *n.* • l'élève (m. f.)
The pupils raise their hands before speaking.
Les élèves lèvent la main avant de parler.

puppy [PUH pi] *n.* • le petit chien (m.)
We have four puppies.
Nous avons quatre petits chiens.

purple [PEUR puhl] *adj.* • pourpre (m. f.),
violet (m.), violette (f.)
These flowers are purple.
Ces fleurs sont violettes.

purse [PEURS] *n.* • le sac (m.)
She puts her billfold in her purse.
Elle met son portefeuille dans son sac.

to push [tou PUHCH] *v.* • pousser
Don't push, please!
Ne poussez pas, s'il vous plaît!

to put [tou puht] *v.* • mettre
  to put on clothes • mettre des vêtements
I put the flowers in a vase.
Je mets les fleurs dans un vase.

puzzle [PUH zuhl] *n.* • l'énigme (f.), le jeu de patience (m.)
  crossword puzzle *n.* • les mots (m. pl.) croisés
This puzzle has 1000 pieces!
Ce jeu de patience a 1000 pièces!

Q

quarrel [KWAR uhl] *n.* • la querelle (f.)
I ignore their quarrels!
Je ne tiens aucun compte de leurs querelles!

quarter [KWAR deur] *n.* • le quart (m.)
We are going to split the work in four quarters.
Nous allons diviser ce travail en quatre quarts.

queen [KWIN] *n.* • la reine (f.)
The queen arrives at the castle.
La reine arrive au château.

question [KWEHCH tyuhn] *n.* • la question (f.)
  to ask a question *v.* • poser une question
Can you repeat the question, please?
Pouvez-vous répéter la question, s'il vous plaît?

quick [KWÏK] *adv.* • vite
  adj. • rapide (m. f.)
  quickly *adv.* • vite, rapidement
Dad walks quickly when he is in a hurry.
Papa marche vite quand il est pressé.

quiet [KWAY uht] *adj.* • calme (m. f.), tranquille
  (m. f.), silencieux (m.), silencieuse (f.)
  to be quiet *v.* • se taire
When everyone is sleeping, the house is quiet.
Quand tout le monde dort, la maison est tranquille.

quite [KWAYT] *adv.* • tout à fait, assez
This test is quite long.
Cet examen est assez long.

R

rabbit [RAA buht] *n.* • le lapin (m.)
This rabbit is eating all our lettuce!
Ce lapin mange toute notre laitue!

radio [RE di o] *n.* • la radio (f.)
They are listening to the radio.
Ils écoutent la radio.

radish [RAA dïch] *n.* • le radis (m.)
These radishes are from our garden.
Ces radis viennent de notre potager.

railroad [REL rod] *n.* • le chemin (m.) de fer,
le train (m.)
railroad station *n.* • la gare (f.)
I like to travel on the railroad.
J'aime voyager en chemin de fer.

rain [REN] *n.* • la pluie (f.)
to rain *v.* • pleuvoir
raincoat *n.* • l'imperméable (m.)
rainbow *n.* • l'arc-en-ciel (m.)
It's raining. • Il pleut.
Do you like the rain?
Aimes-tu la pluie?

to raise [tou REZ] *v.* • lever
We raise our hands in class before speaking.
Nous levons la main en classe avant de parler.

raisin [RE zuhn] *n.* • le raisin (m.) sec
Mom gives us raisins for a snack.
Maman nous donne des raisins secs comme goûter.

rapid [RAA puhd] *adj.* • rapide (m. f.)
This is a rapid train!
C'est un train rapide!

rare [REHR] *adj.* • rare (m. f.)
Do you have any rare stamps?
As-tu des timbres rares?

raspberry [RAAZ behr i] *n.* • la framboise (f.)
I love fresh raspberries.
J'adore les framboises fraîches.

rat [RAAT] *n.* • le rat (m.)
I hate rats!
J'ai horreur des rats!

rather [RAA theur] *adv.* • assez, plutôt
This movie is rather long.
Ce film est assex long.

raw [R<O>] *adj.* • cru(e) (m. f.)
Monique likes raw vegetables.
Monique aime les légumes crus.

razor [RE zeur] *n.* • le rasoir (m.)
My brother has a razor.
Mon frère a un rasoir.

to read [tou RID] *v.* • lire
What are you reading?
Qu'est-ce que tu lis?

ready [REH di] *adj.* • prêt(e) (m. f.)
We are ready to go.
Nous sommes prêts à partir.

really [RI li] *adv.* • vraiment
You're really going to France?
Vous allez le vraiment en France?

reason [RI zuhn] *n.* • la raison (f.)
  reasonable *adj.* • raisonnable (m. f.)
That's a good reason to go out.
C'est une bonne raison pour sortir.

to receive [tou ri SIV] *v.* • recevoir
She receives lots of letters.
Elle reçoit beaucoup de lettres.

recipe [REH suh pi] *n.* • la recette (f.)
This is my grandmother's recipe.
C'est la recette de ma grand-mère.

record [REH keurd] *n.* • le disque (m.)
  record player *n.* • le tourne-disque (m.)
Put a record on the record player.
Mettez un disque sur le tourne-disque.

to record [tou rhu KORD] *v.* • enregistrer
  tape recorder *n.* • le magnétophone (m.)
The teacher records our conversations in French class.
*Le professeur enregistre nos conversations en classe de
  Français.*

red [REHD] *adj.* • rouge (m. f.)
  red-head *adj., n.* • roux (m.), rousse (f.)
  to turn red (blush) *v.* • rougir
Most of these flowers are red.
La plupart de ces fleurs sont rouges.

refrigerator [ruh FRĬJ eur e tor] *n.* • le
réfrigérateur (m.), le frigo (m.)
The milk is in the refrigerator.
Le lait est dans le réfrigérateur.

region [RĬ juhn] *n.* • la région (f.)
What region of France does he come from?
De quelle région de France vient-il?

to remain [tou ri MEN] *v.* • rester
Remain in your seats.
Restez à vos places.

to remember [tou ri MEHM beur] *v.* • se
rappeler, se souvenir de
I don't remember this street.
Je ne me rappelle pas cette rue.

to remind [tou ri MAYND] *v.* • rappeler
Remind me to call my friend.
Rappelez-moi de téléphoner à mon amie.

to remove [tou ri MOUV] *v.* • enlever
We must remove the decorations tonight.
Nous devons enlever les décorations ce soir.

to rent [tou REHNT] *v.* • louer
Do you rent this apartment?
Est-ce que vous louez cet appartement?

to repair [tou ri PEHR] *v.* • réparer
The cobbler repairs the shoes.
Le cordonnier répare les chaussures.

to repeat [tou ri PIT] *v.* • répéter
We repeat the French words.
Nous répétons les mots français.

to replace [tou ri PLES] *v.* • remplacer
Mister Abel is replacing our teacher today.
Monsieur Abel remplace notre professeur aujourd'hui.

to reply [tou ri PLAY] *v.* • répondre
I always reply to his letters.
Je réponds toujours à ses lettres.

to rescue [tou REHS kyou] *v.* • sauver
The lifeguard is rescuing the swimmer.
Le sauveteur sauve le nageur.

to respond (answer) [tou ri SP<O>ND] *v.* • répondre
   response *n.* • la réponse (f.)
Can someone respond to the question?
Est-ce que quelqu'un peut répondre à la question?

responsibility [ruh sp<o>n suh BÏl uh ti] *n.* •
   la responsabilité (f.)
We have the responsibility to do our homework.
Nous avons la responsabilité de faire nos devoirs.

to rest [tou REHST] *v.* • se reposer
Grandma rests in the afternoon.
Grand-mère se repose l'après-midi.

restaurant [REHS trant] *n.* • le restaurant (m.)
We know a good restaurant that's not too expensive.
Nous connaissons un bon restaurant pas trop cher.

to return [tou ri TEURN] *v.* • retourner, revenir
   return (give back) *v.* • rendre
They're returning from their trip.
Ils reviennent de leur voyage.

I'm returning the books to the library.
Je rends les livres à la bibliothèque.

rhinoceros [ray n<o> SEUR uhs] *n.* • le rhinocéros (m.)
There are three rhinoceros at the zoo.
Il y a trois rhinocéros au zoo.

ribbon [RÏ buhn] *n.* • le ruban (m.)
This little girl likes ribbons.
Cette petite fille aime les rubans.

rice [RAYS] *n.* • le riz (m.)
I like chicken with rice.
J'aime le poulet au riz.

rich [RÏTSH] *adj.* • riche (m. f.)
I have a rich uncle.
J'ai un oncle riche.

to ride [tou RAYD] *v.* • aller en voiture
  to ride a horse *v.* • monter à cheval
  to ride a bike *v.* • aller à velo
Let's go for a ride!
Allons faire un tour en voiture!

right [RAYT] *adj.* • droit(e) (m. f.)
  the right hand • la main (f.) droite
  to be right *v.* • avoir raison
  to the right (of) • à droite (de)
  right away • tout de suite
My house is on the right.
Ma maison est à droite.

ring [RI<NG>] *n.* • la bague (f.), l'anneau (m.)
  to ring *v.* • sonner
She is wearing three rings.
Elle porte trois bagues.

ripe [RAYP] *adj.* • mûr(e) (m. f.)
Is this melon ripe?
Est-ce que ce melon est mûr?

river [RÏ veur] *n.* • le fleuve (m.), la rivière (f.)
How many rivers are in France?
Combien de fleuves y a-t-il en France?

road [ROD] *n.* • la route (f.)
Does this road go to Paris?
Est-ce que cette route va à Paris?

to roast [tou ROST] *v.* • faire rôtir
  roast beef *n.* • le rosbif (m.)
We are roasting a chicken for this evening.
Nous faisons rôtir un poulet pour ce soir.

to rob [tou R<O>B] *v.* • voler
  robber *n.* • le voleur (m.) la voleuse (f.)
  robbery *n.* • le vol (m.)
The policeman is chasing a robber in the street.
L'agent poursuit un voleur dans la rue.

rock [R<O>K] *n.* • le rocher (m.)
Let's climb this big rock.
Grimpons sur ce gros rocher.

rocket [R<O> kuht] *n.* • la fusée (f.)
The rocket goes into space.
La fusée va dans l'espace.

role (theater) [ROL] *n.* • le rôle (m.)
  the lead role *n.* • le rôle (m.) principal
Which role are you playing in the play?
Quel rôle joues-tu dans la pièce?

roll [ROL] *n.* • le petit pain (m.)
I put butter on my roll.
Je mets du beurre sur mon petit pain.

to roll [tou ROL] *v.* • rouler
  roller skate *n.* • le patin (m.) à roulettes
  roller coaster *n.* • les montagnes (f. pl.) russes
The ball rolls in the street.
Le ballon roule dans la rue.

roof [REUHF] *n.* • le toit (m.)
There is snow on the roof.
Il y a de la neige sur le toit.

room [ROUM] *n.* • la chambre (f.), la pièce (f.)
  bathroom *n.* • la salle (f.) de bains
  dining room *n.* • la salle (f.) à manger
  classroom *n.* • la salle (f.) de classe
It's cold in this room.
Il fait froid dans cette pièce.

rooster [ROU steur] *n.* • le coq (m.)
The rooster wakes us in the morning.
Le coq nous réveille le matin.

rope [ROP] *n.* • la corde (f.)
This rope is too short.
Cette corde est trop courte.

rose [ROZ] *n.* • la rose (f.)
I love the smell of roses!
J'adore le parfum des roses!

round [ROWND] *adj.* • rond(e) (m. f.)
  round-trip ticket • le billet (m.) aller-retour
Please, hand me this large round tray.
Passez-moi ce grand plateau rond, s'il vous plaît.

row [RO] *n.* • le rang (m.)
I sit in the third row.
Je m'assieds au troisième rang.

rubber [RUH beur] *n.* • le caoutchouc (m.)
 made of rubber • en caoutchouc
These tires are made of rubber.
Ces pneus sont en caoutchouc.

rug [RUHG] *n.* • le tapis (m.)
This rug is thick.
Ce tapis est épais.

rule [ROUL] *n.* • la règle (f.)
This game has many rules.
Ce jeux a beaucoup de règles.

ruler [ROU leur] *n.* • la règle (f.)
I measure the paper with a ruler.
Je mesure le papier avec une règle.

to run [tou RUHN] *v.* • courir
The cat is running after the mouse.
Le chat court après la souris.

to run away [tou ruhn aa WE] *v.* • s'enfuir
When the dog comes in, the cat runs away.
Quand le chien entre, le chat s'enfuit.

Russia [RUH chuh] *n.* • la Russie (f.)
 Russian *adj.* • russe (m. f.)
 Russian *n.* • un(e) Russe (m. f.)
Jacques is reading a Russian novel.
Jacques lit un roman russe.

S

sad [SAAD] *adj.* • triste (m. f.)
The boy looks sad.
Le garçon a l'air triste.

safety [SEF ti] *n.* • sécurité (f.)
   safety-belt *n.* • la ceinture (f.) de sécurité
You musn't endanger the safety of the workers.
Il ne faut pas compromettre la sécurité des ouvriers.

sailboat [SEL bot] *n.* • le bateau (m.) à voiles
See the sailboat on the lake!
Regarde le bateau à voiles sur le lac!

sailor [SEL eur] *n.* • le marin (m.)
The sailors are on the ship.
Les marins sont sur le navire.

salad [SAAL uhd] *n.* • la salade (f.)
Julia has a salad for lunch.
Julia prend une salade pour le déjeuner.

sale [SEL] *n.* • la vente (f.)
   salesman *n.* • le vendeur (m.)
   saleswoman *n.* • vendeuse (f.)
   for sale • à vendre
My cousin is a salesman in this store.
Mon cousin est vendeur dans ce magasin.

salt [SALT] *n.* • le sel (m.)
Pass me the salt, please.
Passez-moi le sel, s'il vous plaît.

same [SEM] *adj.* • même (m. f.)
   It's all the same to me. • Ça m'est égal.
You have the same book as she does!
Tu as le même livre qu'elle!

sand [SAAND] *n.* • le sable (m.)
We are building a sand castle on the beach.
Nous faisons un château de sable sur la plage.

sandwich [SAAND wïtsh] *n.* • le sandwich (m.)
He would like a ham sandwich.
Il voudrait un sandwich au jambon.

Saturday [SAA teur de] *n.* • samedi (m.)
Saturday, we are going to the theater.
Samedi, nous allons au théâtre.

sauce [S<O>S] *n.* • la sauce (f.)
This sauce is excellent.
Cette sauce est excellente.

saucer [S<O> seur] *n.* • la soucoupe (f.)
Put the cups on the saucers.
Mettez les tasses sur les soucoupes.

sauerkraut [SOW eur krowt] *n.* • la choucroute (f.)
Do you like sauerkraut?
Aimez-vous la choucroute?

sausage [S<O> suhj] *n.* • la saucisse (f.)
We buy sausages at the delicatessen.
Nous achetons des saucisses à la charcuterie.

to save [tou SEV] *v.* • sauver
   to save money *v.* • faire des économies, économiser
The doctors cannot save him.
Les médecins sont incapables de le sauver.

saxophone [SAAK suh fon] *n.* • le saxophone (m.)
My brother plays the saxophone.
Mon frère joue du saxophone.

to say [tou se] *v.* • dire
Say! • Tiens!
That is to say • C'est-à-dire
Can you say "Hello" in French?
Pouvez-vous dire "Hello" en français?

to scare [tou SKEHR] *v.* • faire peur à
This dog scares the cat.
Ce chien fait peur au chat.

scarf [SKARF] *n.* • l'écharpe (f.)
I wear a scarf in winter.
Je porte une écharpe en hiver.

schedule [SKEH juhl] *n.* • l'horaire (m.), l'emploi
(m.) du temps
What is your schedule for this week?
Quel est votre emploi du temps pour cette semaine?

school [SKOUL] *n.* • l'école (f.)
high school *n.* • le lycée (m.), l'école secondaire (f.)
What's the name of your school?
Comment s'appelle ton école?

science [SAY uhns] *n.* • la science (f.)
scientist *n.* • le (la) savant(e) (m. f.)
scientific *adj.* • scientifique (m. f.)
I like science.
J'aime les sciences.

scissors [SÏ zeurz] *n.* • les ciseaux (m. pl.)
The scissors are in the drawer.
Les ciseaux sont dans le tiroir.

to scold [tou SKOLD] *v.* • gronder
Dad scolds us when we are naughty.
Papa nous gronde quand nous sommes méchants.

Scotland [SK<O>T luhnd] *n.* • l'Écosse (f.)
  Scottish *adj.* • écossais(e) (m. f.)
  a person from Scotland *n.* • un(e) Écossais(e)
    (m. f.)
Scotland is north of England.
L'Écosse est au nord de l'Angleterre.

scout [SKOWT] *n.* • le scout (m.)
My brothers are scouts.
Mes frères sont scouts.

to scream [tou SKRIM] *v.* • crier
Don't scream so loud!
Ne criez pas si fort!

sculptor [SKUHLP teur] *n.* • le sculpteur (m.)
Can you name a famous sculptor?
Peux-tu nommer un sculpteur célèbre?

sea [SI] *n.* • la mer (f.)
  seashore *n.* • le bord (m.) de la mer
We like to swim in the sea.
Nous aimons nager dans la mer.

to search [tou SEURTSH] *v.* • chercher
We are searching for our dog.
Nous cherchons notre chien.

season [SI zuhn] *n.* • la saison (f.)
Which is your favorite season?
Quelle est votre saison favorite?

seat [SIT] *n.* • le siège (m.), la place (f.)
  seated *adj.* • assis(e) (m. f.)
Is this seat taken?
Est-ce que cette place est libre?

second [SEH kuhnd] *adj.* • deuxième (m. f.)
  n. • la seconde (f.)
This is her second trip to France.
C'est son deuxième voyage en France.

secret [SI kreht] *n.* • le secret (m.)
Do you know how to keep a secret?
Sais-tu garder un secret?

secretary [SEHK ruh tehr i] *n.* • le (la) secrétaire (m. f.)
My secretary answers the phone.
Ma secrétaire répond au téléphone.

to see [tou SI] *v.* • voir
  to see again *v.* • revoir
  See you soon! • A bientôt!
I see my friends every day.
Je vois mes amis tous les jours.

seed [SID] *n.* • la graine (f.)
We plant seeds in our garden.
Nous plantons des graines dans notre potager.

to seem [tou SIM] *v.* • sembler
They seem tired this morning.
Ils semblent fatigués ce matin.

seesaw [SI s<o>] *n.* • la balançoire (f.)
There is a seesaw in the park.
Il y a une balançoire dans le parc.

to sell [tou SEHL] *v.* • vendre
My brother sells cars.
Mon frère vend des voitures.

to send [tou SEHND] *v.* • envoyer
We send many packages at Christmas.
Nous envoyons beaucoup de colis à Noël.

sense [SEHNS] *n.* • le sens (m.)
  common sense *n.* • le bon sens (m.)
  good sense *n.* • le bon sens (m.)
  sensitive *adj.* • sensible (m. f.)
  sensible *adj.* • sensé (e) (m. f.),
    raissonable (m. f.)
My sister has a lot of good sense.
Ma sœur a beaucoup de bon sens.

sentence [SEHN tuhns] *n.* • la phrase (f.)
Write five sentences in French.
Ecrivez cinq phrases en français.

September [sehp TEHM beur] *n.* • septembre
  (m.)
We go back to school in September.
Nous rentrons en classe en septembre.

serious [SIR i uhs] *adj.* • sérieux (m.),
  sérieuse (f.)
You look so serious!
Tu as l'air si sérieux!

to serve [tou SEURV] *v.* • servir
  service *n.* • le service (m.)
  at your service • a votre service
  to serve as *v.* • servir à, servir de
First, we serve our guests.
D'abord, nous servons nos invités.

to set [tou SEHT] *v.* • poser
  to set the table *v.* • mettre le couvert
Set the box on the table.
Posez la boîte sur la table.

seven [SEH vuhn] *adj.* • sept (m. f.)
I have seven problems to do.
J'ai sept problèmes à faire.

seventeen [seh vuhn TIN] *adj.* • dix-sept (m. f.)
Is your sister seventeen?
Est-ce que ta sœur a dix-sept ans?

seventy [SEH vuhn di] *adj.* • soixante-dix (m. f.)
My grandpa is seventy years old.
Mon grand-père a soixante-dix ans.

several [SEHV ruhl] *adj.* • plusieurs, quelques (m. f.)
We have several choices.
Nous avons plusieurs choix.

to sew [tou SO] *v.* • coudre
  sewing machine *n.* • la machine (f.) à coudre
Do you know how to sew?
Savez-vous coudre?

shade [CHED] *n.* • l'ombre (f.)
Let's sit in the shade of this tree.
Asseyons-nous à l'ombre de cet arbre.

shadow [CHAA do] *n.* • l'ombre (f.)
My shadow follows me.
Mon ombre me suit.

to shake [tou CHEK] *v.* • trembler, secouer
  to shake hands *v.* • serrer la main à
I'm so scared I'm shaking all over.
J'ai si peur que je tremble de tout mon corps.

shampoo [chaam POU] *n.* • le shampooing (m.)
 to shampoo *v.* • faire un shampooing
We are out of shampoo!
Nous n'avons plus de shampooing!

shape [CHEP] *n.* • la forme (f.)
Look at the shape of this cloud!
Regarde la forme de ce nuage!

to share [tou CHEHR] *v.* • partager
We can share this chair.
Nous pouvons partager cette chaise.

to shave [tou CHEV] *v.* • se raser
Dad shaves in the morning.
Papa se rase le matin.

she [CHI] *pron.* • elle
Does she want to come?
Veut-elle venir?

sheep [CHIP] *n.* • le mouton (m.)
The sheep are following the shepherd.
Les moutons suivent le berger.

sheet [CHIT] *n.* • le drap (m.)
 sheet of paper *n.* • la feuille (f.) de papier
In hotels they change the sheets every day.
Dans les hôtels on change les draps tous les jours.

shelf [CHEHLF] *n.* • le rayon (m.), l'étagère (f.)
The cups are on the shelf.
Les tasses sont sur l'étagère.

shell [CHEHL] *n.* • la coquille (f.), le coquillage (m.)
I like to look for shells on the beach.
J'aime chercher des coquillages sur la plage.

shepherd [CHEH peurd] *n.* • le berger (m.)
  shepherdess *n.* • la bergère (f.)
  German shepherd *n.* • le berger allemand (m.)
The shepherd watches his sheep.
Le berger surveille ses moutons.

to shine [tou CHAYN] *v.* • briller
The stars shine at night.
Les étoiles brillent la nuit.

ship [CHÏP] *n.* • le bateau (m.)
  pl. • bateaux
  n. • le navire (m.)
The ship crosses the ocean.
Le navire traverse l'océan.

shirt [CHEURT] *n.* • la chemise (f.)
Is this shirt clean?
Est-ce que cette chemise est propre?

shoe [CHOU] *n.* • la chaussure (f.), le soulier (m.)
These shoes are too little!
Ces chaussures sont trop petites!

to shoot [tou CHOUT] *v.* • tirer
The hunter shoots his gun.
Le chasseur tire un coup de fusil.

shop [CH<O>P] *n.* • la boutique (f.)
  to go shopping *v.* • faire des courses, faire des achats
What do they sell in that shop?
Qu'est-ce qu'on vend dans cette boutique-là?

shore [CHOR] *n.* • la côte (ocean, sea) (f.),
  la plage (f.)
They live near the shore.
Ils habitent près de la côte.

short [CHORT] *adj.* • court(e) (m. f.), petit(e) (m. f.)
This skirt is short!
Cette jupe est courte!

shorts [CHORTS] *n.* • le short (m.)
We wear shorts when it's hot.
On porte un short quand il fait chaud.

shot [CH<O>T] *n.* • la pïqûre (f.)
I hate shots!
J'ai horreur des piqûres!

shoulder [CHOL deur] *n.* • l'épaule (f.)
Martine has a sore shoulder.
Martine a mal à l'épaule.

to shout [tou CHOWT] *v.* • crier
The children shout when they play baseball.
Les enfants crient quand ils jouent au base-ball.

shovel [CHUH vuhl] *n.* • la pelle (f.)
The little boy plays in the sand with a shovel.
Le petit garçon joue dans le sable avec une pelle.

to show (to) [tou CHO] *v.* • montrer (à)
  show *n.* • le spectacle (m.), l'exposition (f.)
Show me your new book.
Montre-moi ton nouveau livre.

shower [CH<O> weur] *n.* • la douche (f.)
Do you like to sing in the shower?
Aimes-tu chanter sous la douche?

shrimp [CHRÏMP] *n.* • la crevette (f.)
When we go to this restaurant, I usually order shrimp.
*Quand nous allons à ce restaurant, d'habitude je commande
  des crevettes.*

to shut [tou CHUHT] *v.* • fermer
   to shut up (person) *v.* • se taire
Please shut the window! It's cold!
Fermez la fenêtre, s'il vous plaît! Il fait froid!

shy [CHAY] adj. • timide (m. f.)
Nicole is shy.
Nicole est timide.

sick [SĬK] *adj.* • malade (m. f.)
   sickness *n.* • la maladie (f.)
I stay in bed when I am sick.
Je reste au lit quand je suis malade.

side [SAYD] *n.* • le côté (m.), le bord (m.)
He lives on the other side of the street.
Il habite de l'autre côté de la rue.

sidewalk [SAYD walk] *n.* • le trottoir (m.)
   sidewalk cafe • la terrasse (f.) de café
The dog walks on the sidewalk.
Le chien marche sur le trottoir.

silence [SAY luhns] *n.* • le silence (m.)
   silent *adj.* • silencieux (m.), silencieuse (f.)
Everyone likes silence from time to time.
Tout le monde aime le silence de temps en temps.

silly [SĬL i] *adj.* • bête (m. f.)
That's a silly song.
C'est une chanson bête.

silver [SĬL veur] *n.* • l'argent (m.)
   made of silver • en argent
My mother has a silver ring.
Ma mère a un anneau en argent.

similar [SÏM uh leur] *adj.* • pareil (m.), pareille (f.)
These two colors are similar.
Ces deux couleurs sont pareilles.

since [SÏNS] *conj.* • depuis que, puisque
prep. • depuis
since when? • depuis quand?
Since you are here, stay for lunch!
Puisque tu es ici, déjeune avec nous!

sincere [sïn SIR] *adj.* • sincère (m. f.)
This man seems sincere.
Cet homme a l'air sincère.

to sing [tou SI<NG>] *v.* • chanter
singer *n.* • le chanteur (m.), la chanteuse (f.)
I sing when I am alone.
Je chante quand je suis seule.

sink [SI<NG>K] *n.* • l'évier (m.)
We wash the dishes in the sink.
Nous faisons la vaisselle dans l'évier.

sir [SEUR] *n.* • monsieur (m.)
May I take your hat, sir?
Puis-je prendre votre chapeau, monsieur?

sister [SÏS teur] *n.* • la sœur (f.)
How many sisters do you have?
Combien de sœurs avez-vous?

to sit (down) [tou SÏT] *v.* • s'asseoir
He always sits here.
Il s'assied toujours ici.

Sit down, please!
Asseyez-vous, s'il-vous-plaît!

six [SÏKS] *adj.* • six (m. f.)
I have six cousins.
J'ai six cousins.

sixteen [sïks TIN] *adj.* • seize (m. f.)
Mrs. LeBlanc has sixteen grandchildren.
Madame LeBlanc a seize petits-enfants.

sixty [SÏKS ti] *adj.* • soixante (m. f.)
There are sixty people at the meeting.
Il y a soixante personnes à la réunion.

size [SAYZ] *n.* • la taille (f.)
Is this the right size?
Est-ce la bonne taille?

skate [SKET] *n.* • le patin (m.)
  to skate *v.* • patiner
  ice skate *n.* • le patin (m.) à glace
  skater *n.* • le patineur (m.), la patineuse (f.)
Do you know how to skate?
Savez-vous patiner?

skeleton [SKEHL uh tuhn] *n.* • le squelette (m.)
How many bones are in a skeleton?
Combien d'os y a-t-il dans un squelette?

ski [SKI] *n.* • le ski (m.)
  to ski *v.* • faire du ski
  skiing *n.* • le ski (m.)
  to water ski *v.* • faire du ski nautique
We go skiing in the Alps.
Nous faisons du ski dans les Alpes.

skin [SKÏN] *n.* • la peau (f.)
The baby has soft skin.
Le bébé a la peau douce.

skinny *adj.* • maigre (m. f.)
This dog is skinny.
Ce chien est maigre.

skirt [SKEURT] *n.* • la jupe (f.)
Where is my red skirt?
Où est ma jupe rouge?

sky [SKAY] *n.* • le ciel (m.)
  skyscraper *n.* • le gratte-ciel (m.)
The sun shines, the sky is blue, the weather is great!
Le soleil brille, le ciel est bleu, il fait un temps splendide!

slang [SLAA<NG>] *n.* • l'argot (m.)
Student slang is often very funny.
L'argot des étudiants est souvent très amusant.

sled [SLEHD] *n.* • le traîneau (m.), la luge (f.)
  pl. • les traîneaux
My sled goes down the hill fast!
Mon traîneau descend vite la colline!

to sleep [tou SLIP] *v.* • dormir
  to sleep late *v.* • faire la grasse matinée
  to be sleepy *v.* • avoir sommeil
  to fall asleep *v.* • s'endormir
  sleeping bag *n.* • le sac (m.) de couchage
As a rule, I sleep well.
En général, je dors bien.

sleeve [SLIV] *n.* • la manche (f.)
The sleeves are too short!
Les manches sont trop courtes!

slice [SLAYS] *n.* • la tranche (f.)
Would you like a slice of ham?
Est-ce que tu veux une tranche de jambon?

to slide [tou SLAYD] *v.* • glisser
The skaters slide on the ice.
Les patineurs glissent sur la glace.

slim [SLÏM] *adj.* • mince (m. f.)
That girl is very slim.
Cette jeune fille est très mince.

to slip [tou SLÏP] *v.* • glisser
Be careful! Don't slip on the ice!
Attention! ne glissez pas sur la glace!

slipper [SLÏP eur] *n.* • la pantoufle (f.)
Grandma wears her slippers at home.
Grand-mère porte ses pantoufles à la maison.

slow [SLO] *adj.* • lent(e) (m. f.)
  slowly *adv.* • lentement
This is a slow train.
Ce train est lent.

to slow down [tou slo DOWN] *v.* • ralentir
Slow down! You are going too fast!
Ralentis! Tu vas trop vite!

small [SMAL] *adj.* • petit(e) (m. f.)
These shoes are too small!
Ces chaussures sont trop petites!

smart [SMART] *adj.* • intelligent(e) (m. f.)
All these students are smart.
Tous ces élèves sont intelligents.

to smash [tou SMAACH] *v.* • écraser
Be careful not to smash the garbage can with the car.
Fais attention de ne pas écraser la poubelle avec la voiture.

to smell [tou SMEHL] *v.* • sentir
The lady is smelling the flowers.
La dame sent les fleurs.

to smile [tou SMAYL] *v.* • sourire
We ought to smile for the picture.
Nous devrions sourire pour la photo.

smoke [SMOK] *n.* • la fumée
  to smoke *v.* • fumer
  No smoking • Défense de fumer
My parents don't smoke.
Mes parents ne fument pas.

Smoke goes up the chimney.
La fumée monte par la cheminée.

snack [SNAAK] *n.* • le goûter (m.)
We have a snack after school.
Nous prenons un goûter après l'école.

snail [SNEL] *n.* • l'escargot (m.)
You can order snails in this restaurant.
On peut commander des escargots dans ce restaurant.

snake [SNEK] *n.* • le serpent (m.)
Have you ever seen a snake charmer?
Avez-vous jamais vu un charmeur de serpents?

snow [SNO] *n.* • la neige (f.)
  to snow *v.* • neiger
  It's snowing. • Il neige.
  snowman *n.* • le bonhomme (m.) de neige
Let's go play in the snow!
Allons jouer dans la neige!

so [SO] *adv.* • si, alors, donc

so-so • comme ci, comme ça
and so on • et ainsi de suite
so much (many) • tant
This suitcase is so light!
Cette valise est si légère!

soap [SOP] *n.* • le savon (m.)
I wash my hands with soap.
Je me lave les mains avec du savon.

soccer [S<O> keur] *n.* • le football (m.)
  to play soccer *v.* • jouer au football
We play soccer Thursday nights.
Nous jouons au football le jeudi soir.

social studies [SO chuhl stuh diz] *n.* •
  les sciences sociales (f. pl.)
Who is your social studies teacher?
Qui est ton professeur de sciences sociales?

sock [S<O>K] *n.* • la chaussette (f.)
Do these two socks go together?
Est-ce que ces deux chaussettes vont ensemble?

sofa [SO fuh] *n.* • le divan (m.), le canapé (m.)
The cat is sleeping on the sofa.
Le chat dort sur le canapé.

soft [S<O>FT] *adj.* • doux (m.), douce (f.)
  softly *adv.* • doucement
This blanket is soft.
Cette couverture est douce.

to soil [tou SOYL] *v.* • salir
Don't soil the rug!
Ne salis pas le tapis!

soldier [SOL jeur] *n.* • le soldat (m.)
The soldiers are waiting for their orders.
Les soldats attendent leurs ordres.

solid [S<O>L uhd] *adj.* • solide (m. f.)
The ice on the lake is solid.
La glace sur le lac est solide.

some [SUHM] *adj.* • du (m.), de la (f.), des (pl.),
  de (pl.), quelque
  pron. • en
  somebody *pron.* • quelqu'un
  something *pron.* • quelque chose
  sometimes *adv.* • quelquefois
  somewhere *adv.* • quelque part
  to have something to eat *v.* • prendre quelque
    chose
Do you want some cake?
Veux-tu du gâteau?

son [SUHN] *n.* • le fils (m.)
Grandpa has six sons.
Grand-père a six fils.

song [S<O><NG>] *n.* • la chanson (f.)
Teach us a new song!
Apprenez-nous une nouvelle chanson!

soon [SOUN] *adv.* • bientôt
  as soon as • aussitôt que
  See you soon! • A bientôt!
The plane will arrive soon.
L'avion va bientôt arriver.

sorry (to be) [S<O> ri] *v.* • regretter
  I am sorry • Je regrette. Je suis désolé.
I'm sorry I'm late.
Je regrette d'être en retard.

sort [SORT] *n.* • la sorte (f.)
What sort of cake is this?
Quelle sorte de gâteau est-ce?

sound [SOWND] *n.* • le son (m.), le bruit (m.)
This sound is not very pleasant.
Ce son n'est pas très agréable.

soup [SOUP] *n.* • la soupe (f.), le potage (m.)
   onion soup • la soupe (f.) à l'oignon
Hot soup is good in winter.
Une soupe chaude est bonne en hiver.

sour [SOWR] *adj.* • aigre (m. f.), acide (m. f.)
Lemons are sour.
Les citrons sont acides

south [SOWTH] *n.* • le sud (m.)
   South America *n.* • l'Amérique du Sud (f.)
They are travelling in the south of France.
Ils voyagent dans le sud de la France.

space [SPES] *n.* • l'espace (m.)
   space ship *n.* • véhicule (m.) spatial
Do you want to go into space one day?
Veux-tu aller dans l'espace un jour?

Spain [SPEN] *n.* • l'Espagne (f.)
   Spanish *adj.* • espagnol(e) (m. f.)
   Spaniard *n.* • un(e) Espagnol(e) (m. f.)
My friends spend their vacation in Spain.
Mes amis passent leurs vacances en Espagne.

to speak [tou SPIK] *v.* • parler
I speak with the teacher after class.
Je parle avec le professeur après la classe.

special [SPEHCH uhl] *adj.* • spécial(e) (m. f.)
  specially *adv.* • spécialement
There is a special show on T.V. tonight.
Il y a une émission spéciale à la télé ce soir.

speech [SPITSH] *n.* • le discours (m.)
  to give a speech *v.* • faire un discours
This speech is too long!
Ce discours est trop long!

to spend (time) [tou SPEHND] *v.* • passer
  to spend (money) *v.* • dépenser
Paul spends a month at summer camp.
Paul passe un mois en colonie de vacances.

They spend too much money.
Ils dépensent trop d'argent.

spider [SPAY deur] *n.* • l'araignée (f.)
Are you afraid of spiders?
As-tu peur des araignées?

to spill [tou SPÏL] *v.* • renverser
The child is spilling her milk.
L'enfant renverse son lait.

spinach [SPÏN uhtsch] *n.* • les épinards (m. pl.)
We are having spinach for lunch.
Nous avons des épinards pour le déjeuner.

splendid [SPLEHN duhd] *adj.* • splendide (m. f.)
The fireworks are splendid!
Le feu d'artifice est splendide!

sponge [SPUHNJ] *n.* • l'éponge (f.)
You clean the bathtub with a sponge.
On nettoie la baignoire avec une éponge.

spoon [SPOUN] *n.* • la cuillère, la cuiller (f.)
How many spoons are there?
Combien de cuillères y a-t-il?

sport [SPORT] *n.* • le sport (m.)
Do you play sports?
Fais-tu du sport?

spot [SP<O>T] *n.* • la tache (f.)
  spotted *adj.* • tacheté(e) (m. f.), taché (m. f.)
He has a spot on his shirt.
Il a une tache sur sa chemise.

spring [SPRI<NG>] *n.* • le printemps (m.)
It rains a lot in the spring.
Il pleut beaucoup au printemps.

square [SKWEHR] *adj.* • carré(e) (m. f.)
The table is square.
La table est carrée.

squirrel [SKWEUR uhl] *n.* • l'écureuil (m.)
There is a little grey squirrel in this tree.
Il y a un petit écureuil gris sur cet arbre.

stadium [STE di uhm] *n.* • le stade (m.)
We are going to a game at the stadium.
Nous allons à un match au stade.

stain [STEN] *n.* • la tache (f.)
  to stain *v.* • tacher
Nancy is trying to clean the stain.
Nancy essaie de nettoyer la tache.

stairs [STEHRZ] *n.* • l'escalier (m.)
We climb the stairs.
Nous montons l'escalier.

stamp (postage) [STAAMP] *n.* • le timbre (m.)
My sister collects stamps.
Ma sœur collectionne les timbres.

to stand [tou STAAND] *v.* • être debout
  to stand (up) *v.* • se lever
  standing *v.* • debout
The saleswoman stands all day.
La vendeuse est debout toute la journée.

We stand up at the end of class.
Nous nous levons à la fin de la classe.

star [STAR] *n.* • l'étoile (f.)
  movie star *n.* • la vedette (f.) de cinéma
There are many stars in the sky tonight.
Il y a beaucoup d'étoiles dans le ciel ce soir.

to start [tou START] *v.* • commencer
  to start (a car) *v.* • démarrer
The movie starts at 7:30.
Le film commence à 7:30.

state [STET] *n.* • l'état (m.)
There are fifty states in the United States.
Il y a cinquante états aux Etats-Unis.

station [STE chuhn] *n.* • la gare (f.)
  police station *n.* • le poste (m.) de police
How many railroad stations are there in Paris?
Combien de gares y a-t-il à Paris?

statue [STAA tshou] *n.* • la statue (f.)
Can you name a famous statue?
Peux-tu nommer une statue célèbre?

to stay [tou STE] *v.* • rester
I am staying at my friend's house tonight.
Je reste chez mon ami ce soir.

steak [STEK] *n.* • le bifteck (m.), l'entrecôte (f.)
I would like my steak done medium.
Je voudrais mon bifteck cuit à point.

to steal [tou STIL] *v.* • voler
The fox is stealing a chicken.
Le renard vole un poulet.

steamship [STIM chïp] *n.* • le paquebot (m.)
The steamship arrives in New York.
Le paquebot arrive à New-York.

step [STEHP] *n.* • le pas (m.)
  (stairs) *n.* • la marche (f.)
How many steps are there in these stairs?
Combien de marches y a-t-il dans cet escalier?

stepmother [STEHP muh theur] *n.* • la belle-mère (f.)
  stepfather *n.* • le beau-père (m.)
  stepson *n.* • le beau-fils (m.)
  stepdaughter *n.* • la belle-fille (f.)
May I introduce my stepmother to you?
Je vous présente ma belle-mère.

steward (flight attendant) [STOU weurd] *n.* •
  le steward (m)
  stewardess *n.* • l'hôtesse (f.) de l'air
The steward brings our drinks.
Le steward nous apporte nos boissons.

still [STÏL] *adv.* • toujours, encore
Is he still here?
Est-ce qu'il est encore ici?

to sting [tou STI<NG>] *v.* • piquer
These bugs sting!
Ces insectes piquent!

stingy [STÏN ji] *adj.* • avare (m. f.)
The man in the story is stingy.
L'homme dans l'histoire est avare.

to stir [to STEUR] *v.* • remuer
Dad is stirring the soup.
Papa remue la soupe.

stocking [ST<O>K i<ng>] *n.* • le bas (m.)
Are these stockings dry?
Est-ce que ces bas sont secs?

stomach [STUHM uhk] *n.* • le ventre (m.),
l'estomac (m.)
stomach ache • mal au ventre (à l'estomac)
Paul gives him a punch in the stomach.
Paul lui donne un coup de poing dans l'estomac.

stone [STON] *n.* • la pierre (f.)
Let's throw stones in the lake.
Lançons des pierres dans le lac.

to stop [tou ST<O>P] *v.* • arrêter
to stop (oneself) *v.* • s'arrêter
We stop at the gas station.
Nous nous arrêtons à la station-service.

store [STOR] *n.* • le magasin (m.)
department store *n.* • le grand magasin (m.)
book store *n.* • la librarie (f.)
store window *n.* • la vitrine (f.)
Can we go to the new store?
Pouvons-nous aller au nouveau magasin?

storm [STORM] *n.* • l'orage (m.), la tempête (f.)
Usually the wind blows during a storm.
D'habitude le vent souffle pendant un orage.

story [STOR i] *n.* • l'histoire (f.)
This is a long story.
C'est une longue histoire.

stove [STOV] *n.* • la cuisinière (f.)
We have a new stove.
Nous avons une cuisinière neuve.

strange [STRENJ] *adj.* • étrange, bizarre (m. f.)
  stranger *n.* • l'étranger (m.), l'étrangère (f.)
This is a strange movie.
C'est un film bizarre.

straw [STR<O>] *n.* • la paille (f.)
The animals sleep on the straw.
Les animaux dorment sur la paille.

strawberry [STR<O> behr i] *n.* • la fraise (f.)
Here is some strawberry jam for your bread.
Voici de la confiture de fraises pour ta tartine.

stream [STRIM] *n.* • le ruisseau (m.)
Little streams become great rivers.
Les petits ruisseaux font les grandes rivières.

street [STRIT] *n.* • la rue (f.)
  street cleaner *n.* • le balayeur (m.) des rues
What is the name of this street?
Comment s'appelle cette rue?

strict [STRÏKT] *adj.* • strict(e) (m. f.)
These rules are very strict.
Ces règles sont très strictes.

string [STRI<NG>] *n.* • la ficelle (f.)
  string beans *n.* • les haricots (m. pl.) verts
I need some string for my kite.
J'ai besoin de ficelle pour mon cerf-volant.

strong [STR<O><NG>] *adj.* • fort(e) (m. f.)
This athlete is very strong.
Cet athlète est très fort.

stubborn [STUH beurn] *adj.* • têtu(e) (m. f.)
They say that goats are stubborn.
On dit que les chèvres sont têtues.

student [STOU duhnt] *n.* • l'étudiant(e) (m. f.),
l'élève (m. f.)
These students go to the university.
Ces étudiants vont à l'université.

to study [tou STUH di] *v.* • étudier
We are studying French.
Nous étudions le français.

stupid [STOU puhd] *adj.* • stupide, bête (m. f.)
This is a stupid movie.
Ce film est bête.

subject [SUHB jehkt] *n.* • le sujet (m.)
What is the subject of this discussion?
Quel est le sujet de cette discussion?

suburb [SUHB ehrb] *n.* • la banlieue (f.)
My friend lives in the suburbs.
Mon ami habite la banlieue.

subway [SUHB we] *n.* • le métro (m.)
Do you want to take the subway?
Veux-tu prendre le métro?

to succeed [tou SUHK sid] *v.* • réussir
success *n.* • le succès (m.)
She succeeds at her work.
Elle réussit dans son travail.

suddenly [SUH duhn li] *adv.* • tout à coup
Suddenly, the telephone rings!
Tout à coup, le téléphone sonne!

sugar [CHEUH geur] *n.* • le sucre (m.)
Do you take sugar in your coffee?
Prenez-vous du sucre dans votre café?

suit [SOUT] *n.* • le complet (m.)
Dad is wearing his blue suit today.
Papa porte son complet bleu aujourd'hui.

suitcase [SOUT kes] *n.* • la valise (f.)
　to pack one's suitcase *v.* • faire sa valise
How many suitcases are they bringing?
Combien de valises est-ce qu'ils apportent?

summer [SUHM eur] *n.* • l'été (m.)
This summer we're spending our vacation in Canada.
Cet été nous passons nos vacances au Canada.

sun [SUHN] *n.* • le soleil (m.)
　It's sunny. • Il fait du soleil.
The cat is sleeping in the sun.
Le chat dort au soleil.

Sunday [SUHN de] *n.* • dimanche (m.)
We are going to Grandma's on Sunday.
Nous allons chez Grand-mère dimanche.

supermarket [SOU peur mar kuht] *n.* • le
　supermarché (m.)
This supermarket is new.
C'est un nouveau supermarché.

sure [CHEUR] *adj.* • sûr(e) (m. f.)
Are you sure you can go?
Es-tu sûr que tu peux y aller?

surgeon [SEUR juhn] *n.* • le chirurgien (m.)
   surgery *n.* • la chirurgie (f.)
The surgeon works at the hospital.
Le chirurgien travaille à l'hôpital.

surprise [seur PRAYZ] *n.* • la surprise (f.)
   surprising *adj.* • surprenant(e) (m. f.)
Don't tell anyone, because it's a surprise!
N'en dis rien à personne, parce que c'est une surprise!

sweater [SWEH deur] *n.* • le tricot (m.),
   le pull-over (m.)
I'm cold! Where is my sweater?
J'ai froid! Où est mon tricot?

Sweden [SWI duhn] *n.* • la Suède (f.)
   Swedish *adj.* • suédois(e) (m. f.)
   Swede *n.* • un(e) Suédois(e)
I have friends in Sweden.
J'ai des amis en Suède.

to sweep [tou SWIP] *v.* • balayer
My sister is sweeping the floor.
Ma sœur balaie le plancher.

sweet [SWIT] *adj.* • sucré(e) (m. f.)
This dessert is too sweet.
Ce dessert est trop sucré.

to swim [tou SWÏM] *v.* • nager
   swimming pool *n.* • la piscine (f.)
   swimsuit *n.* • le maillot (m.)
Where do you swim in the summer?
Où nagez-vous en été?

swing [SWI<NG>] *n.* • la balançoire (f.)
There are swings for the children in the park.
Il y a des balançoires pour les enfants dans le parc.

Switzerland [SWÏ tseur luhnd] *n.* • la Suisse (f.)
   Swiss *adj.* • suisse (m. f.)
   a person from Switzerland *n.* • un(e) Suisse
   (m. f.)
Bern is the capital of Switzerland.
Berne est la capitale de la Suisse.

T

table [TE buhl] *n.* • la table (f.)
   tablecloth *n.* • la nappe (f.)
   to set the table *v.* • mettre le couvert
The table is in the dining room.
La table est dans la salle à manger.

tail [TEL] *n.* • la queue (f.)
The dog wags his tail when he is happy.
Le chien remue la queue quand il est content.

tailor [TE leur] *n.* • le tailleur (m.)
The tailor is making a suit.
Le tailleur fait un complet.

to take [tou TEK] *v.* • prendre
   to take a test *v.* • passer un examen
   to take a trip *v.* • faire un voyage
   to take a bath *v.* • prendre un bain
   to take a walk *v.* • se promener, faire une
   promenade
   to take off *v.* • enlever
They are taking a walk in the woods.
Ils se promènent dans les bois.

I took off my hat.
J'enlève mon chapeau.

We take the train at noon.
Nous prenons le train à midi.

tale [TEL] *n.* • le conte (m.)
  fairy tale *n.* • le conte (m.) de fées
Grandma has many tales to tell the children.
Grand-mère a beaucoup de contes à raconter aux enfants.

to talk [tou T<O>K] *v.* • parler
  talk *n.* • la conversation (f.)
  talkative *adj.* • bavard(e) (m. f.)
That boy talks too much.
Ce garçon parle trop.

tall [TAL] *adj.* • grand(e) (m. f.)
Your dad is tall!
Ton père est grand!

tape [TEP] *n.* • la bande (f.)
  tape recorder *n.* • le magnétophone (m.)
  cassette tape *n.* • la cassette (f.)
He is listening to a tape.
Il écoute une bande.

to taste [tou TEST] *v.* • goûter
  mid-afternoon snack (children) *n.* • le goûter
  (m.)
Taste this cheese! It's really good!
Goûtez ce fromage! Il est vraiment bon!

taxi [TAAK si] *n.* • le taxi (m.)
  taxi stand *n.* • la station (f.) de taxi
We take a taxi to the hotel.
Nous prenons un taxi pour aller à l'hôtel.

tea [TI] *n.* • le thé (m.)
Put some milk in my tea, please.
Mettez du lait dans mon thé, s'il vous plaît.

to teach [tou TITSH] *v.* • enseigner, apprendre
   teacher *n.* • le maître (m.), la maîtresse (f.), le professeur (m.)
My mother teaches high school.
Ma mère enseigne au lycée.

team [TIM] *n.* • l'équipe (f.)
Which is your team?
Laquelle est ton équipe?

tear [TIR] *n.* • la larme (f.)
She has tears in her eyes.
Elle a des larmes aux yeux.

to tear [tou TEHR] *v.* • déchirer
Don't tear the paper!
Ne déchirez pas le journal!

to tease [tou TIZ] *v.* • taquiner
Don't tease your sister!
Ne taquine pas ta sœur!

teenager [TIN e jeur] *n.* • l'adolescent(e) (m. f.)
His son is a teenager.
Son fils est adolescent.

teeth [TITH] *n.* • les dents (f. pl.)
The dentist looks at my teeth.
Le dentiste examine mes dents.

telephone [TEHL uh fon] *n.* • le téléphone (m.)
   telephone number *n.* • le numéro (m.) de téléphone
   telephone booth *n.* • la cabine (f.) téléphonique
The telephone rang five times.
Le téléphone a sonné cinq fois.

television [TEHL uh vï 3uhn] *n.* • la télévision (f.)
   television set *n.* • le téléviseur (m.)
   T.V. *n.* • la télé (f.)
   T.V. antenna *n.* • l'antenne (f.) de télévision
At what time do you watch television?
A quelle heure regardes-tu la télévision?

to tell [tou TEHL] *v.* • dire (à), raconter
Grandpa tells us a story every night.
Grand-père nous raconte une histoire tous les soirs.

ten [TEHN] *adj.* • dix (m. f.)
The teacher is writing ten numbers on the blackboard.
Le professeur écrit dix numéros sur le tableau.

tennis [TEHN uhs] *n.* • le tennis (m.)
   to play tennis *v.* • jouer au tennis
He plays tennis very well.
Il joue très bien au tennis.

tent [TEHNT] *n.* • la tente (f.)
I like to sleep in a tent.
J'aime dormir sous tente.

terrible [TEHR uh buhl] *adj.* • terrible (m. f),
affreux (m.), affreuse (f.)
This storm is terrible!
Cette tempête est affreuse!

test [TEHST] *n.* • l'examen (m.)
   to fail a test *v.* • rater un examen
   to pass a test *v.* • réussir à un examen
   to take a test *v.* • passer un examen
We have three tests tomorrow!
Nous avons trois examens demain!

to thank [tou THĀĀK] *v.* • remercier
thank you • merci
They thank the hostess before leaving.
Ils remercient l' hôtesse avant de partir.

that [THAAT] *demonstr. adj.* • ce (m.), cet (m.),
cette (f.), ces (pl.), ça
pron. • cela
conj. • que
that is • c'est
That's all. • C'est tout.
That's too bad! • C'est dommage!
Give me that book, please.
Donnez-moi ce livre, s'il vous plaît.

the [THUH] *def. art.* • le (m.), la (f.), les (pl.)
The books are on the table.
Les livres sont sur la table.

theater [THI uh deur] *n.* • le théâtre (m.)
movie theater *n.* • le cinéma (m.)
We see a play at the theater.
Nous voyons une pièce au théâtre.

their [THEHR] *poss.adj.* • leur (m. f.)
pl. • leurs
Is this their house?
Est-ce leur maison?

them [THEHM] *pron.* • eux (m.), elles (f.), les
(to) them *pron.* • leur
I give them a present.
Je leur donne un cadeau.

I have a surprise for them!
J'ai une surprise pour eux!

then [THEHN] *adv.* • alors, puis, ensuite
We get home, then we eat dinner.
Nous arrivons chez nous, puis nous dînons.

there [THEHR] *adv.* • là, y
  there is, there are • il y a, voilà
  up there • là-haut
  down there • là-bas
  over there • là-bas
Is your dad there?
Est-ce que ton père est là?

these [THIZ] *adj.* • ces (m. f. pl.)
  pron. • ceux-ci (m.), celles-ci (f.)
  these are • ce sont
I prefer these books.
Je préfère ces livres.

they [THE] *pron.* • ils (m.), elles (f.)
Where are they?
Où sont-ils?

They are my brothers.
Ce sont mes frères.

thick [THÏK] *adj.* • épais (m.), épaisse (f.)
This is a thick blanket.
Cette couverture est épaisse.

thief [THIF] *n.* • le voleur (m.)
The thief flees by the window.
Le voleur s'enfuit par la fenêtre.

thin [THÏN] *adj.* • mince (m. f.)
  to get thin • maigrir
The giraffe has thin legs.
La girafe a les jambes minces.

thing [THI<NG>] *n.* • la chose (f.), le truc (m.)
How are things? • Comment ça va?
something • quelque chose
I have too many things to do.
J'ai trop de choses à faire.

think [THI<NG>K] *v.* • penser
to think of • penser de
to think about • penser à
I think we are late!
Je pense que nous sommes en retard!

thirsty (to be) [THEUR sti] *v.* • avoir soif
May I have some water? I am thirsty.
Puis-je avoir de l'eau? J'ai soif.

thirteen [theur TIN] *adj.* • treize (m. f.)
There are thirteen candles on the cake.
Il y a treize bougies sur le gâteau.

thirty [THEUR di] *adj.* • trente (m. f.)
There are thirty days in September.
Il y a trente jours en septembre.

this [THÏS] *demonstr. adj.* • ce (m.), cet (m.)
(before vowel sound), cette (f.), ces (pl.)
pron. • ceci
this is • c'est
This man is my father.
Cet homme est mon père.

those [THOZ] *demonstr. adj.* • ces (m. f. pl.)
pron. • ceux-là (m.)
pron. • celles-là (f.)
those are • ce sont
I want those earrings.
Je veux ces boucles d'oreilles.

thousand [THOW zuhnd] *adj.* • mille, mil (in dates) (m. f.)
My brother has a thousand dollars!
Mon frère a mille dollars!

thread [THREHD] *n.* • le fil (m.)
You need thread to sew.
On a besoin de fil pour coudre.

three [THRI] *adj.* • trois (m. f.)
The child is three years old.
L'enfant a trois ans.

throat [THROT] *n.* • la gorge (f.)
Richard has a sore throat.
Richard a mal à la gorge.

to throw [tou THRO] *v.* • jeter, lancer
Throw me the ball!
Lance-moi la balle!

She throws her old clothes away.
Elle jette ses vieux vêtements.

thunder [THUHN deur] *n.* • le tonnerre (m.)
My little sister is afraid of thunder.
Ma petite sœur a peur du tonnerre.

Thursday [THEURZ de] *n.* • jeudi (m.)
We play soccer on Thursdays.
Nous jouons au football le jeudi.

ticket [TÏK uht] *n.* • le billet (m.)
  ticket office *n.* • le guichet (m.)
Do you have the tickets for the play?
Avez-vous les billets pour la pièce?

tie [TAY] *n.* • la cravate (f.)
Do you like to wear a tie?
Aimez-vous porter une cravate?

tiger [TAY geur] *n.* • le tigre (m.)
There are four tigers at the zoo.
Il y a quatre tigres au zoo.

tight [TAYT] *adj.* • serré(e) (m. f.)
These shoes are too tight.
Ces chaussures sont trop serrées.

time [TAYM] *n.* • le temps (m.), la fois (f.)
  a long time *adj.* • longtemps
  two at a time • deux à la fois
  on time • à l'heure
  next time *n.* • la prochaine fois (f.)
  What time is it? • Quelle heure est-il?
How much time do we have?
Combien de temps avons-nous?

tip [TĬP] *n.* • le pourboire (m.)
  tip included • service compris
We leave a tip for the waitress.
Nous laissons un pourboire pour la serveuse.

tire [TAYR] *n.* • le pneu (m.)
We have a flat tire!
Nous avons un pneu crevé!

tired [TAYRD] *adj.* • fatigué(e) (m. f.)
I am tired after the game.
Je suis fatiguée après le match.

to [TOU] *prep.* • à, en
I give the present to my sister.
Je donne le cadeau à ma sœur.

I am going to France.
Je vais en France.

toast [TOST] *n.* • le pain (m.) grillé
Helen puts butter on her toast.
Hélène met du beurre sur son pain grillé.

today [TOU de] *adv.* • aujourd'hui
Today is my birthday.
Aujourd'hui est mon anniversaire.

toe [TO] *n.* • l'orteil (m.)
My toe hurts.
J'ai mal à l'orteil.

together [tou GEH theur] *adv.* • ensemble
The two friends sit together.
Les deux amis s'asseyent ensemble.

toilet [TOY luht] *n.* • les toilettes (f. pl.), le W.-C. (m.)
Where is the restroom?
Où sont les toilettes?

tomato [to ME do] *n.* • la tomate (f.)
These tomatoes are red.
Ces tomates sont rouges.

tomorrow [tou MAR o] *adv.* • demain
 day after tomorrow • après-demain
Where are we going tomorrow?
Où allons-nous demain?

tongue [TUH<NG>] *n.* • la langue (f.)
The dog's tongue is pink.
La langue du chien est rose.

too [TOU] *adv.* • aussi
 too much (many) *adv.* • trop
Monique wants to come too.
Monique veut venir aussi.

tooth [TOUTH] *n.* • la dent (f.)
   to have a toothache *v.* • avoir mal aux dents
    toothbrush *n.* • la brosse (f.) à dents
    toothpaste *n.* • le pâte (m.) dentifrice
My tooth hurts.
J'ai mal à une dent.

tornado [tor NE do] *n.* • la tornade (f.)
Often there are tornados in the spring.
Il y a souvent des tornades au printemps.

to touch [tou TUHTSH] *v.* • toucher
Don't touch the dog! He bites!
Ne touche pas ce chien! Il mord!

tour [TOUR] *n.* • le tour (m.)
   tourist *n.* • le touriste (m. f.)
   tourism *n.* • le tourisme (m.)
We are taking a tour of Paris.
Nous faisons un tour de Paris.

toward [TORD] *prep.* • vers
The dog is coming toward me.
Le chien vient vers moi.

towel [TOW uhl] *n.* • la serviette (f.)
   bath towel *n.* • la serviette (f.) de bain
I need a dry towel.
J'ai besoin d'une serviette sèche.

tower [TOW eur] *n.* • la tour (f.)
The Eiffel Tower is very famous.
La Tour Eiffel est très célèbre.

town [TOWN] *n.* • la ville (f.)
   townhall *n.* • la mairie (f.)
   in town • en ville
This town is very picturesque.
Cette ville est très pittoresque.

toy [TOY] *n.* • le jouet (m.)
He breaks all his toys.
Il casse tous ses jouets.

traffic [TRAA fĭk] *n.* • la circulation (f.)
Watch out for the traffic when you cross the street!
Faites attention à la circulation quand vous traversez la rue!

train [TREN] *n.* • le train (m.)
  train station *n.* • la gare (f.)
What time does the train arrive?
A quelle heure arrive le train?

to translate [tou TRAANS let] *v.* • traduire
He knows how to translate several languages.
Il sait traduire plusieurs langues.

to travel [tou TRAA vuhl] *v.* • voyager
  traveller *n.* • le voyageur (m.)
I travel with my family every summer.
Je voyage avec ma famille chaque été.

tree [TRI] *n.* • l'arbre (m.)
Let's go in the shade of this tree.
Allons à l'ombre de cet arbre.

trial [TRAY uhl] *n.* • le procès (m.)
His trial is set for November 8.
Son procès criminel est fixé pour le 8 novembre.

trip [TRĬP] *n.* • le voyage (m.)
  to take a trip *v.* • faire un voyage
  on a trip • en voyage
We are leaving on a trip.
Nous partons en voyage.

trouble [TRHUB uhl] *n.* • l'ennui (m.)
He is having trouble with his car.
Il a des ennuis avec sa voiture.

trousers [TROW zeurs] *n.* • le pantalon (m.)
Are these trousers too long?
Est-ce que ce pantalon est trop long?

truck [TRUHK] *n.* • le camion (m.)
My uncle drives a truck.
Mon oncle conduit un camion.

true [TROU] *adj.* • vrai(e) (m. f.)
  truly *adv.* • vraiment
Is this story true or false?
Est-ce que cette histoire est vraie ou fausse?

trumpet [TRUHM puht] *n.* • la trompette (f.)
My friend plays the trumpet.
Mon ami joue de la trompette.

trunk [TRUHNK] *n.* • la malle (f.)
Let's open Grandma's trunk!
Ouvrons la malle de Grand-mère!

truth [TROUTII] *n.* • la vérité (f.)
Is she telling the truth?
Est-ce qu'elle dit la vérité?

to try [tou TRAY] *v.* • essayer
I am trying to write a letter in French.
J'essaye d'écrire une lettre en français.

Tuesday [TOUS de] *n.* • mardi (m.)
There is a hockey game Tuesday.
Il y a un match de hockey mardi.

tuna [TOU nuh] *n.* • le thon (m.)
Buy a can of tuna to make sandwiches.
Achète une boîte de thon pour faire des sandwichs.

turkey [TEUR ki] *n.* • le dindon (m.), la dinde (f.)
We eat turkey on holidays.
Nous mangeons de la dinde pour les fêtes.

to turn [tou TEURN] *v.* • tourner
  turn *n.* • le tour (m.)
  to turn off *v.* • éteindre
  to turn on *v.* • allumer
We turn the page.
Nous tournons la page.

Turn off the T.V. please!
Eteins la télé, s'il te plaît!

It is dark; turn on the lamp!
Il fait sombre; allume la lampe!

turtle [TEUR duhl] *n.* • la tortue (f.)
We saw a giant turtle at the zoo.
Nous avons vu une tortue géante au zoo.

T.V. [TI VI] *n.* • la télé (f.)
  T.V. channel *n.* • la chaîne (f.)
  T.V. news *n.* • le journal (m.) télévisé
At what time do you watch T.V.?
A quelle heure regardes-tu la télé?

twelve [TWEHLV] *adj.* • douze (m. f.)
My friend is twelve years old.
Mon amie a douze ans.

twenty [TWEHN ti] *adj.* • vingt (m. f.)
It takes twenty minutes to go downtown.
Il faut vingt minutes pour aller au centre-ville.

twice [TWAYS] *adv.* • deux fois
He eats only twice a day.
Il mange seulement deux fois par jour.

twin [TWÏN] *n.* • le jumeau (m.), la jumelle (f.)
  pl. • les jumeaux
My sister has twins.
Ma sœur a des jumeaux.

two [TOU] *adj.* • deux (m. f.)
We have two cars.
Nous avons deux voitures.

to type [tou TAYP] *v.* • taper à la machine
  typewriter *n.* • la machine (f.) à écrire
  typist *n.* • la dactylo (f.)
The typist types the letters.
La dactylo tape les lettres à la machine.

typical [TÏP ï kuhl] *adj.* • typique (m. f.)
  typically *adv.* • typiquement
This weather is not typical for winter.
Ce temps n'est pas typique pour l'hiver.

U

ugly [UHG li] *adj.* • laid (e) (m, f.)
That dress is ugly.
Cette robe est laide.

umbrella [uhm BREHL uh] *n.* • le parapluie (m.)
It's raining! Where is my umbrella?
Il pleut! Où est mon parapluie?

unbelievable [uhn bi LIV uh buhl] *adj.* •
  incroyable (m. f.)
That's an unbelievable story.
Ça, c'est une histoire incroyable.

uncle [UH<NG> kuhl] *n.* • l'oncle (m.)
Where do your aunt and uncle live?
Où habitent ta tante et ton oncle?

uncomfortable [uhn KUHMF teur buhl] *adj.* •
inconfortable (m. f.)
This chair is uncomfortable.
Cette chaise est inconfortable.

under [UHN deur] *prep.* • sous
The dog is under the table.
Le chien est sous la table.

to understand [tou uhn deur STAAND] *v.* •
comprendre
I understand German, but I can't write it.
Je comprends l'allemand, mais je ne peux pas l'écrire.

unexpected [uhn ehk SPEHK tuhd] *adj.* •
inattendu(e) (m. f.)
This visit is unexpected.
Cette visite est inattendue.

unfortunately [uhn FOR tshuh nuht li] *adv.* •
malheureusement
Unfortunately, we have no car.
Malheureusement, nous n'avons pas de voiture.

unhappy [uhn HAA pi] *adj.* • malheureux (-euse)
(m. f.)
She is unhappy when she is alone.
Elle est malheureuse quand elle est toute seule.

united [you NAY tuhd] *adj.* • uni(e) (m. f.)
  to unite *v.* • unir
  United States *n.* • les Etats-Unis (m. pl.)
  United Nations *n.* • l'Organisation (f.) des
    Nations Unies (f. pl.)
My family lives in the United States.
Ma famille habite aux Etats-Unis.

This family is very united.
Cette famille est très unie.

university [you nuh VEUR suh ti] *n.* • l'université (f.)
There is a university in my town.
Il y a une université dans ma ville.

unknown [uhn NON] *adj.* • inconnu(e) (m. f.)
The thief's identity is unknown.
L'identité du voleur est inconnue.

until [uhn TÏL] *prep.* • jusqu'à
I study until four o'clock.
J'étudie jusqu'à quatre heures.

unusual [uhn YOUZ wuhl] *adj.* • extraordinaire
  (m. f.)
This is an unusual situation.
C'est une situation extraordinaire.

up [UHP] *adv.* • en haut
  prep. • au haut de
  to go up *v.* • monter
  upstairs *adv.* • en haut
Our bedrooms are upstairs.
Nos chambres sont en haut.

us [UHS] *pron.* • nous
This cake is for us.
Ce gâteau est pour nous.

to use [tou YOUZ] *v.* • employer
 used car *n.* • la voiture (f.) d'occasion
 useful *adj.* • utile, pratique (m. f.)
 useless *adj.* • inutile (m. f.)
I use a dictionary to look up words.
J'emploie un dictionnaire pour chercher les mots.

usual [YOUZ wuhl] *adj.* • habituel(le) (m. f.)
This isn't my usual seat.
Ceci n'est pas ma place habituelle.

V

vacation [ve KE chuhn] *n.* • les vacances (f. pl.)
 on vacation • en vacances
 to take a vacation *v.* • prendre des vacances
We take a vacation every summer.
Nous prenons des vacances tous les étés.

vacuum cleaner [VAA kyoum klin eur] *n.* •
 l'aspirateur (m.)
 to vacuum *v.* • passer l'aspirateur
Who vacuums at your house?
Qui passe l'aspirateur chez vous?

valley [VAAL i] *n.* • la vallée (f.)
There is a pretty valley between the mountains.
Il y a une jolie vallée entre les montagnes.

van [VAAN] *n.* • la fourgonnette (f.)
We take our van to deliver the merchandise.
Nous prenons notre fourgonnette pour livrer les marchandises.

vanilla [vuh NÏL uh] *n.* • la vanille (f.)
Grandma wants some vanilla ice cream.
Grand-mère veut de la glace à la vanille.

vase [VES] *n.* • le vase (m.)
Put the flowers in this vase.
Mettez les fleurs dans ce vase.

video cassette recorder (VCR)
[vï di o kuh seht ruh KORD eur] *n.* • le
   magnétoscope (m.)
   video cassette *n.* • le vidéo (m.)
Does your family have a VCR?
Est-ce que ta famille a un magnétoscope?

vegetable [VEHJ tuh buhl] *n.* • le légume (m.)
Which vegetables do you prefer?
Quels légumes préférez-vous?

very [VEHR i] *adv.* • très
   very much *adv.* • beaucoup
This soup is very good.
Cette soupe est très bonne.

veterinarian [veh tuh NEHR i uhn] *n.* • le, la
   vétérinaire (m. f.)
Veterinarians take care of animals.
Les vétérinaires soignent les animaux.

view [VYOU] *n.* • la vue (f.)
What a pretty view!
Quelle jolie vue!

village [VÏL uhj] *n.* • le village (m.)
The church is in the center of the village.
L'église se trouve au centre du village.

violet [VAY o luht] *n.* • la violette (f.)
   adj. • violet (m.), violette (f.)
The little girl is picking some violets.
La petite fille cueille des violettes.

violin [vay o lïN] *n.* • le violon (m.)
Do you like the violin?
Aimez-vous le violon?

to visit [tou VÏZ ït] *v.* • visiter (place)
  (person) *v.* • faire une visite à
  visitor *n.* • le visiteur (m.)
  visit *n.* • la visite (f.)
We are visiting my sister's school.
Nous visitons l'école de ma sœur.

I visit my cousins at Christmas.
Je rends visite à mes cousins à Noël.

voice [VOYS] *n.* • la voix (f.)
The singer has a beautiful voice.
La chanteuse a une belle voix.

volcano [v<o>l KE no] *n.* • le volcan (m.)
There are volcanoes on this island.
Il y a des volcans sur cette île.

volleyball [V<O>L i bal] *n.* • le volley-ball (m.)
  to play volleyball *v.* • jouer au volley-ball
Lots of people like to play volleyball.
Beaucoup de gens aiment jouer au volley-ball.

to vote [tou VOT] *v.* • voter
We vote for the class president.
Nous votons pour le président de la classe.

W

waist [WEST] *n.* • la taille (f.)
She has a small waist!
Elle a une taille mince!

472

to wait [tou WET] *v.* • attendre
   waiting room *n.* • la salle (f.) d'attente
I'm waiting in the waiting room.
J'attends dans la salle d'attente.

waiter [WE deur] *n.* • le serveur (m.), le garçon (m.)
   waitress *n.* • la serveuse (f.)
We leave a tip for the waitress.
Nous laissons un pourboire pour la serveuse.

to wake (up) [tou WEK uhp] *v.* • se réveiller
Patrick wakes up at 7:00 a.m.
Patrick se réveille à 7h00 du matin.

walk [WAK] *n.* • la promenade (f.)
   take a walk *v.* • faire une promenade
   to walk *v.* • se promener; marcher
We have been walking for three hours.
Nous marchons depuis trois heures.

They take a walk on the beach.
Ils se promènent sur la plage.

wall [WAL] *n.* • le mur (m.)
There is a mirror hanging on the wall.
Il y a un miroir suspendu au mur.

wallet [WAL uht] *n.* • le portefeuille (m.)
He puts money in his wallet.
Il met de l'argent dans son portefeuille.

to want [tou WANT] *v.* • vouloir, désirer
We want to come with you.
Nous voulons venir avec vous.

war [WOR] *n.* • la guerre (f.)
These people are against war.
Ces gens sont contre la guerre.

warm [WORM] *adj.* • chaud(e) (m. f.)
  to be warm (person) *v.* • avoir chaud
  It is warm. • Il fait chaud.
It is warm in this room.
Il fait chaud dans cette salle.

to wash [tou WACH] *v.* • laver
  to wash (oneself) *v.* • se laver
  washing machine *n.* • la machine (f.) à laver
We must wash the car.
Il faut laver la voiture.

She washes her hands.
Elle se lave les mains.

watch [WATSH] *n.* • la montre (f.)
  to watch *v.* • regarder
  to watch (over) *v.* • surveiller
  (wrist) watch [RÏST watsh] *n.* • la montre (f.)
Do you have a new watch?
As-tu une nouvelle montre?

We are watching T.V.
Nous regardons la télé.

The hen watches her chicks.
La poule surveille ses poussins.

water [WA deur] *n.* • l'eau (f.)
  mineral water *n.* • l'eau (f.) minerale
I'm thirsty. May I have a glass of water?
J'ai soif. Puis-je avoir un verre d'eau?

wave [WEV] *n.* • la vague (f.)
The sound of the waves scares her.
Le bruit de vagues lui fait peur.

way [WE] *n.* • le chemin (m.)
We are going the same way.
Nous prenons le même chemin.

we [WI] *pron.* • nous, on
We are going to the airport.
Nous allons à l'aéroport.

We go skiing in the winter.
On fait du ski en hiver.

weak [WIK] *adj.* • faible (m. f.)
The baby birds are weak.
Les petits oiseaux sont faibles.

wealthy [WEHL thi] *adj.* • riche (m. f.)
This wealthy family is very generous.
Cette famille riche est très généreuse.

to wear [tou WEHR] *v.* • porter
He is wearing his blue sweater.
Il porte son pull-over bleu.

weather [WEH theur] *n.* • le temps (m.)
What is the weather like?
Quel temps fait-il?

wedding [WEH di<ng>] *n.* • le mariage (m.)
There is a wedding at the church today.
Il y a un mariage à l'église aujourd'hui.

Wednesday [WEHNS de] *n.* • mercredi (m.)
Wednesday, my grandparents are coming over.
Mercredi, mes grands-parents viennent chez nous.

week [WIK] *n.* • la semaine (f.)
  weekend *n.* • le week-end (m.)
What are the days of the week in French?
Quels sont les jours de la semaine en français?

to weigh [tou WE] *v.* • peser
   weight *n.* • le poids (m.)
   to lose weight *v.* • maigrir
   to gain weight *v.* • grossir
The grocer weighs the fruit.
L'épicier pèse les fruits.

welcome [WEHL kuhm] *n.* • la bienvenue (f.)
   you're welcome • je vous en prie, pas de quoi, de rien
Welcome to our home!
Je vous souhaite la bienvenue chez nous.

well [WEHL] *adv.* • bien
   I am well. • Je vais bien.
   as well as • aussi bien que
   well-behaved *adj.* • sage
Dominique plays the piano very well.
Dominique joue très bien du piano .

west [WEHST] *n.* • l'ouest (m.)
I would like to travel in the West of France next summer.
Je voudrais voyager dans l'ouest de la France l'été prochain.

wet [WEHT] *adj.* • mouillé(e) (m. f.)
I can't go out! My hair is wet!
Je ne peux pas sortir! Mes cheveux sont mouillés!

what [HWUHT] *pron.* • quoi, qu'est-ce qui, qu'est-ce que, que
   adj. • quel (m.), quelle (f.)
   What? (did you say?) *interj.* • Comment?
What time is it?
Quelle heure est-il?

wheat [HWIT] *n.* • le blé (m.)
The farmer is looking at the wheat field.
L'agriculteur regarde le champ de blé.

wheel [HWIL] *n.* • la roue (f.)
  steering wheel *n.* • le volant (m.)
  wheelbarrow *n.* • la brouette (f.)
  wheel chair *n.* • le fauteuil (m.) roulant
Are bicycle wheels expensive?
Est-ce que les roues de bicyclette sont chères?

when [HWEHN] *adv.,conj.* • quand
Tell me when you want to go.
Dis-moi quand tu veux partir.

where [HWEHR] *adv.* • où
  where from • d'où
  anywhere, wherever *adv.* • n'importe où
Where are my shoes?
Où sont mes chaussures?

whether [HWEH theur] *conj.* • si
John doesn't know whether he can go or not.
Jean ne sait pas s'il peut y aller ou pas.

which [HWÏTSH] *adj.* • quel (m.), quelle (f.)
  pron. • que, qui; lequel etc.
Which book do you want?
Quel livre veux-tu?

while [HWAYL] *conj.* • pendant que
She plays while I work.
Elle joue pendant que je travaille.

to whistle [tou HWÏS uhl] *v.* • siffler
I am teaching my little brother to whistle.
J'apprends à mon petit frère à siffler.

white [HWAYT] *adj.* • blanc (m.), blanche (f.)
The paper is white.
Le papier est blanc.

who [HOU] *pron.* • qui, qui est-ce qui
Who wants to play soccer?
Qui veut jouer au football?

whole [HOL] *adj.* • entier (m.), entière (f.)
He is going to stay with us a whole month.
Il va rester chez nous un mois entier.

whom [HOUM] *pron.* • que
  to whom • à qui
The man whom we saw at the station teaches in my school.
L'homme que nous avons vu à la gare enseigne dans mon lycée.

why [HWAY] *adv.* • pourquoi
Why are you so sad?
Pourquoi es-tu si triste?

wide [WAYD] *adj.* • large (m. f.)
The Mississippi River is very wide.
Le Mississippi est très large.

wife [WAYF] *n.* • la femme (f.), l'épouse (f.)
His wife's name is Madeleine.
Sa femme s'appelle Madeleine.

wild [WAYLD] *adj.* • sauvage, féroce (m. f.)
There are many wild animals in the jungle.
Il y a beaucoup d'animaux sauvages dans la jungle.

to win [tou WÏN] *v.* • gagner
Our team wins often.
Notre équipe gagne souvent.

wind [WÏND] *n.* • le vent (m.)
  windmill *n.* • le moulin (m.) à vent
The wind is blowing from the north.
Le vent souffle du nord.

window [WĬN do]   *n.*   •   la fenêtre (f.)
  window pane   *n.*   •   la vitre (f.)
  store window   *n.*   •   la vitrine (f.)
  window display   *n.*   •   l'étalage (m.)
The cat is looking out the window.
Le chat regarde par la fenêtre.

wine [WAYN]   *n.*   •   le vin (m.)
This good wine comes from France.
Ce bon vin vient de France.

wing [WI<NG>]   *n.*   •   l'aile (f.)
The bird has a hurt wing.
L'oiseau a une aile blessée.

winter [WĬN teur]   *n.*   •   l'hiver (m.)
In winter, we go skiing.
En hiver, on fait du ski.

wise [WAYZ]   *adj.*   •   sage, prudent(e) (m. f.)
Do you think that is wise?
Penses-tu que c'est prudent?

to wish [tou WĬCH]   *v.*   •   désirer (v.)
  a wish   *n.*   •   un souhait (m.)
  best wishes   *n.*   •   meilleurs vœux (m. pl.)
What do you wish, sir?
Vous désirez, Monsieur?

I wish you a Happy Birthday.
Je vous souhaite un bon anniversaire.

with [WĬTH]   *prep.*   •   avec
  with care   •   avec soin
  to go with   *v.*   •   accompagner
  without   *prep.*   •   sans
Joëlle is going dancing with her friends.
Joëlle va danser avec ses amis.

wolf [WEUHLF] *n.* • le loup (m.)
Are you afraid of wolves?
As-tu peur des loups?

woman [WEUH muhn] *n.* • la femme (f.)
That woman is my teacher.
Cette femme est mon professeur.

wonderful [WUHN deur fuhl] *adj.* •
extraordinaire, formidable (m. f.)
My mother is a wonderful cook.
Ma mère est une cuisinière formidable.

wood [WEUHD] *n.* • le bois (m.)
wooden • en bois
woods • la forêt (f.), le bois (m.)
The woods are near our house.
Le bois est près de notre maison.

wool [WEUHL] *n.* • la laine (f.)
woolen • en laine
Where is my woolen scarf?
Où est mon écharpe en laine?

word [WEURD] *n.* • le mot (m.)
I look up the word in the dictionary.
Je cherche le mot dans le dictionnaire.

work [WEURK] *n.* • le travail (m.)
to work *v.* • travailler
to work (things) *v.* • marcher
The scientist does important work.
Le savant fait un travail important.

My father works in a bank.
Mon père travaille dans une banque.

His watch does not work.
Sa montre ne marche pas.

world [WEURLD] *n.* • le monde (m.)
Someday I want to go around the world.
Un jour je veux faire le tour du monde.

worm [WEURM] *n.* • le ver (m.)
  earthworm *n.* • le ver (m.) de terre
We use worms for bait.
On utilise des vers comme appât.

worried [WEUR id] *adj.* • inquiet (m.), inquiète (f.)
Paul is worried about his grades.
Paul est inquiet au sujet de ses notes.

to write [tou RAYT] *v.* • écrire
Janine is writing a letter to her pen-pal.
Janine écrit une lettre à son correspondant.

wrong [R<O><NG>] *adj.* • faux (m.), fausse (f.);
  erronné(e) (m. f.)
  to be wrong *v.* • avoir tort
  What's wrong? • Qu'est-ce qui ne va pas?
Your calculation is wrong.
Ton calcul est faux.

His answer is obviously wrong.
Sa réponse est manifestement erronnée.

X

xylophone [SAY luh fon] *n.* • le xylophone (m.)
This musician plays a xylophone.
Ce musicien joue du xylophone.

Y

year [YIR] *n.* • l'année (f.), l'an (m.)
 New Year's Day *n.* • Jour (m.) de l'An
I am in first year French.
Je suis en première année de français.

My nephew is six years old.
Mon neveu a six ans.

yellow [YEH lo] *adj.* • jaune (m. f.)
I am painting my room yellow.
Je peins ma chambre en jaune.

yes [YEHS] *adv.* • oui; si (to contradict a negative
 question)
Yes, I would like some dessert!
Oui, je voudrais du dessert!

You don't have any brothers? Yes, I have three!
Vous n'avez pas de frères? Si, j'en ai trois!

yet [YEHT] *adv.* • encore, toujours
Aren't they here yet?
Ils ne sont pas encore ici?

you [YOU] *pron.* • vous (formal), tu (informal),
 te, toi, on
 You never know... • On ne sait jamais...
This present is for you.
Ce cadeau est pour toi.

You are my best friend.
Tu es mon meilleur ami.

young [YUH<NG>] *adj.* • jeune (m. f.)
  youth *n.* • la jeunesse (f.)
He is too young to drive.
Il est trop jeune pour conduire.

your [YOR] *adj.* • votre (m. f.), vos (pl.), ton (m.),
  ta (f.), tes (pl.)
Where are your notebooks?
Où sont vos cahiers?

Your parents are nice.
Tes parents sont gentils.

Z

zebra [ZI bruh] *n.* • le zèbre (m.)
There are zebras in Africa.
Il y a des zèbres en Afrique.

zero [ZI ro] *n.* • le zéro (m.)
Two minus two is zero.
Deux moins deux font zéro.

zoo [ZOU] *n.* • le zoo (m.)
You see all sorts of animals at the zoo.
On voit toutes sortes d'animaux au zoo.

Appendices/*Appendices*

French Names—*Prénoms*

Masculine		Feminine	
Alan	*Alain*	Alice	*Alice*
Andrew	*André*	Andrea	*Andrée*
Benedict, Ben	*Benoît*	Ann	*Anne, Annick*
Bernard	*Bernard*	Catherine	*Catherine*
Bertram	*Bertrand*	Christine	*Christine*
Bruno	*Bruno*	Colette	*Colette*
Charles	*Charles*	Dominique	*Dominique*
Chris	*Christian*	Elizabeth	*Élisabeth*
Christopher	*Christophe*	Francine	*Francine*
Daniel, Dan	*Daniel*	Frances	*Françoise*
Dennis	*Denis*	Georgia	*Georgette*
Edward	*Édouard*	Giselle	*Gisèle*
Francis	*François*	Helen	*Hélène*
George	*Georges*	Jacklyn	*Jacqueline*
Gerald	*Gérard*	Jean	*Jeanne*
Guy	*Guy*	Joelle	*Joëlle*
Ives	*Yves*	Lane	*Ghislaine*
Jack, James	*Jacques*	Lisa	*Lise*
Joel	*Joël*	Margaret	*Marguerite*
John	*Jean*	Mary, Marie	*Marie*
John Claude	*Jean-Claude*	Mary Claire	*Marie-Claire*
John James	*Jean-Jacques*	Mary Frances	*Marie-France*
John Mark	*Jean-Marc*	Mary Helen	*Marie-Hélène*
John Michael	*Jean-Michel*	Mary Laura	*Marie-Laure*
John Paul	*Jean-Paul*	Mary Louise	*Marie-Louise*
John Peter	*Jean-Pierre*	Michele	*Michèle*
John Phillip	*Jean-Phillippe*	Monica	*Monique*
Lucian, Luke	*Lucien*	Nadia, Nadine	*Nadine*
Mark	*Marc*	Nicole	*Nicole*
Michael	*Michel*	Noelle	*Noëlle*
Nicholas	*Nicholas*	Odelia	*Odette*
Noel	*Noël*	Odile	*Odile*
Oliver	*Olivier*	Patricia	*Patricia*
Patrick	*Patrice*	Sylvia	*Sylvie*
Peter	*Pierre*	Sophie	*Sophie*
Robert	*Robert*	Susan	*Suzanne*
Roger	*Roger*	Veronica	*Véronique*
Terry	*Thierry*	Yolanda	*Yolande*
Thomas	*Thomas*	Yvette	*Yvette*
William	*Guillaume*	Yvonne	*Yvonne*

Family Members—*Les membres de la famille*

parents	*les parents (m.)*
mother, mom	*la mère, maman*
father, dad	*le père, papa*
son/daughter	*le fils / la fille*
brother/sister	*le frère / la sœur*
grandmother/grandfather	*la grand-mère / le grand-père*
grandson/granddaughter	*la petit-fils / la petite-fille*
uncle/aunt	*l'oncle (m.) / la tante*
nephew/niece	*le neveu / la nièce*
cousin	*le (la) cousin(e)*
father-in-law; stepfather	*le beau-père*
mother-in-law; stepmother	*la belle-mère*
brother-in-law; stepbrother	*le beau-frère*
sister-in-law; stepsister	*la belle-sœur*
son-in-law; stepson	*le beau-fils*
daughter-in-law; stepdaughter	*la belle-fille*

The Body—*Le corps*

ankle	*la cheville*	hand	*la main*
arm	*le bras*	head	*la tête*
back	*le dos*	heart	*le cœur*
beard	*la barbe*	hips	*les hanches (f.)*
blood	*le sang*	knee	*le genou*
bone	*l'os(m.)*	leg	*la jambe*
buttocks	*les fesses*	lips	*les lèvres (f.)*
cheek	*la joue*	mouth	*la bouche*
chest	*la poitrine*	muscle	*le muscle*
chin	*le menton*	mustache	*la moustache*
ear	*l'oreille (f.)*	neck	*le cou*
elbow	*le coude*	nose	*le nez*
eye	*l'œil (m.), les yeux (pl.)*	shoulder	*l'épaule (f.)*
face	*le visage, la figure*	skin	*la peau*
finger	*le doigt*	stomach	*l'estomac (m.)*
fingernail	*l'ongle (m.)*	toe	*l'orteil (m.)*
fist	*le poing*	tongue	*la langue*
foot	*le pied*	tooth	*la dent*
forehead	*le front*	waist	*la taille*
hair	*les cheveux (m.)*	wrist	*le poignet*

Countries	*Pays*	**Nationalities**	*Nationalités*
		American	*américain(e)*
Australia	*Australie f.*	Australian	*australien(ienne)*
Austria	*Autriche f.*	Austrian	*autrichien(ienne)*
Belgium	*Belgique f.*	Belgian	*belge*
Bolivia	*Bolivie f.*	Bolivian	*bolivien(ienne)*

Countries	*Pays*	Nationalities	*Nationalités*
Brazil	*Brésil m.*	Brazilian	*brésilien(ienne)*
Canada	*Canada m.*	Canadian	*canadien(ienne)*
China	*Chine f.*	Chinese	*chinois(e)*
Denmark	*Danemark m.*	Danish	*danois(e)*
Egypt	*Egypte f.*	Egyptian	*égyptien(ienne)*
England	*Angleterre f.*	English	*anglais(e)*
Finland	*Finlande f.*	Finlander	*finlandais(e)*
France	*France f.*	French	*français(e)*
Germany	*Allemagne f.*	German	*allemand(e)*
Great Britain	*Grande-Bretagne f.*	British	*britannique*
Greece	*Grèce f.*	Greek	*grec(que)*
Haiti	*Haïti f.*	Haitian	*haïtien(ienne)*
Holland	*Hollande f.*	Dutch	*hollandais(e)*
Iceland	*Islande f.*	Icelander	*islandais(e)*
Ireland	*Irlande f.*	Irish	*irlandais(e)*
Italy	*Italie f.*	Italian	*italien(ienne)*
Japan	*Japon m.*	Japanese	*japonais(e)*
Korea	*Corée f.*	Korean	*coréen(enne)*
Mexico	*Mexique m.*	Mexican	*mexicain(e)*
Morocco	*Maroc m.*	Maroccan	*marocain(e)*
Norway	*Norvège f.*	Norwegian	*norvégien(ienne)*
Portugal	*Portugal m.*	Portuguese	*portugais(e)*
Scotland	*Ecosse f.*	Scottish	*écossais(e)*
Soviet Union	*Union Soviétique f.*	Russian	*russe*
Spain	*Espagne f.*	Spanish	*espagnol(e)*
Sweden	*Suède f.*	Swedish	*suédois(e)*
Switzerland	*Suisse f.*	Swiss	*suisse*
U.S.A.	*Etats-Unis m. pl.*		

Food—*La nourriture*

broccoli	*le brocoli*	noodles	*les nouilles*
cake	*le gâteau*	omelet	*l'omelette*
celery	*le céleri*	pepper	*le poivre*
chicken	*le poulet*	rice	*le riz*
coffee	*le café*	salad	*la salade*
cream	*la crème*	salt	*le sel*
fish	*le poisson*	sandwich	*le sandwich*
french fries	*les frites*	sausages	*les saucisses*
ham	*le jambon*	soft drink	*la boisson gazeuse*
hamburger	*le hamburger*	soup	*le potage*
ice cream	*la glace*	steak	*le bifteck*
jam	*la confiture*	sugar	*le sucre*
ketchup	*le ketchup*	tea	*le thé*
mushroom	*le champignon*	toast	*le pain grillé*
mustard	*la moutarde*		

Sports—*Les sports*

boxing	*la boxe*	jogging	*le jogging*
car racing	*la course de*	sailing	*la voile*
	voitures	skating	*le patinage*
cross-country skiing	*le ski de fond*	swimming	*la natation*
cycling	*le cyclisme*	tennis	*le tennis*
downhill skiing	*le ski*	volleyball	*le volley-ball*
gymnastics	*la gymnastique*	weight lifting	*les haltères*
hockey	*le hockey*	wrestling	*la lutte*
horseback riding	*l'équitation*		

At the Zoo—*Au zoo*

alligator	*l'alligator*	lizard	*le lézard*
bear cub	*l'ourson*	ostrich	*l'autruche*
bear	*l'ours*	panda	*le panda*
camel	*le chameau*	parrot	*le perroquet*
deer	*la biche*	peacock	*le paon*
eagle	*l'aigle*	penguin	*le pingouin*
elephant	*l'éléphant*	polar bear	*l'ours blanc*
flamingo	*le flamant*	rhinoceros	*le rhinocéros*
fox	*le renard*	seal	*le phoque*
giraffe	*la girafe*	tiger cub	*le petit tigre*
gorilla	*le gorille*	tiger	*le tigre*
hippopotamus	*l'hippopotame*	turtle	*la tortue*
jaguar	*le jaguar*	walrus	*le morse*
leopard	*le léopard*	wolf	*le loup*

Months of the Year—*Les mois de l'année*

January	*janvier*	May	*mai*	September	*septembre*
February	*février*	June	*juin*	October	*octobre*
March	*mars*	July	*juillet*	November	*novembre*
April	*avril*	August	*août*	December	*décembre*

Days of the Week—*Les jours de la semaine*

Monday	*lundi*	Friday	*vendredi*
Tuesday	*mardi*	Saturday	*samedi*
Wednesday	*mercredi*	Sunday	*dimanche*
Thursday	*jeudi*		

Numbers—*Les numéros*

0	zero	*zéro*	15	fifteen	*quinze*
1	one	*un*	16	sixteen	*seize*
2	two	*deux*	17	seventeen	*dix-sept*
3	three	*trois*	18	eighteen	*dix-huit*
4	four	*quatre*	19	nineteen	*dix-neuf*
5	five	*cinq*	20	twenty	*vingt*
6	six	*six*	30	thirty	*trente*
7	seven	*sept*	40	forty	*quarante*
8	eight	*huit*	50	fifty	*cinquante*
9	nine	*neuf*	100	one hundred	*cent*
10	ten	*dix*	200	two hundred	*deux cents*
11	eleven	*onze*	1,000	one thousand	*mille*
12	twelve	*douze*	2,000	two thousand	*deux mille*
13	thirteen	*treize*	10,000	ten thousand	*dix mille*
14	fourteen	*quatorze*			

Temperature—Température

	Fahrenheit	Centigrade
Water freezes	32°	0°
L'eau gèle.		
Water boils	212°	100°
L'eau bout.		

To convert Centigrade into Fahrenheit:
Pour convertir les degrés Centigrade
  en degrés Fahrenheit:
  (C° × 9) / 5 + 32 = F°

To convert Fahrenheit into Centigrade:
Pour convertir les degrés Fahrenheit en
  degrés Centigrade:
  (F° − 32) × 5 / 9 = C°

Weather Chart

F	C
110°	43°
100°	37.8°
90°	32.2°
80°	26.7°
70°	21.1°
60°	15.5°
50°	10°
40°	4.4°
32°	0°
20°	−6.7°
10°	−12.2°
0°	−17.8°
−10°	−23.3°
−20°	−28.9°

Weights and Measures—*Poids et mesures*

acre (ac)	*arpent*	liter(l)	*litre*
centimeter (cm)	*centimètre*	meter(m)	*mètre*
foot (ft)	*pied*	metric ton (t)	*tonne métrique*
gallon (gal)	*gallon*	mile (mi)	*mille*
gram (g)	*gramme*	millimeter(mm)	*millimètre*
hectare (ha)	*hectare*	ounce (oz)	*once*
inch (in)	*pouce*	pound (lb)	*livre*
kilogram (kg)	*kilogramme*	short ton	*tonne*
kilometer(km)	*kilomètre*		

LINEAR/	1 in	=	2.54	cm		
DISTANCE	1 ft	=	30.48	cm		
	1 yd	=	.914	m		
	1 mi	=	1.610	km		
	1 mm	=	.03937	in		
	1 cm	=	.3937	in		
	1 m	=	3.2808	ft	= 1.0936	yd
	1 km	=	.621	mi		
WEIGHT/	1 oz	=	28.3495	grams		
POIDS	1 lb	=	.4536	kg		
	1 short ton	=	907.18	kg		
	1 g	=	.035	oz		
	1 kg	=	2.204	lb		
	1 t	=	1.1023	short tons		
VOLUME/	1 oz	=	29.58	ml		
VOLUME	1 qt	=	.9464	l		
	1 gal	=	3.7854	l		
	1 cubic in	=	16.39	cubic cm		
	1 cubic ft	=	.0283	cubic m		
	1 cubic yd	=	.7646	cubic m		
	1 ml	=	.0348	oz		
	1 l	=	1.0567	qt		
	1 l	=	.2642	gal		
	1 cubic cm	=	.0610	cubic in		
	1 cubic m	=	35.315	cubic ft		
	1 cubic m	=	1.3080	cubic yd		
AREA/	1 ac	=	.4047	ha		
SURFACE	1 ha	=	2.4711	ac		

PAS DE CALAIS

Anvers
Gand
BRUXELLES
Lille
Liège
BELGIQUE
LUXEMBOURG

LA MANCHE

Dieppe
Cherbourg
Le Havre
Amiens
Saint-Quentin
Sedan
LUXEMBOURG
R.F.A.
Rouen
Caen
Seine
Beauvais
PARIS
•**Reims**
Verdun
Metz
Brest
Saint-Brieuc
Saint-Malo
Versailles
Chartres
Marne
Nancy
Douarnenez
•Quimper
•Lorient
Rennes
Fontainebleau
Melun
•Troyes
Strasbourg
Colmar
Le Mans
Orléans
Mulhouse
Saint-Nazaire
Nantes
•Angers
Loire
F
R
A
N
C
E
Belfort
Tours
A
Dijon
Besançon
Poitiers
Bourges
Châteauroux
SUISSE
La Rochelle
Montluçon
Le Creusot
Mâcon
OCÉAN
Royan
Limoges
Vichy
Roanne
Rhône
Lyon
ATLANTIQUE
Cognac
•Angoulême
Clermont-Ferrand
Chambéry
Grenoble
Périgueux
MASSIF
Saint-Étienne
ITALIE
Bordeaux
•Brive
CENTRAL
Le Puy
Valence
Arcachon
Dordogne
Cahors
•Gap
Garonne
•Agen
Montauban
Millau
Alès
Bayonne
•Biarritz
Pau
Tarbes
Lourdes
Carcassonne
Nîmes
Avignon
Montpellier
Aix-en-Provence
Nice
Béziers
Cannes
Narbonne
Marseille
Toulon
P Y R É N É E S
Perpignan
GOLFE DU LION

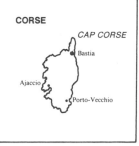

CORSE

CAP CORSE

Bastia

Ajaccio

•Porto-Vecchio

FRANCE

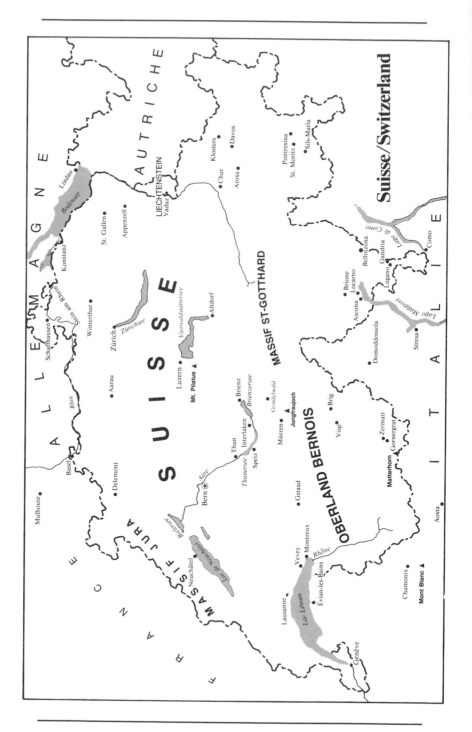

Suisse/Switzerland

Pays francophones d'Afrique/French-Speaking Countries of Africa

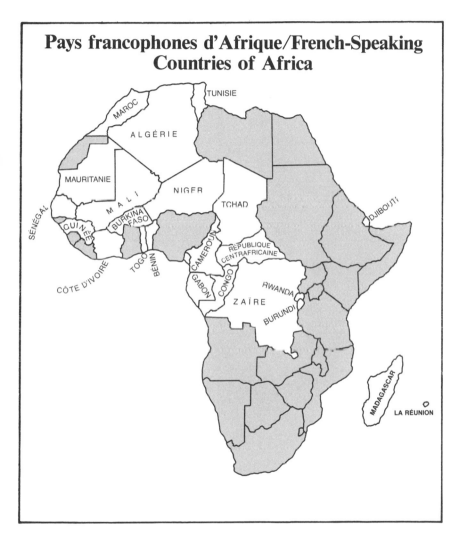

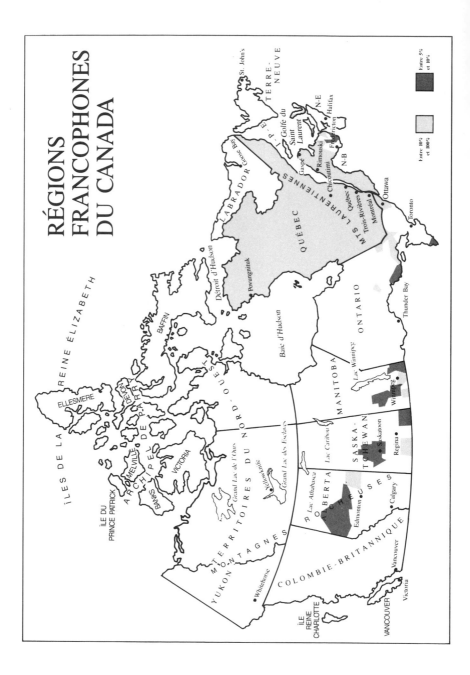

RÉGIONS
FRANCOPHONES
DU CANADA

Entre 5%
et 10%

Entre 10%
et 100%

Les Antilles/Islands of the Caribbean

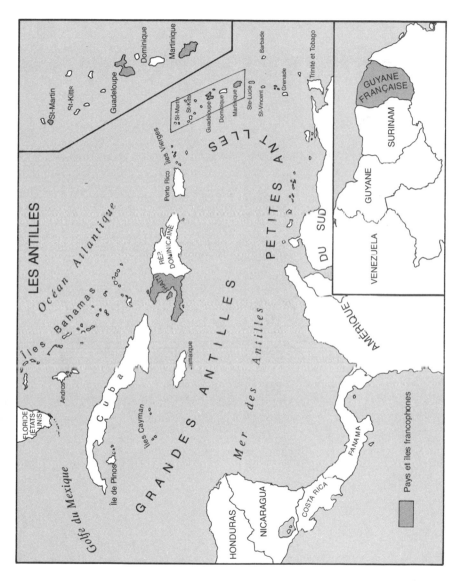

Océanie française/French Oceania

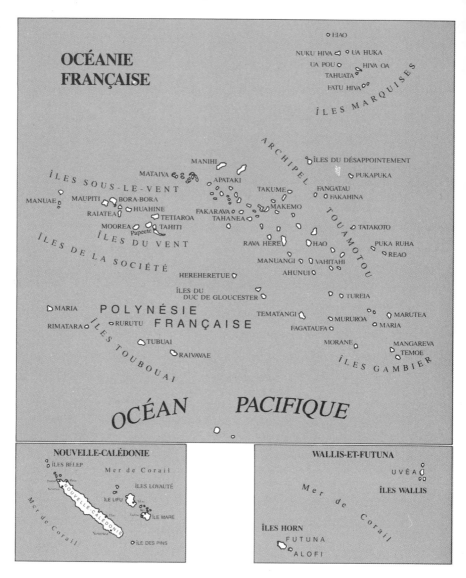

OCÉANIE
FRANÇAISE

o EIAO

NUKU HIVA o UA HUKA
UA POU o HIVA OA
TAHUATA o
FATU HIVA o o

ÎLES MARQUISES

ARCHIPEL

MANIHI o o ÎLES DU DÉSAPPOINTEMENT
MATAIVA o o o PUKAPUKA
ÎLES SOUS-LE-VENT APATAKI TAKUME o FANGATAU
MANUAE o MAUPITI o BORA-BORA o FAKAHINA
HUAHINE MAKEMO
RAIATEA FAKARAVA o o o TOUAMOTOU
TETIAROA TAHANEA o
MOOREA o TAHITI o TATAKOTO
Papeete
ÎLES DU VENT RAVA HERE o HAO o PUKA RUHA
ÎLES DE LA SOCIÉTÉ MANUANGI o VAHITAHI o REAO
HEREHERETUE o AHUNUI o
ÎLES DU
DUC DE GLOUCESTER o o TUREIA
MARIA o POLYNÉSIE TEMATANGI o o o MARUTEA
RIMATARA o RURUTU FRANÇAISE MURUROA o MARIA
ÎLES TOUBOUAI FAGATAUFA o
TUBUAI MORANE o MANGAREVA
RAIVAVAE TEMOE
ÎLES GAMBIER

OCÉAN PACIFIQUE

o o

NOUVELLE-CALÉDONIE

o ÎLES BÉLEP
Mer de Corail
ÎLES LOYAUTÉ
NOUVELLE-CALÉDONIE
ÎLE LIFU
ÎLE MARE
Mer
de
Corail
o ÎLE DES PINS

WALLIS-ET-FUTUNA

UVÉA o
Mer ÎLES WALLIS
de
Corail
ÎLES HORN
FUTUNA
ALOFI